U0862130

2013年第三季度
Quarter Three, 2013

中国货币政策执行报告
CHINA MONETARY POLICY REPORT

中国人民银行货币政策分析小组
Monetary Policy Analysis Group of
the People's Bank of China

中国金融出版社
China Financial Publishing House

责任编辑：吕冠华
责任校对：潘　洁
责任印制：裴　刚

图书在版编目(CIP)数据

2013年第三季度中国货币政策执行报告(2013 nian Disan Jidu Zhongguo Huobi Zhengce Zhixing Baogao)/中国人民银行货币政策分析小组编.—北京：中国金融出版社，2014.1

ISBN 978-7-5049-7411-2

I.①2… II.①中… III.①货币政策－工作报告－中国－2013 IV.①F822.0

中国版本图书馆CIP数据核字(2014)第009016号

出版
发行 中国金融出版社

社址 北京市丰台区益泽路2号
市场开发部 (010)63266347，63805472，63439533 (传真)
网 上 书 店 http://www.chinafph.com
(010)63286832，63365686 (传真)
读者服务部 (010)66070833，62568380
邮编 100071
经销 新华书店
印刷 北京侨友印刷有限公司
装订 平阳装订厂
尺寸 210毫米×285毫米
印张 11.75
字数 242千
版次 2014年1月第1版
印次 2014年1月第1次印刷
定价 98.00元
ISBN 978-7-5049-7411-2/F.6971

本书执笔人

总　　纂：张晓慧　　张翠微

审　　稿：李　波　　纪志宏　　宣昌能　　盛松成　　张正鑫　　易　诚
　　　　　刘　薇

统　　稿：李　斌　　张　蓓　　管　化

执　　笔：

第一部分：邱潮斌　　曾冬青　　陈文弢

第二部分：赵　婷　　王文静　　穆争社　　杨　璐

第三部分：朱海燕　　马添翼　　侯蕴涵

第四部分：丁　康　　秦　栋　　马志扬　　林　毅　　杨　娉

第五部分：李文喆　　刘　琨

附录整理：付竞卉　　林振辉等

提供材料的还有：郑志丹　　周铁海　　李亚奇　　史蓉菊　　罗　瑜
　　　　　　　　张双长　　程艳芬　　段　炼　　李肖钰　　顾　及
　　　　　　　　黄明皓　　伍圆恒　　车士义　　康建卓　　董　琦
　　　　　　　　杜海均　　王　楠　　陈　勉　　陈　敏　　岳　栋
　　　　　　　　刘　晔　　徐彩霞　　徐　昕

英文总纂：宋湘燕

英文统稿：曹志鸿

英文翻译：曹志鸿　　刘文中　　马　辉　　齐　喆

英文审校：Nancy Hearst（美国哈佛大学费正清东亚研究中心）

Contributors to This Report

CHIEF EDITORS:

ZHANG Xiaohui ZHANG Cuiwei

READERS:

LI Bo JI Zhihong XUAN Changneng SHENG Songcheng ZHANG Zhengxin YI Cheng LIU Wei

EDITORS:

LI Bin ZHANG Bei GUAN Hua

AUTHORS:

PART ONE: QIU Chaobin ZENG Dongqing CHEN Wentao

PART TWO: ZHAO Ting WANG Wenjing MU Zhengshe YANG Lu

PART THREE: ZHU Haiyan MA Tianyi HOU Yunhan

PART FOUR: DING Kang QIN Dong MA Zhiyang LIN Yi YANG Ping

PART FIVE: LI Wenzhe LIU Kun

APPENDIX: FU Jinghui LIN Zhenhui et al.

OTHER CONTRIBUTORS: ZHENG Zhidan ZHOU Yihai LI Yaqi SHI Rongju LUO Yu ZHANG Shuangchang CHENG Yanfen DUAN Lian LI Xiaoyu GU Ji HUANG Minghao WU Yuanheng CHE Shiyi KANG Jianzhuo DONG Qi DU Haijun WANG Nan CHEN Mian CHEN Min YUE Dong LIU Ye XU Caixia XU Xin

ENGLISH EDITION

CHIEF EDITOR: SONG Xiangyan

EDITOR: CAO Zhihong

TRANSLATORS: CAO Zhihong LIU Wenzhong MA Hui QI Zhe

PROOFREADER:

Nancy Hearst (Fairbank Center for East Asian Research, Harvard University)

内容摘要

2013年第三季度，中国经济稳中向好，经济增长处在合理区间。消费平稳增长，投资增长较快；农业生产形势较好，工业结构调整逐步推进；消费价格涨幅和就业基本稳定。前三个季度，实现国内生产总值（GDP）38.7万亿元，同比增长7.7%，居民消费价格（CPI）同比上涨2.5%。

中国人民银行根据中央经济工作会议精神和国务院统一部署，坚持稳中求进的工作总基调，继续实施稳健的货币政策，不放松也不收紧银根，着力增强政策的针对性、协调性，适时适度进行预调微调。根据流动性形势变化，灵活调整流动性操作的方向和力度，通过逆回购、常备借贷便利等工具，有效应对了多种因素引起的短期资金波动，并把冻结长期流动性和提供短期流动性两种操作结合起来，对部分到期的3年期央行票据开展了续做。将国务院金融支持实体经济发展的精神落到实处，适当调整差别准备金动态调整机制有关参数，加强信贷政策与产业政策协调配合，进一步扩大信贷资产证券化试点，推动非金融企业直接债务融资发展，鼓励和引导金融机构更多地将信贷资源配置到“三农”、小微企业等重点领域和薄弱环节。继续推进利率市场化改革，自7月20日起全面放开金融机构贷款利率管制。之后，又相继推动建立金融机构市场利率定价自律机制、贷款基础利率集中报价和发布机制。继续按照主动性、可控性和渐进性原则，进一步完善人民币汇率形成机制。扩大人民币在跨境贸易和投资中的使用。继续稳步推进金融企业改革。

从金融运行情况看，货币信贷较快增长，贷款结构有所改善。2013年9月末，广义货币供应量M2同比增长14.2%。人民币贷款余额同比增长14.3%，比年初增加7.28万亿元，同比多增5 570亿元。9月末，小微企业贷款余额同比增长13.6%，比大型和中型企业贷款增速分别高2.2个和3.4个百分点；“三农”贷款余额同比增长18.6%，比各项贷款增速高了4个百分点。前三个季度社会融资规模为13.96万亿元，同比多2.24万亿元。金融机构存贷款利率总体平稳，9月非金融企业及其他部门贷款加权平均利率为7.05%。9月末，人民币对美元汇率中间价为6.1480元，比6月末升值0.5%。

综合各方面情况看，未来一段时期中国经济将保持平稳向好、稳中有进的态势。中国经济发展的潜能较大，经济结构调整和改革正在取得进展，宏观调控方式不断创新，调控经验更为丰富，都有利于经济的持续平稳发展。国内储蓄率较高、金融体系资本和拨备等较为充足，总体看也有较强的抗风险能力。但也必须看到，当前经济运行中面临不少风险和挑战。新的强劲增长动力尚待形成，经济可能将在较长时期内经历一个降杠杆和去产能的过程，房地产、地方政府性债务等问题比较突出，资源环境约束也明显加大，结构调整和转变发展方式的任务十分艰巨。消费价格平稳运行的基础还不很稳固，物价对总需求变化比较敏感，要继续引导、稳定好通胀预期。

中国人民银行将继续按照党中央、国务院的统一部署，贯彻宏观稳住、微观放活和稳中求进、稳中有为、稳中提质的要求，货币政策坚持总量稳定、结构优化的要求。继续实施稳健的货币政策，坚持政策的稳定性和连续性，增强调控的针对性、协调性，保持定力，精准发力，适时适度预调微调，把握好稳增长、调结构、促改革、防风险的平衡点，重点是创造一个稳定的货币金融环境，促使市场主体形成合理和稳定的预期，推动结构调整和转型升级。综合运用数量、价格等多种货币政策工具组合，健全宏观审慎政策框架，加强流动性总闸门的调节作用，引导货币信贷及社会融资规模平稳适度增长。同时，进一步优化金融资源配置，把政策落到实处，用好增量、盘活存量，更有力地支持结构调整，更好地服务于实体经济发展，引导和巩固经济稳中向好的走势。继续通过深化改革增强市场机制的作用，完善货币政策传导机制，提高金融资源配置效率，有效防范系统性金融风险，促进经济持续健康发展。

Executive Summary

In the third quarter of 2013, the Chinese economy, remaining stable, took a turn for the better and growth was within a reasonable range. Consumption expanded steadily and investment grew rapidly. The agricultural sector was in good shape and the structural adjustment of the industrial sector was making progress. The overall price level and the employment situation were generally stable. In the first three quarters, GDP reached RMB38.7 trillion yuan, up 7.7 percent year on year; the consumer price index was up 2.5 percent year on year.

In accordance with the decisions of the Central Economic Work Conference and the overall arrangements of the State Council, the PBC followed the principle of making progress while maintaining stability, continued the sound monetary policy, neither loosening nor tightening the supply of money, continued to improve the focus and coordination of policy measures, and when necessary conducted fine-tuning and preemptive adjustments with appropriate strength. The direction and size of liquidity operations were adjusted in a flexible manner based on changes in the liquidity situation. A number of instruments were used, including reversed repos and the Standing Lending Facility (SLF), to effectively address short-term liquidity fluctuations caused by a number of factors. A certain portion of the matured three-year central bank bills were renewed in order to freeze long-term liquidity and provide short-term liquidity. To implement the State Council decision on financial-sector support of the real sector, the parameters for the dynamic adjustment mechanism of the differentiated required reserve ratio were adjusted, coordination of credit policy and industrial policy was enhanced, the pilot program of credit asset securitization was further expanded, direct debt financing by non-financial enterprises was promoted, and financial institutions were encouraged and guided to allocate more credit resources to support key fields and weak links, including the agricultural sector, rural areas, farmers, and micro- and small- enterprises. The market-based interest rate reform was advanced. After the controls on lending interest rates were completely removed on July 20, various new measures were rolled out, including the establishment of a financial institution self-regulatory pricing mechanism for market interest rates and a loan prime rate centralized quote and release mechanism. The RMB exchange rate regime was improved, continuing the self-initiated, controllable, and progressive reform approach. The use of the RMB in cross-border trade and investment activities was expanded and the reform of financial institutions was advanced.

Looking at financial sector performance indicators, money and credit grew rapidly and the loan structure improved. As of the end of September 2013, broad money M2 was up 14.2 percent year on year. Outstanding RMB loans were up 14.3 percent year on year, an increase of RMB7.28 trillion yuan from the beginning of 2013 and RMB557.0 billion yuan more than the growth registered in the first nine months of the last year. At end- September, outstanding small- and micro-enterprise loans were up 13.6 percent year on year, outpacing outstanding large- and medium-enterprise loans by 2.2 percentage points and 3.4 percentage points; outstanding loans to the agricultural sector, rural areas, and farmers were up 18.6 percent year on year, outpacing the growth of total outstanding loans by 4 percentage points. In the first three quarters, all-system financing aggregate totaled RMB13.96 trillion yuan, an increase of RMB2.24 trillion yuan year on year. Lending and deposit interest rates offered by financial institutions were generally stable. In September, the weighted average lending rate offered to non-financial enterprises and other sectors was 7.05 percent. At end-September, the central parity of the RMB against the US dollar was RMB6.1480 yuan per dollar, an appreciation of 0.5 percent from the end of June.

Based on a comprehensive view of all aspects, the Chinese economy is expected to maintain the momentum of stable growth and continue to make progress based on stability. Various factors, such as the big potential for economic growth, progress in the ongoing structural adjustments and reform, innovation in macro-economic management, and the experiences thus far accumulated, are conducive to continued and stable economic development. The high savings rate and adequate capital and reserves in the financial system are generally indicative of the strong resilience of the economy. However, there are still risks and challenges in terms of economic performance. As new drivers for strong growth have yet to emerge, it may take a long time for the economy to reduce leveraging and remove excess capacity. The problems in the real-estate market and local government obligations remain prominent and resource and environmental pressures are building, thus adjustment of the economic structure and transformation of the development pattern remain arduous tasks. A basis for stable consumer prices is not yet consolidated, and prices are still sensitive to changes in aggregate demand. Therefore, it is necessary to continue to guide and keep inflation expectations stable.

The PBC will follow the overall arrangements of the State Council and the principle of seeking macro-economic stability, enhancing vitality at the micro level, making progress and taking actions while maintaining stability, and improving quality amidst stability. Monetary policy will seek to maintain aggregate stability and structural optimization. The sound monetary policy will continue, policy stability and continuity will be maintained, and the focus and coordination of policy measures will be enhanced to allow policies to be well-targeted and with appropriate strength. Fine-tunings and preemptive adjustments will be conducted when necessary. Efforts will be made to strike a balance among preserving stable economic growth, adjusting the economic structure, promoting reform, and preventing risks. The focus is to create a stable financial and monetary environment so that market players will have reasonable and stable expectations and structural adjustments and transformation of the growth pattern will be facilitated. A variety of monetary policy tools will be used, including quantity-based and price instruments. The framework for macro-prudential policy will be improved and the adjustment of aggregate liquidity will be enhanced to guide money, credit, and all-system financing aggregates to grow in a stable and reasonable manner. Furthermore, allocation of financial resources will be optimized to secure policy implementation. Financial institutions will be encouraged to properly manage their stock of credit assets and to make good use of new loans, to step up support for the structural adjustments, to provide better services to the real economy, and to strengthen the good momentum of stable and upward economic growth. Reform will be deepened to enhance the role of the market mechanism, improve the transmission mechanism of monetary policy, improve the efficiency of allocation of financial resources, effectively ward off systemic risks in the financial sector, and promote sustainable and sound economic growth.

目 录

图

①数据来源：中国人民银行、国家统计局、商务部、海关总署、国家外汇管理局、世界银行、国际货币基金组织、世界贸易组织、联合国贸易和发展会议等。

②数据来源：相关中央银行、国家统计机构、世界银行、国际货币基金组织等。

Contents

Figures

1. Source: The People's Bank of China, National Bureau of Statistics, Ministry of Commerce, General Administration of Customs, State Administration of Foreign Exchange, World Bank, International Monetary Fund, World Trade Organization, and United Nations Conference on Trade and Development, etc..

1. Source : Central banks, national statistical agencies in relevant countries, The World Bank, IMF, etc..

第一部分　货币信贷概况

2013年第三季度，国民经济稳中向好，银行体系流动性合理适度，信用总量总体增长较快，贷款结构有所改善。

一、货币供应量较快增长

2013年9月末，广义货币供应量M2余额为107.7万亿元，同比增长14.2%，增速比6月末和上年年末分别高0.2个和0.4个百分点。狭义货币供应量M1余额为31.2万亿元，同比增长8.9%，增速比6月末略低0.1个百分点，比上年年末高2.4个百分点。流通中货币M0余额为5.6万亿元，同比增长5.7%。前三个季度现金净投放1 833亿元，同比少投放850亿元。

9月末，基础货币余额为26.3万亿元，同比增长11.5%，比年初增加1.08万亿元。货币乘数为4.09，与6月末持平。金融机构超额准备金率为2.1%，其中，农村信用社为4.2%。

二、金融机构存款稳步增长

9月末，全部金融机构（含外资金融机构，下同）本外币各项存款余额为105.8万亿元，同比增长14.3%，增速比6月末和上年年末均高0.2个百分点，比年初增加11.4万亿元，同比多增1.5万亿元。人民币各项存款余额为103.1万亿元，同比增长14.6%，增速比6月末和上年年末分别高0.3个和1.2个百分点，比年初增加11.3万亿元，同比多增2.2万亿元。外币存款余额为4 487亿美元，同比增长8.4%，比年初增加385亿美元，同比少增1 003亿美元，主要是上年同期基数较高，也与美联储退出量化宽松政策的预期有关。

从人民币存款部门分布看，住户存款和非金融企业存款均同比多增。9月末，金融机构住户存款余额为45.6万亿元，同比增长14.6%，比6月末略高0.1个百分点，比年初增加5.0万亿元，同比多增947亿元。非金融企业人民币存款余额为35.0万亿元，同比增长11.6%，增速比上年年末高3.7个百分点，比年初增加2.4万亿元，同比多增9 829亿元。9月末，财政存款余额为3.9万亿元，比年初增加1.5万亿元，同比多增8 311亿元。

三、金融机构贷款平稳较快增长

9月末，全部金融机构本外币贷款余额为75.0万亿元，同比增长14.6%，增速比6月末低0.5个百分点，比年初增加7.7万亿元，同比多增4 117亿元。

人民币贷款增长平稳较快。9月末，人民币贷款余额为70.3万亿元，同比增长14.3%，增速比6月末高0.1个百分点，比年初增加7.28万亿元，同比多增5 570亿元。6月以来信贷扩张动力较强，贷款集中于月初投放的情况较为突出。在外贸顺差较大、外汇大幅流入、银行体系流动性较为宽松的情况下，货币信贷扩张的压力仍然较大。

中长期贷款增速逐步提升。人民币住户贷款增长较快，9月末同比增长23.7%，比年初增加3.1万亿元，同比多增1.1万亿元。其中，个人住房贷款比年初增加1.2万亿元，同比多增6 605亿元，2013年以来月度增量持续超过千亿元水平。在房贷总量较大、增速较快的情况下，部分房贷需求仍难以得到满足，其原因主要为：一是部分地区房地产市场较为火爆，房贷需求超过了银行在合理审慎情况下的贷款投放能力；二是随着经济回升，部分银行加大了结构调整力度，将更多贷款投向收益更好、也符合政策导向的小微企业和消费等领域，相应收缩了房贷增速。非金融企业及其他部门贷款相对平稳，同比增长11.1%，比年初增加4.2万亿元，同比少增5 733亿元。从期限看，中长期贷款比年初增加3.9万亿元，同比多增1.5万亿元，增量占比达53.3%，比2012年平均水平高18.3个百分点；9月末增速为12.7%，已连续9个月攀升。包含票据融资在内的短期贷款平稳增长，比年初增加3.2万亿元，2013年以来在全部贷款中的增量占比基本稳定在45%左右。分机构看，中资全国性大型银行、中资全国性中小型银行与小型农村金融机构贷款同比多增较多。

外币贷款增速高位逐步放缓。9月末，金融机构外币贷款余额为7 657亿美元，同比增长22.9%，比3月末和6月末分别回落11.9个和10.3个百分点，比年初增加823亿美元，同比略少增22亿美元。从投向看，进出口贸易融资增加237亿美元，在全部贷款中增量占比为28.8%；境外贷款与境内中长期贷款增加396亿美元，同比多增81亿美元。

表1　2013年前三个季度分机构人民币贷款情况

单位:亿元

	2013年前三个季度		2012年前三个季度	
	新增额	同比多增	新增额	同比多增
中资全国性大型银行①	33 218	2 174	31 044	3 270
中资全国性中小型银行②	22 933	4 426	18 507	750
中资区域性中小型银行③	9 550	-373	9 922	5 833
小型农村金融机构④	12 067	1 069	10 998	2 162
外资金融机构	253	-306	559	-6

注：①中资全国性大型银行是指本外币资产总量大于等于2万亿元的银行（以2008年年末各金融机构本外币资产总额为参考标准）。

②中资全国性中小型银行是指本外币资产总量小于2万亿元且跨省经营的银行。

③中资区域性中小型银行是指本外币资产总量小于2万亿元且不跨省经营的银行。

④小型农村金融机构包括农村商业银行、农村合作银行、农村信用社。

数据来源：中国人民银行。

专栏1　商业银行同业业务与货币创造

同业业务是商业银行之间及其与其他金融机构之间的资金往来行为，主要包括同业拆借、同业存放、买入返售（卖出回购）、同业借款等。近年来，中国商业银行同业业务发展迅速，对货币供给也产生了直接影响。从中国广义货币M2的来源看，以往贷款和外汇占款是两个主要渠道。商业银行在发放贷款或购买外汇时，其资产方在增加“贷款”或“外汇占款”的同时，负债方会相应增加（记录）“人民币存款”。由于存款计入M2，就会直接增加货币供给。这意味着，只要商业银行贷款增加多、购买外汇多，M2自然也会比较多，因此以往运用贷款和外汇占款变化可以较为准确地预测货币总量变化。但近两年受同业业务快速发展的影响，货币创造渠道发生了一定变化，其背后掩藏的问题也较为复杂。

我们可以把商业银行通过同业业务创造货币的渠道称为“同业渠道”，依照交易对手方的不同，又可进一步分为非银行同业渠道和银行同业渠道。非银行同业渠道指商业银行向非存款类金融机构融出资金，交易对手包括商业银行表外理财和保险公司等，此时在资产方会记录为这些机构欠银行的债权（与贷款类似），同时在负债方则会记录（派生）为其在商业银行的存款（同业存款），这样也就增加了全社会货币供给。值得注意的是，同业存款之前不计入M2统计，2011年9月调整统计口径后开始计入M2。银行同业渠道指商业银行实际上向非金融企业提供了类似于贷款的融资，但是通过一定的会计操作，将这些业务在资产方记录为同业资金运用科目（不计入贷款），在负债方记录（派生）为非金融企业在商业银行的存款，从而实现了货币创造。可能的操作方式包括“买入返售银行承兑汇票”、“同业代付”以及“买入返售信托收益权”等。

由于同业业务发展较快，近两年同业渠道在货币创造中的占比上升。2013年以来，通过同业渠道创造的M2一度仅低于人民币贷款，高于外汇占款和证券投资。由于商业银行同业业务易受季节性因素、流动性水平以及监管政策等影响，波动较大，导致M2的稳定性受到影响。目前看，同业渠道与外汇占款往往有共向波动特征，外汇流入多会增加银行体系流动性，同业业务多数时候增长也快，外汇流入下降会减少银行体系流动性，同业业务也可能相应下降。2013年前几个月M2增长较快，就与外汇流入相对较多以及同业业务增长快有关。而6月M2增速较5月下降了1.8个百分点，同业业务大幅收缩是其中的主要原因。

目前，同业业务已经成为金融机构融通资金、管理资产负债、创新产品和拓展利润增长点的重要渠道。但部分机构在开展同业业务中也存在操作不规范、信息不透明、期限错配较严重和规避监管等问题，部分商业银行还利用同业业务开展类贷款融资或虚增存款规模，加大了流动性管理和风险防控的难度，并在一定程度上影响了宏观调控和金融监管的效果。

下一步，应进一步完善同业业务管理制度，将标准化、透明度作为规范和加强同业业务管理的抓手，健全相关考核和监管机制，引导其在规范基础上稳健发展。完善金融统计和会计制度，以更全面、更准确地反映商业银行的信用扩张和经营行为。考虑到未来金融创新会更趋复杂，有必要进一步改进金融宏观调控框架，强化流动性管理和价格型调控机制。同时，也要继续强化宏观审慎管理，可考虑把更多信用创造活动纳入宏观审慎政策框架，防止金融部门出现过度加杠杆和顺周期波动。

四、社会融资规模接近14万亿元

初步统计，2013年前三个季度社会融资规模为13.96万亿元，比上年同期多2.24万亿元。其中，第三季度社会融资规模为3.81万亿元，分别比上季度和上年同期少1 800亿元和1 388亿元。

从结构看，前三个季度主要有以下特点。第一，人民币贷款增长平稳，投放额较上年同期有所增加，占比有所下降。前三个季度新增人民币贷款占同期社会融资规模的52.1%，同比低5.2个百分点。第二，外币贷款前多后少，总体与上年同期基本相当。分阶段看，1～5月外币贷款折合人民币累计增加5 658亿元，比上年同期多增3 932亿元；6～9月累计净下降493亿元，比上年同期少4 110亿元。第三，企业债券融资额前多后少，股票融资持续处于较低水平。分阶段看，1～5月企业债券累计净融资1.18万亿元，比上年同期多5 551亿元；6～9月累计净融资为3 442亿元，比上年同期少5 883亿元。前三个季度，非金融企业境内股票融资同比少552亿元。第四，委托贷款和信托贷款同比多增较多,未贴现银行承兑汇票同比少增。

五、金融机构存贷款利率总体平稳

9月，非金融企业及其他部门贷款加权平均利率为7.05%，比8月下降0.04个百分点，比6月上升0.14个百分点。其中，一般贷款加权平均利率为7.16%，比6月上升0.06个百分点；票据融资加权平均利率为6.61%，比6月上升0.73个百分点，票据利率小幅上升主要受金融机构调整资产负债结构，压缩票据业务影响。个人住房贷款利率略有走高，9月加权平均利率为6.39%，比6月上升0.09个百分点。

从利率浮动情况看，执行下浮、基准利率的贷款占比有所下降，执行上浮利率的贷款占比有所上升。9月，一般贷款中执行下浮、基准利率的贷款占比分别为10.70%和23.31%，比6月分别下降1.85个和1.21个百分点；执行上浮利率的贷款占比为65.99%，比6月上升3.06个百分点。利率出现的变化反映出经济活动升温及对资金需求较为旺盛。

表2　社会融资规模

单位:亿元

时期	社会融资规模①	其中：人民币贷款③	外币贷款(折合人民币)	委托贷款	信托贷款	未贴现银行承兑汇票	企业债券	非金融企业境内股票融资
2010年	140 191	79 451	4 855	8 748	3 865	23 346	11 063	5 786
2011年	128 286	74 715	5 712	12 962	2 034	10 271	13 658	4 377
2012年	157 631	82 038	9 163	12 838	12 845	10 499	22 551	2 508
2013年前三个季度②	139 596	72 787	5 165	18 200	15 841	6 359	15 280	1 625

注：①社会融资规模是指一定时期内实体经济从金融体系获得的资金总额，是增量概念。

②当期数据为初步统计数。

③表中的人民币贷款为历史公布数。

数据来源：中国人民银行、国家发展和改革委员会、中国证券监督管理委员会、中国保险监督管理委员会、中央国债登记结算有限责任公司和中国银行间市场交易商协会等。

表3　2013年1～9月金融机构人民币贷款各利率区间占比

单位：%

月份	下浮	基准	上浮					
			小计	(1.0，1.1]	(1.1，1.3]	(1.3，1.5]	(1.5，2.0]	2.0以上
1月	10.62	25.08	64.30	19.84	25.23	7.87	8.28	3.07
2月	11.69	25.05	63.26	19.57	23.96	7.88	8.83	3.02
3月	11.44	23.79	64.77	19.55	24.71	8.15	9.28	3.09
4月	10.56	23.53	65.91	18.96	25.52	8.96	9.23	3.24
5月	11.89	22.45	65.66	19.65	25.92	8.84	8.46	2.79
6月	12.55	24.52	62.93	19.47	24.95	7.95	8.04	2.52
7月	10.54	23.32	66.14	19.99	27.07	8.61	7.96	2.51
8月	10.23	21.95	67.82	19.70	27.33	9.46	8.60	2.73
9月	10.70	23.31	65.99	19.59	26.58	9.33	8.03	2.46

数据来源：中国人民银行。

外币存贷款利率在国际金融市场利率波动、境内外币资金供求变化等因素的综合作用下低位小幅波动，总体较6月有所上升。9月，活期、3个月以内大额美元存款加权平均利率分别为0.19%和1.58%，比6月分别上升0.07个和0.51个百分点；3个月以内、3（含3个月）～6个月美元贷款加权平均利率分别为2.28%和2.80%，比6月分别上升0.05个和0.46个百分点。

六、人民币汇率弹性增强

第三季度，人民币汇率保持基本稳定，双向浮动特征明显，汇率弹性增强，人民币汇率预期总体平稳。9月末，人民币对美元汇率中间价为6.1480元，比6月末升值307个基点，升值幅度为0.50%。2005年人民币汇率形成机制改革以来至2013年9月末，人民币对美元汇率累计升值34.62%。

表4　2013年1～9月大额美元存款与美元贷款平均利率

单位：%

月份	大额存款						贷款				
	活期	3个月以内	3(含3个月)～6个月	6(含6个月)～12个月	1年	1年以上	3个月以内	3(含3个月)～6个月	6(含6个月)～12个月	1年	1年以上
1月	0.11	0.90	1.35	1.75	1.90	2.45	1.74	2.04	1.87	2.00	3.25
2月	0.12	0.84	1.42	1.75	2.04	2.12	2.18	1.91	1.82	2.14	4.08
3月	0.11	0.92	1.57	1.91	2.44	1.54	1.97	2.16	2.07	2.35	3.03
4月	0.10	0.82	1.36	2.04	2.36	1.27	1.99	2.13	2.22	2.30	3.26
5月	0.12	0.80	1.39	1.89	2.31	1.20	2.00	2.11	2.34	2.38	3.02
6月	0.12	1.07	1.69	1.86	2.50	1.14	2.23	2.34	2.40	2.78	3.33
7月	0.13	1.14	1.97	2.15	2.57	1.79	2.25	2.58	2.69	2.77	3.13
8月	0.12	1.17	1.84	2.05	2.68	2.39	2.29	2.41	2.57	2.63	3.23
9月	0.19	1.58	2.37	2.06	3.43	2.22	2.28	2.80	2.63	2.49	3.18

数据来源：中国人民银行。

根据国际清算银行的计算，第三季度，人民币名义有效汇率升值0.35%，实际有效汇率升值1.09%；2005年人民币汇率形成机制改革以来至2013年9月，人民币名义有效汇率升值30.92%，实际有效汇率升值40.55%。

第二部分 货币政策操作

2013年第三季度，中国人民银行按照国务院统一部署，坚持稳中求进的工作总基调，不放松也不收紧银根，继续实施稳健的货币政策，并着力增强政策的针对性、协调性，适时适度进行预调微调。

一、灵活开展公开市场操作

中国人民银行加强对影响流动性供求各因素的分析监测，灵活开展公开市场操作，促进银行体系流动性和货币市场利率平稳运行。充分发挥公开市场操作预调微调功能，视流动性供求变化灵活开展短期逆回购操作，有效熨平多种因素引起的短期流动性波动。对部分到期的3年期央行票据开展了续做操作，将适度冻结长期流动性与提供短期流动性相结合，合理调节银行体系流动性。第三季度，累计开展逆回购操作4 700亿元，开展央行票据到期续做操作4 008亿元。截至9月末，逆回购余额为800亿元。在国际金融形势复杂、流动性供求方向多变的情况下，中国人民银行加强对市场环境和市场利率走势的分析监测，保持公开市场操作利率稳定，有效引导市场预期和促进货币市场利率平稳运行。截至9月末，7天期和14天期逆回购操作利率分别为3.90%和4.10%。

适时开展中央国库现金管理操作。第三季度，中国人民银行共开展了五期国库现金管理商业银行定期存款业务累计2 500亿元，其中3个月期2 000亿元，6个月期500亿元。

二、开展常备借贷便利操作，促进银行体系流动性总体平衡

第三季度，为保持货币市场流动性合理适度，中国人民银行向符合宏观审慎要求的金融机构提供常备借贷便利，取得了较好的效果。通过续发行3年期央行票据冻结长期流动性，同时通过常备借贷便利和公开市场逆回购提供必要的短期流动性支持，两种操作相结合，既有利于在未来国际收支形势不确定的情况下保持流动性适中，也有利于维护货币市场的稳定。第三季度以来，鉴于国际收支形势变化、外汇流入量增加，常备借贷便利适度有序减量操作，保持银行体系流动性平稳。9月末，常备借贷便利余额为3 860亿元，比6月末下降300亿元。

三、加强宏观审慎管理，继续发挥差别准备金动态调整机制的逆周期调节作用

中国人民银行继续运用差别准备金动态调整机制加强宏观审慎管理。根据国内外经济金融形势变化以及金融机构稳健性状况和信贷政策执行情况，对差别准备金动态调整机制的有关参数进行调整，引导信贷平稳适度增长，增强金融机构抗风险能力。第三季度，适当加大了对有关政策参数的调整力度，以进一步鼓励和引导金融机构增加小微企业、“三农”及中西部欠发达地区的信贷投入。

四、加强窗口指导和信贷政策引导

中国人民银行认真贯彻中央经济工作会议和国务院关于金融支持实体经济发展的指导意见、全国小微企业金融服务经验交流会议的有关精神，继续发挥货币政策工具、宏观审慎政策工具以及信贷政策的结构引导作用，加强与产业政策的协调配合，支持经济结构调整和转型升级，增强金融服务实体经济的水平。整合金融资源支持小微企业发展，支持中小企业通过区域集优、发行中小企业集合票据等融资，支持商业银行发行专项用于支持小微企业贷款的金融债券。大力推进农村金融产品和服务方式创新，鼓励和引导金融机构加大对“三农”领域的信贷支持力度，服务现代农业发展。引导金融机构加强对国家重点在建续建项目、现代服务业、科技创新、战略性新兴产业等经济社会发展重要领域的金融支持，加大对就业、助学等民生领域的金融支持和服务。扎实推进扩大信贷资产证券化试点，发挥其盘活存量信贷资产的作用。严格控制对“两高一剩”行业的贷款，支持对整合过剩产能的企业定向开展并购贷款，促进产能过剩矛盾化解。严格实施差别化住房信贷政策，坚决抑制投机投资性购房，继续支持保障性住房、棚户区改造、中小套型普通商品住房建设和居民首套自住普通商品房消费。

信贷结构进一步改善，体现了“有保有压”。一是对小微企业和“三农”的信贷支持保持了较强力度。9月末，小微企业贷款余额同比增长13.6%，比大型和中型企业贷款增速分别高2.2个和3.4个百分点；“三农”贷款余额同比增长18.6%，比各项贷款增速高了4个百分点。二是对民营企业贷款支持力度大于国有企业。2013年前三个季度，累计发放民营企业贷款占全部企业贷款的69.1%。三是对服务业贷款支持力度加大。前三个季度，累计发放服务业贷款占全部企业贷款的37.6%，同比增长21.8%，增速比上年同期和上年年末分别提高1.8个和2.2个百分点。四是对产能过剩行业贷款严控。自2011年7月以来，产能过剩行业中长期贷款增速一直处于个位数水平。9月末，产能过剩行业中长期贷款余额为2.04万亿元，同比增长6.7%。

五、进一步推进利率市场化改革

按照国务院的统一部署，中国人民银行继续稳步推进利率市场化改革。一是全面放开金融机构贷款利率管制。2013年7月20日，中国人民银行取消金融机构除商业性个人住房贷款以外的贷款利率下限，放开票据贴现利率管制，同时对农村信用社贷款利率不再设立上限。二是建立金融机构市场利率定价自律机制。2013年9月24日，市场利率定价自律机制成立会议召开。市场利率定价自律机制是由金融机构组成的市场利率定价自律和协调机制，旨在符合国家有关利率管理规定的前提下，对金融机构自主确定的货币市场、信贷市场等金融市场利率进行自律管理，维护市场正当竞争秩序，促进市场规范健康发展。三是建立贷款基础利率集中报价和发布机制。2013年10月25日，贷款基础利率集中报价和发布机制在试运行一个月后正式运行。贷款基础利率是商业银行对其最优质客户执行的贷款利率，其他贷款利率可在此基础上加减点生成。在报价行自主报出本行贷款基础利率的基础上，指定发布人对报价进行加权平均计算，形成报价行的贷款基础利率报价平均利率并对外予以公布。

贷款基础利率集中报价和发布机制推出

首日，建设银行即签署了两笔以该行贷款基础利率报价为基准的1年期贷款协议，加点利差为90个基点，总额共计5.5亿元。同时，工商银行与四家客户签订了基于贷款基础利率的协议，金额共计9 820万元。此后，其他银行也陆续发放了基于贷款基础利率定价的贷款。10月30日，中信银行与花旗银行成交首笔以贷款基础利率为基准的利率互换交易，期限2年，名义本金1亿元，贷款基础利率的应用正在逐步扩大。

建立市场利率定价自律机制、贷款基础利率集中报价和发布机制对进一步推进利率市场化改革具有重要意义。一是激励金融机构强化财务约束，实现科学合理定价；二是通过建立信贷市场基础利率，为金融机构信贷产品市场化定价提供参考；三是强化利率定价自律管理，维护公平有序的市场竞争秩序。

专栏2　贷款基础利率集中报价和发布机制

贷款基础利率是商业银行对其最优质客户执行的贷款利率，其他贷款利率可在此基础上加减点生成。它是金融机构对其资金成本、信用风险成本、管理费用、最低资本回报等因素进行综合衡量后，确定的贷款利率水平，可以真实地反映信贷市场的资金价格。

美国、日本等主要经济体基本都建立了贷款基础利率报价机制。例如，美国的贷款基础利率（Prime Rate）由《华尔街日报》根据10家大型银行的贷款基础利率报价对外发布。目前，美国的贷款基础利率主要应用于零售客户的消费贷款、信用卡透支等业务定价中；加拿大的贷款基础利率由5家最大商业银行参与报价，在剔除最高与最低报价后，对剩余3家报价进行算术平均计算生成贷款基础利率，并通过加拿大中央银行网站对外发布；日本的贷款基础利率由6家主要银行参与报价，日本中央银行在其网站上同时公布短期贷款基础利率报价的平均值以及最高、最低值。从主要国家和地区的经验看，贷款基础利率机制是贷款利率市场化改革中重要的制度安排，在很大程度上发挥了贷款利率定价自律管理的作用，对于中国稳步推进利率市场化改革具有重要的借鉴意义。

借鉴国际经验，2013年10月25日，中国的贷款基础利率（Loan Prime Rate，LPR）集中报价和发布机制正式运行。从报价行看，贷款基础利率首批报价行共9家，分别为工商银行、农业银行、中国银行、建设银行、交通银行、中信银行、浦发银行、兴业银行和招商银行。从报价期限看，运行初期向社会公布1年期贷款基础利率。从贷款基础利率的生成和发布机制看，每个工作日在各报价行报出本行贷款基础利率的基础上，由全国银行间同业拆借中心根据报价行的报价情况，剔除最高、最低各1家报价后，将剩余报价作为有效报价，以各有效报价行上季度末人民币各项贷款余额占所有有效报价行上季度末人民币各项贷款总余额的比重为权重，进行加权平均计算，得出贷款基础利率报价平均利率，于每个工作日通过上海银行间同业拆放利率网对外公布。从报价的监督管理看，市场利率定价自律机制将按年对报价行的报价质量进行监督评估，促进提升贷款基础利率的基准性和公信力。

贷款基础利率集中报价和发布机制作为市场利率定价自律机制的重要组成部分，是上海银行间同业拆放利率（Shibor）机制在信贷市场的进一步拓展和扩充，有利于强化金融市场基准利率体系建设，促进定价基准由中央银行确定向市场决定的平稳过渡；有利于提高金融机构信贷产品定价效率和透明度，增强自主定价能力；有利于减少非理性定价行为，维护信贷市场公平有序的定价秩序；有利于完善中央银行利率调控机制，为进一步推进利率市场化改革奠定制度基础。

六、进一步完善人民币汇率形成机制

继续按主动性、可控性和渐进性原则，进一步完善人民币汇率形成机制，重在坚持以市场供求为基础，参考一篮子货币进行调节，增强人民币汇率弹性，保持人民币汇率在合理均衡水平上的基本稳定。第三季度，人民币对美元汇率中间价最高为6.1475元，最低为6.1817元，64个交易日中34个交易日升值、30个交易日贬值。第三季度最大单日升值幅度为0.14%（86点），最大单日贬值幅度为0.11%（68点）。

人民币对欧元、日元等其他国际主要货币汇率双向波动。9月末，人民币对欧元、日元汇率中间价分别为1欧元兑8.2983元人民币、100日元兑6.2793元人民币，分别较6月末贬值2.95%和0.30%。2005年人民币汇率形成机制改革以来至2013年9月末，人民币对欧元汇率累计升值20.68%，对日元汇率累计升值16.35%。银行间外汇市场人民币直接交易成交活跃，流动性明显提升，降低了微观经济主体的汇兑成本。

第三季度，在中国人民银行与境外货币当局签署的双边本币互换协议下境外货币当局共开展交易2 960亿元人民币，共实际动用41.69亿元人民币，对促进双边贸易投资发挥了积极作用。

七、跨境人民币业务平稳发展

跨境贸易和投资人民币结算业务平稳有序发展。初步统计，2013年第三季度，银行累计办理跨境贸易人民币结算业务1.1万亿元，同比增长37.5%。其中，货物贸易结算金额为0.7万亿元，服务贸易及其他经常项目结算金额为0.4万亿元。跨境贸易人民币结算实收4 400.7亿元，实付6 562.1亿元，收付比为1∶1.5。直接投资方面，第三季度银行累计办理人民币跨境直接投资结算金额为1 376.6亿元，其中，人民币对外直接投资结算金额为298.1亿元，外商直接投资结算金额为1 078.5亿元。

表5　2013年第三季度银行间外汇即期市场人民币对各币种交易量

单位：亿元人民币

币种	美元	欧元	日元	港币	英镑	澳元	加元	林吉特	卢布	泰铢
交易量	60 399.7	794.3	2 944.6	287.6	58.9	548.7	1.4	2.6	15.4	0.28

数据来源：中国外汇交易中心。

数据来源：中国人民银行。

图1　跨境贸易人民币结算情况

经国务院批准，2013年10月9日，中国人民银行与欧洲中央银行签署了规模为3 500亿元人民币/450亿欧元的中欧双边本币互换协议。与欧洲中央银行建立双边本币互换安排，可为欧元区人民币市场的进一步发展提供流动性支持，促进人民币在境外市场的使用，也有利于贸易和投资的便利化。

八、深入推进金融机构改革

推动扩大中国农业银行“三农金融事业部”改革试点范围。经过三年多的试点，中国农业银行“三农金融事业部”的体制机制优势逐步显现，改革试点取得了积极进展和明显成效。为贯彻落实国务院常务会议和《国务院办公厅关于金融支持经济结构调整和转型升级的指导意见》（国办发[2013]67号）精神，中国人民银行正在会同有关部门积极推动改革试点范围进一步扩大，并继续完善相关扶持政策，不断提升中国农业银行服务“三农”和县域经济的能力和水平。

农村信用社改革进展顺利，成效显著。一是资产质量显著提升。按贷款五级分类口径统计，9月末，资本充足率为10%；全国农村信用社不良贷款比例为3.7%，比上年年末下降0.9个百分点。二是涉农信贷投放大幅增加。9月末，全国农村信用社的各项存贷款余额分别为13.8万亿元和9.0万亿元，比上年年末分别增长14.9%和15.4%。全国农村信用社涉农贷款余额和农户贷款余额分别为6.1万亿元和3.0万亿元，比上年年末分别增长14.3%和14.6%。三是产权制度改革进展顺利。截至9月末，全国共组建以县（市）为单位的统一法人农村信用社1 738家，农村商业银行413家，农村合作银行129家。

九、深化外汇管理体制改革

进一步提升贸易投资便利化水平。加快推进服务贸易外汇管理改革。在深入论证改革方案的基础上，2013年7月发布服务贸易外汇管理改革法规，宣布自2013年9月1日起实施服务贸易外汇管理改革，进一步推进贸易投资便利化。规范并推动个人本外币兑换特许业务发展，支持个人本外币特许兑换公司试点开办外币旅行支票代售业务。

稳步推进人民币资本项目可兑换。稳步实施合格境外机构投资者（QFII）、人民币合格境外机构投资者（RQFII）和合格境内机构投资者（QDII）制度。前三个季度，共批准78家QFII机构投资额度100.49亿美元，65家RQFII机构投资额度673亿元人民币，26家QDII机构投资额度为27.5亿美元。同时，完善RQFII额度管理相关制度，力求做到公平、透明。推动小额外保内贷业务试点工作，积极支持民营经济和小微企业发展。推进跨境担保外汇管理改革，简化并明确相关外汇管理手续。

第三部分　金融市场分析

2013年第三季度，金融市场总体运行平稳。货币市场交易量增速减缓，市场利率平稳运行；债券发行规模持续扩大；股票市场指数回升，成交量上升；保险业资产稳定增长；外汇掉期交易活跃。

一、金融市场运行

（一）货币市场交易量增速减缓，市场利率总体平稳

银行间回购交易量增速减缓，拆借交易量同比下降。前三个季度，银行间市场债券回购累计成交117.6万亿元，日均成交6 257亿元，同比增长9.1%，增速比上半年减缓4.2个百分点；同业拆借累计成交28.4万亿元，日均成交1 510亿元，同比下降21.6%，主要是6月、7月日均成交量同比下降较多，8月、9月成交量有所回升。从期限结构看，市场交易仍主要集中于隔夜品种，前三个季度回购和拆借隔夜品种的成交量分别占各自总量的79.4%和83.2%，占比同比分别下降1.3个和4.4个百分点。交易所国债回购累计成交41万亿元，同比增长67.4%。

从融资主体结构看，主要呈现以下特点：一是大型银行整体继续向市场供给资金，但融出资金量同比减少。前三个季度大型银行累计净融出37.1万亿元，同比少融出12.4万亿元，其中第三季度同比少融出5.7万亿元。二是中小型银行融入资金量同比减少，其中在同业拆借市场上，中小型银行由上年同期的资金净融入转为净融出，与大型银行共同为拆借市场提供资金。三是证券、基金和保险公司资金需求继续扩大，而其他金融机构和产品资金需求较上年同期回落。

表6　2013年前三个季度金融机构回购、同业拆借资金净融出、净融入情况

单位：亿元

	回购市场		同业拆借	
	2013年前三个季度	2012年前三个季度	2013年前三个季度	2012年前三个季度
中资大型银行①	-341 606	-434 461	-29 584	-60 470
中资中小型银行②	114 220	211 189	-22 159	8 287
证券及基金公司	115 445	92 837	30 679	26 892
保险公司	44 073	37 320	—	—
外资金融机构	11 950	14 507	4 340	6 768
其他金融机构及产品③	55 918	78 608	16 723	18 523

注：①中资大型银行包括中国工商银行、中国农业银行、中国银行、中国建设银行、国家开发银行、交通银行、中国邮政储蓄银行。

②中资中小型银行包括招商银行等17家中型银行、小型城市商业银行、农村商业银行、农村合作银行、村镇银行。

③其他金融机构及产品包括城市信用社、农村信用社、财务公司、信托投资公司、金融租赁公司、资产管理公司、社保基金、投资公司、企业年金、其他投资产品等，其中部分金融机构和产品未参与同业拆借市场。

④负号表示净融出，正号表示净融入。

数据来源：中国外汇交易中心。

第三季度，在外汇占款有所增加的同时，中央银行灵活实施公开市场操作，促进银行体系流动性供求平衡，商业银行资产配置趋于谨慎，货币市场利率在第二季度高位回落后平稳运行。9月质押式债券回购和同业拆借月加权平均利率分别为3.49%和3.47%，略高于8月的水平，月环比回升幅度分别比上年同期收窄10个和6个基点。9月末，隔夜、1周、3个月和1年期Shibor分别为3.13%、4.20%、4.67%和4.40%。

人民币利率互换交易活跃度有所下降。前三个季度，人民币利率互换市场交易名义本金总额为2.1万亿元。其中，第三季度，人民币利率互换市场交易名义本金额为5 860.5亿元，同比减少26.8%。从期限结构来看，1年及1年期以下交易最为活跃，其名义本金总额为4 434.9亿元，占总量的75.7%。从参考利率来看，人民币利率互换交易的浮动端参考利率主要包括7天回购定盘利率和Shibor，与之挂钩的利率互换交易名义本金占比分别为71.5%和27.3%。

（二）债券交易量同比减少，债券发行规模持续扩大

银行间债券市场现券交易量同比减少。前三个季度累计成交36.4万亿元，日均成交1 937亿元，同比下降33.5%。主要是第二、第三季度成交量同比分别减少8.1万亿元和17.1万亿元。从交易主体看，中资大型银行、其他金融机构及产品和外资金融机构是银行间现券市场上的主要净买入方，前三个季度分别净买入现券2 303亿元、1 826亿元和1 476亿元；中资中小型银行是主要净卖出方，前三个季度净卖出现券5 301亿元。前三个季度，交易所国债现券成交589亿元，同比少成交103亿元。

银行间债券市场指数有所下降。第三季度，中债综合净价指数由6月末的101.07点下降至9月末的98.92点，降幅为2.13%；中债综合全价指数由6月末的112.58点下降至9月末的110.42点，降幅为1.92%。交易所国债指数由6月末的138.10点升至9月末的138.65点，升幅为0.40%。

表7　利率衍生产品交易情况

	利率互换		债券远期		远期利率协议	
	交易笔数(笔)	名义本金额(亿元)	交易笔数(笔)	交易量(亿元)	交易笔数(笔)	名义本金额(亿元)
2008年	4 040	4 121.5	1 327	5 005.5	137	113.6
2009年	4 044	4 616.4	1 599	6 556.4	27	60.0
2010年	11 643	15 003.4	967	3 183.4	20	33.5
2011年	20 202	26 759.6	436	1 030.1	3	3.0
2012年	20 945	29 021.4	56	166.1	3	2.0
2013年第一季度	5 533	7 375.8	1	1.0	0	0
2013年第二季度	7 007	7 960.0	0	0	0	0
2013年第三季度	5 816	5 860.5	0	0	1	0.5

数据来源：中国外汇交易中心。

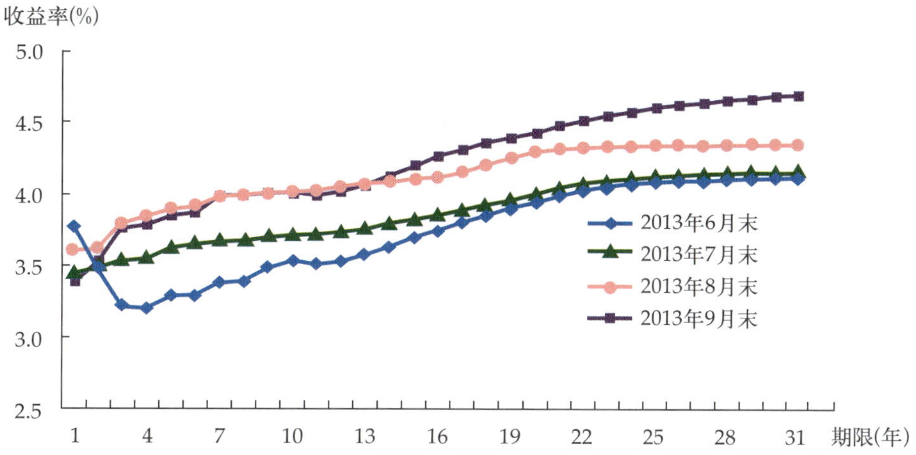

数据来源：中央国债登记结算有限责任公司。

图2　银行间市场国债收益率曲线变化情况

银行间市场国债收益率曲线整体上行，其中长端上行幅度大于短端。9月末，国债除超短端外，收益率均高于6月末水平，其中1年期、5年期、10年期和20年期的收益率水平分别比6月末高6个、58个、48个和49个基点。

债券市场发行规模继续扩大。前三个季度，累计发行各类债券6.9万亿元，同比多发行1.1万亿元。其中，央行票据和非金融企业债务融资工具发行同比增加较多。9月末，国内各类债券余额为29.1万亿元，同比增长13.8%。

表8　2013年前三个季度各类债券发行情况

债券品种	发行额(亿元)	比上年同期增减(亿元)
国债①	15 639	2 322
中央银行票据	5 148	5 148
金融债券②	19 970	641
其中：国家开发银行及政策性金融债	15 384	-1 406
公司信用类债券③	28 600	2 708
其中：非金融企业债务融资工具	22 664	3 898
企业债券	4 467	-932
公司债	1 248	-353
合计	69 358	10 819

注：①国债含财政部代理发行的地方政府债券。
②金融债券包括国家开发银行金融债、政策性金融债、商业银行普通债、商业银行次级债、商业银行资本混合债、证券公司债券等。
③公司信用类债券包括非金融企业债务融资工具、企业债券以及公司债、可转债、可分离债、中小企业私募债等。
数据来源：中国人民银行、国家发展和改革委员会、中国证券监督管理委员会、中央国债登记结算有限责任公司。

各期限国债发行利率有所上升。7月发行的5年期国债利率为3.09%，与6月发行的同期限国债利率持平；9月发行的7年期国债利率为3.46%，比6月发行的同期限国债利率高17个基点；8月发行的10年期国债利率为4.08%，比6月发行的同期限国债利率高72个基点。Shibor对债券产品定价的基准作用不断提升。前三个季度，债券一级市场共发行以Shibor为基准的浮动利率债券1 670亿元，占全部浮动利率债券发行量的59%。发行固定利率企业债276支，发行总量为3 653亿元，全部参照Shibor定价；发行参照Shibor定价的固定利率短期融资券2 891亿元，占固定利率短期融资券发行总量的46%。

（三）票据融资小幅下降，利率总体平稳

票据承兑业务增幅趋缓。前三个季度，企业累计签发商业汇票15.2万亿元，同比增长15.6%；期末商业汇票未到期金额8.9万亿元，同比增长6.3%。9月末，票据承兑余额较年初增加0.6万亿元，同比少增1.2万亿元。从行业结构看，企业签发的银行承兑汇票余额仍集中在制造业、批发和零售业；从企业结构看，由中小微企业签发的银行承兑汇票余额占比达到69.1%。

票据融资小幅下降，利率总体平稳。前三个季度，金融机构累计贴现34.6万亿元，同比增长54.1%；期末贴现余额为2.1万亿元，同比下降12.1%。9月末，票据融资余额比年初增加103亿元，同比少增8 209亿元；占各项贷款的比重为2.9%，同比下降0.9个百分点。第三季度，金融机构加强了对信贷总量和结构的调整，合理控制票据融资增长，票据融资比6月末下降2 689亿元。受货币市场利率和票据市场供求变化等多种因素影响，7月初票据市场利率比6月末小幅下降，8月、9月票据利率总体保持平稳。

（四）股票市场指数回升，成交量同比大幅提高

股票市场沪深指数回升，创业板指数上升。9月末，上证综合指数和深证成份指数分别收于2 175点和8 515点，比上年年末分别下跌94点和602点，但较6月末明显回升，分别上涨195点和820点；创业板指数收于1 368点，比上年年末上涨654点。沪市A股加权平均市盈率从上年年末的12.3倍下降至11.2倍，深市A股加权平均市盈率从上年年末的22.2倍上升至27.8倍。

股票市场成交量同比大幅提高。前三个季度，沪、深股市累计成交34.5万亿元，同比增长39.6%，日均成交1 949亿元，同比多成交591亿元。其中，创业板累计成交3.5万亿元，同比增长89.3%。9月末，沪、深股市流通市值20万亿元，同比增长20.5%；创业板流通市值为7 733亿元，同比增长149.8%。

股票市场筹资额同比偏少。前三个季度，各类企业和金融机构在境内外股票市场上通过发行、增发、配股、权证行权等方式累计筹资2 607亿元，同比少筹资476亿元。其中，A股筹资2 176亿元，同比少筹资591亿元。

（五）保险业资产平稳增长

前三个季度，保险业累计实现保费收入1.3万亿元，同比增长11.2%；累计赔款和给付支出4 509亿元，同比增长32.9%，其中，财产险赔付同比增长20.6%，人身险赔付同比增长49.5%。

保险业资产平稳增长。9月末，保险业总资产为8.1万亿元，同比增长16.7%，增速比6

表9　2013年9月末主要保险资金运用余额及占比情况

单位：亿元、%

	余额		占资产总额比重	
	2013年9月末	2012年9月末	2013年9月末	2012年9月末
资产总额	80 530	69 000	100.0	100.0
其中：银行存款	22 879	21 979	28.4	31.9
投资	51 280	41 805	63.7	60.6

数据来源：中国保险监督管理委员会。

月末高0.3个百分点。其中，银行存款同比增长4.1%，增速较6月末略有回升；投资类资产同比增长22.7%，增速略低于6月末水平。

（六）外汇掉期交易快速增长

2013年第三季度，人民币外汇即期成交10 620.9亿美元，同比增长18.1%；人民币外汇掉期交易累计成交金额折合8 998.1亿美元，同比增长36.5%，其中隔夜美元掉期成交4 757.9亿美元，占掉期总成交额的52.9%；人民币外汇远期市场累计成交36.1亿美元，同比下降32.2%。第三季度“外币对”累计成交金额折合159.2亿美元，同比下降21.7%，其中成交最多的产品为欧元对美元，占市场份额比重为35.9%，同比上升7.7个百分点。

外汇市场交易主体进一步扩展，截至9月末，共有即期市场会员388家，远期市场会员86家，外汇掉期86家，货币掉期80家，期权会员33家，即期市场做市商31家，远、掉期市场做市商27家。

（七）黄金价格整体震荡下行

黄金市场总体运行平稳，交易活跃。前三个季度，上海黄金交易所各品种交易量均大幅增长，黄金、白银交易量创历史同期最高水平。其中，黄金累计成交8 564.4吨，同比增加81.9%，成交金额为24 486.1亿元，同比增加54.4%。白银累计成交为344 376.6吨，同比增加126.2%，成交金额为16 195.1亿元，同比增加65.6%。铂金累计成交65.1吨，同比增加37.5%，成交金额为201.7亿元，同比增加30.0%。

黄金价格反弹后有所回落。第三季度，国际黄金现货价格从6月底最低的1 180.1美元/盎司最高反弹到8月末的1 433.6美元/盎司，9月末回落到1 328.1美元/盎司。第三季度，国内黄金（AU9999）最高价为340.8元/克，最低价为239.3元/克。9月末，国内黄金收盘价为265.7元/克，比6月末上涨22.2元/克，涨幅为9.1%。

二、金融市场制度性建设

（一）进一步规范银行间市场交易结算行为

2013年7月，中国人民银行发布了第8号公告，明确全部债券交易须通过全国银行间同业拆借中心系统达成，不得撤销和变更，全国银行间同业拆借中心与债券登记托管结算机构应当完善基本信息核对机制和信息互换共享机制。为防范市场风险、提高市场效率，8月中国人民银行发布了第12号公告，进一步强化了银行间债券市场券款对付结算要求。

（二）完善证券市场基础性制度建设

加速上市公司并购重组市场化改革。9月13日，中国证券监督管理委员会宣布自10月起对上市公司并购重组审核实施分道制，即根据财务顾问的执业能力、上市公司的规范运作和诚信状况、产业政策和交易类型的不同，实行差异化审核制度安排。

实现国债期货正式上市交易。9月6日，国债期货正式在中国金融期货交易所上市交易。国债期货的推出，有利于完善国债发行体制，推进利率市场化改革，引导资源优化配置，推进金融机构风险管理工具的多样化，增强其服务实体经济的能力。

（三）完善保险市场基础性制度建设

规范保险消费投诉处理管理。7月1日，中国保险监督管理委员会（以下简称保监会）发布《保险消费投诉处理管理办法》，对保险消费投诉处理的职责分工、投诉处理、工作制度以及监督管理等多个方面进行了规范，进一步完善了保险消费者权益保护的工作机制。

启动普通型人身保险费率政策改革。8月1日，保监会发布《关于普通型人身保险费率政策改革有关事项的通知》，正式启动普通型人身保险费率政策改革。本次改革的基本思路是“放开前端、管住后端”。在前端，产品预定利率由保险公司根据市场供求关系自主确定，不再执行2.5%的上限限制；后端的法定责任准备金评估利率由监管部门根据“一篮子资产”的收益率和长期国债到期收益率等因素综合确定，通过后端影响和调控前端合理定价，从而强化准备金和偿付能力监管约束，防范经营风险。

促进保险业支持经济结构调整和转型升级。8月27日，保监会出台了《关于保险业支持经济结构调整和转型升级的指导意见》，从加强对重点领域和薄弱环节的保险支持、服务小微企业和科技创新、完善农业生产保障体系、创新保险资金运用方式、优化经济转型升级外部环境等十个方面对保险业提出了要求。

第四部分　宏观经济分析

一、世界经济金融形势

进入第三季度以来，世界经济继续呈复苏态势。美国经济复苏动能增强，但仍面临若干政策风险。欧债危机处于相对平稳期，欧元区经济出现好转迹象。日本经济有所反弹，但能否维持尚需观察。部分新兴市场经济体增长放缓，金融市场动荡，面临的风险上升。

（一）主要经济体经济形势

美国经济复苏动能增强。受私人消费支出、投资以及出口增长拉动，第二季度实际GDP增长（环比折年率）2.5%，高于市场预期，也明显高于第一季度1.1%的增速。第三季度，房地产市场继续复苏，私人投资增长较快，工业生产状况有所改善，显示私人部门的增长动能不断增强。9月，美国制造业采购经理人指数（PMI）回升至56.2；失业率降至7.2%，为2008年12月以来最低水平。但消费领域的部分指标稍显脆弱。全美零售额增速自7月以来持续下跌，9月环比下降0.1%；9月消费者信心指数降至77.5，10月进一步降至73.2，为2013年1月以来新低。目前美国财政僵局虽暂时化解但并未根本解决，美联储量化宽松货币政策（QE）退出的不确定性等因素仍可能对企业投资和家庭消费产生不利影响，进而影响经济复苏的可持续性。9月18日，美联储将2013年美国实际GDP增长由6月预期的2.3%～2.6%调低至2.0%～2.3%。

欧元区经济出现好转迹象。欧债危机处于相对平稳期，市场信心有所恢复。第二季度欧元区实际GDP环比增长0.3%，结束了此前连续六个季度的萎缩态势。其中葡萄牙、德国、芬兰环比增幅最高，分别为1.1%、0.7%及0.7%。9月消费者信心指数升至-14.9，创近两年来新高；8月制造业PMI终值为51.4，创2011年7月以来新高，9月略降至51.1。9月5日，欧洲中央银行将2013年欧元区经济增长由6月的预测值（-0.6%）上调至-0.4%。

日本经济有所反弹。截至第二季度，日本私人消费已连续三个季度环比增长。得益于个人消费增长，加之日元贬值导致的出口增加，第二季度日本实际GDP增长（环比折年率）3.8%，远高于上年同期增速。9月，核心CPI同比上涨0.7%，为连续第四个月增长。10月1日，日本政府正式宣布自2014年4月起上调消费税，并同时出台5万亿日元经济刺激计划以减轻消费税提高带来的负面影响，但预计消费税提高仍可能抑制个人消费，影响日本内需增长。另外，日元贬值空间收窄、部分新兴市场经济体经济增长放缓等可能会影响日本出口增长，日本经济反弹势头能否持续仍待观察。

部分新兴市场经济体增长放缓，金融市场出现动荡。2013年以来，部分新兴市场经济体经济增长放缓，其中一些国家国际收支恶化、外汇储备减少、财政和债务状况严峻。加之受美联储退出QE预期的影响，5月以来国际资本流动逆转，部分新兴市场经济体汇率贬值、股市下挫、国债收益率攀升，金融市场出现大幅动荡。

表10　主要经济体宏观经济金融指标

国别	指标	2012年第三季度			2012年第四季度			2013年第一季度			2013年第二季度			2013年第三季度		
		7月	8月	9月	10月	11月	12月	1月	2月	3月	4月	5月	6月	7月	8月	9月
美国	实际GDP增速(环比折年率，%)	2.8			0.1			1.1			2.5					
	失业率(%)	8.2	8.1	7.8	7.9	7.8	7.8	7.9	7.7	7.6	7.5	7.6	7.6	7.4	7.3	7.2
	CPI(同比，%)	1.4	1.7	2.0	2.2	1.8	1.7	1.6	2.0	1.5	1.1	1.4	1.8	2.0	1.5	1.2
	道琼斯工业平均指数(期末)	13 009	13 091	13 486	13 096	13 025	13 104	13 861	14 054	14 579	14 840	15 116	14 910	15 500	14 810	15 130
欧元区	实际GDP增速(环比，%)	-0.1			-0.5			-0.2			0.3					
	失业率(%)	11.4	11.5	11.6	11.7	11.8	11.8	12.0	12.0	12.0	12.1	12.1	12.1	12.2	12.2	12.2
	HICP综合物价指数(同比，%)	2.4	2.6	2.6	2.5	2.2	2.2	2.0	1.8	1.7	1.2	1.4	1.6	1.6	1.3	1.1
	EURO STOXX 50(期末)	2 479	2 509	2 518	2 525	2 551	2 569	2 641	2 647	2 698	2 725	2 662	2 605	2 699	2 671	2 776
日本	实际GDP增速(环比折年率，%)	-3.5			1.1			4.1			3.8					
	失业率(%)	4.3	4.2	4.2	4.2	4.1	4.3	4.2	4.3	4.1	4.1	4.1	3.9	3.8	4.1	4.0
	核心CPI(同比，%)	-0.3	-0.3	-0.1	0.0	-0.1	-0.2	-0.2	-0.3	-0.5	-0.4	0.0	0.4	0.7	0.8	0.7
	日经225指数(期末)	9 007	8 695	8 840	8 928	9 446	10 395	11 139	11 559	12 398	13 861	13 775	13 677	13 668	13 467	14 456

数据来源：各经济体相关统计部门及中央银行。

专栏3　部分亚洲新兴市场经济体金融市场动荡

一、近期部分亚洲新兴市场经济体金融市场出现波动

2013年5月下旬以来，新兴市场经济体普遍遭遇资本流出。新兴市场投资基金研究公司（EPFR）数据显示，第三季度，新兴市场股票基金流出资金为121亿美元，连续两个季度资金净流出；新兴市场债券基金资金流出规模也达174亿美元。与此同时，印度、印尼等部分亚洲新兴市场经济体金融市场出现剧烈震荡：一是货币贬值，8月下旬印度卢比、印尼卢比和泰铢对美元汇率一度较5月末贬值18%、15%和6%；二是股市下跌，8月末印度、印尼和泰国股市分别较5月末下跌9%、17%和17%；三是债券收益率攀升，8月末印度、印尼和泰国的10年期国债收益率分别较5月末上涨136个基点、243个基点和80个基点；四是外汇储备下降，2013年5～7月，新兴市场经济体中央银行外汇储备减少810亿美元，其中，印度和印尼中央银行外汇储备分别下降5.5%和13.6%。9月19日，美联储宣布推迟退出QE，新兴市场经济体金融市场从前期低点反弹，波动有所缓和。

二、部分亚洲新兴市场经济体金融市场波动的原因

美联储退出QE预期增强、国际资本流动逆转是触发部分亚洲新兴市场金融动荡的直接原因。2013年以来，市场对美联储年内退出QE的预期逐步增强，美元套利交易成本上升，美元资产的吸引力也显著增强。5月，美联储主席伯南克开始释放QE退出的信号。6月以来，主要新兴市场经济体

股市和债市资本流出集中爆发，特别是债市遭遇了从资本流入向流出的逆转。

部分新兴市场经济体基本面脆弱是导致金融市场大幅波动的深层次原因。一是财政状况不佳。印度等亚洲新兴经济体财政赤字居高不下，为弥补资金不足，部分国家通过资本市场吸引国际资本流入，当美联储退出QE预期升温时，资本外流导致经济下滑，财政状况陷入进一步恶化的循环。二是经常项目逆差扩大。印度经常项目逆差自2009年以来持续扩大；截至2013年第二季度，印尼连续七个季度呈现经常项目逆差。近期日元汇率大幅贬值也挤占了部分亚洲新兴市场经济体的出口空间，后者经常项目状况变差导致其国际收支平衡对资本流入的依赖性增强。而在美联储退出QE预期增强的背景下，部分新兴经济体过去长期依赖短期资本流入弥补经常账户逆差和支撑资本市场的局面难以为继，风险明显增大。三是经济增速放缓等因素导致对资本流入的吸引力下降。部分新兴市场经济体增速开始放缓，印度、印尼2013年前两个季度实际GDP增速均较上年同期明显回落，加之发达经济体实施超宽松货币政策后的资金流入导致其国内金融市场资产回报率下降，对国际资本的吸引力也出现下降。

三、影响及前景

此轮部分亚洲国家金融市场的大幅波动，与1997年亚洲金融危机时的外部环境类似，均为发达经济体收紧货币和财政政策，而且都可见国际金融资本集体唱衰亚洲新兴经济体的身影。不过，当前亚洲新兴经济体的基本面普遍较1997年有了明显改善。一是汇率制度更为灵活，1997年后大部分亚洲新兴经济体采取了更为灵活的浮动汇率制度，减弱了资本跨境流动的动力；二是多数亚洲经济体经常项目保持顺差，抵御资本流出的能力增强；三是外汇储备增长较多，有利于增强市场信心；四是外债压力较小，目前多数亚洲新兴经济体外债与GDP之比较1997年亚洲金融危机前期大幅改善，且政府债券中本币债券占大多数，资本流出对政府债务可持续性的影响不大；五是亚洲经济体在进一步放开资本项目的同时采取了灵活审慎的态度，运用宏观审慎等手段加强了短期资本监控管理，在资本跨境流动异常时起到了一定作用。此外，1997年亚洲金融危机后区域内已经逐步构建起金融合作机制，地区金融安全网进一步加强，抵御外部冲击和资本流出的能力提升。总的来看，目前多数亚洲新兴市场经济体基本面尚可，风险总体可控，亚洲地区爆发大范围危机的可能性较小。

但也应注意到，不同经济体之间仍存在较大差异，少数国家因内部基本面因素受到资本流出的影响较大，发达经济体退出量化宽松货币政策的溢出效应也使未来资本流动形势存在很大不确定性。为避免量化宽松政策的退出给新兴市场经济体带来负面溢出效应，发达经济体特别是主要储备货币发行国应提高政策的透明度和可预见性，加强与市场的沟通。

（二）国际金融市场概况

第三季度，国际资本持续流出新兴市场经济体，回流发达经济体。受此影响，发达经济体和新兴市场经济体金融市场表现分化，主要发达经济体金融市场转好，部分新兴市场经济体金融市场大幅动荡。

欧元、英镑和日元对美元升值，大部分新兴市场经济体货币对美元继续贬值。9月30日，欧元、英镑和日元对美元汇率分别收于1.35美元/欧元、1.62美元/英镑和98.21日元/美元，分别较6月末升值4.0%、6.4%和0.9%。多数新兴市场经济体货币延续了对美元的贬值趋势，其中，印度卢比对美元汇率8月28日跌至68.8卢比/美元，土耳其里拉对美元汇率9月6日跌至2.07里拉/美元，均创历史新低。截至9月30日，印尼卢比和印度卢比汇率分别较6月末贬值14.3%和4.9%；同期俄罗斯卢布和南非兰特对美元汇率低位震荡，与6月末基本持平。

伦敦同业拆借市场美元Libor低位波动。美联储退出量化宽松货币政策预期有所增强，但联邦基金目标利率预计在一段时间内仍将维持在0～0.25%的水平，受此影响，美元Libor总体保持低位波动。截至9月30日，1年期Libor为0.6294%，比6月末下降6个基点；欧元区同业拆借利率Euribor稳中略有上升，截至9月30日，1年期Euribor为0.5390%，比6月末上升1个基点。

美德国债收益率小幅上涨，部分新兴市场经济体国债收益率攀升。9月30日，美国和德国10年期国债收益率分别收于2.615%和1.780%，较6月末分别上升12.8个和5.1个基点。日本10年期国债收益率收于0.688%，较6月末下跌15.6个基点。多数新兴市场经济体10年期国债收益率上升，其中印尼、印度、巴西和土耳其升幅较大，分别较6月末上升了137个、131个、52个和42个基点。

主要发达经济体股市小幅上涨，部分新兴市场经济体股市大幅波动。9月30日，道琼斯工业平均指数、日经225指数、欧元区STOXX50指数分别收于15 129.7点、14 455.8点和2 776.2点，较6月末上升了1.5%、5.7%和6.6%。经历了第二季度大幅下挫之后，多数新兴市场经济体股市低位震荡，部分新兴市场经济体股指大幅波动。第三季度，印尼、土耳其和印度股指波幅分别达到20.4%、23.0%和15.3%。

（三）主要经济体货币政策

主要发达经济体中央银行继续维持宽松的货币政策。美联储公开市场委员会（FOMC）在7月、9月和10月例会后均宣布仍维持0～0.25%的基准利率不变，并继续将利率调整与通胀率和失业率等经济指标挂钩，同时继续保持每月850亿美元的资产购买力度，并将等待更多证据显示经济活动和就业市场状况持续改善后才会调整资产购买进度。欧洲中央银行继续将基准利率维持在0.5%的水平不变，同时将边际贷款便利利率和存款便利利率分别维持在1%和0的水平。欧洲中央银行强调，将继续维持宽松的货币政策，并预期基准利率将在较长时期内维持在目前或更低水平。日本银行继续将基础货币作为货币政策操作的目标，并继续通过增加基础货币和长期国债购买数量、提升平均持有期限等方式实施“量化和质化宽松货币政策”，以期在两年内实现2%的通胀目标。英格兰银行维持0.5%的基准利率和3 750亿英镑的资产购买规模不变，并于8月7日推出“前瞻性货币政策指引”，宣布在失业率降至7%之前将不会考虑加息。

新兴市场经济体货币政策继续分化，部分国家收紧货币政策以应对资本流出和货币贬值的压力。为稳定本币汇率，印度储备银行于7月15日将边际贷款便利（MSF）利率上调200个基点至10.25%；随着美联储宣布暂缓退出QE，汇率市场波动趋于缓和，9月20日宣布降低边际贷款便利利率75个基点至9.5%，同时为应对通胀压力提高政策回购利率25个基点至7.5%；为进一步改善流动性状况，10月7日再次降低边际贷款便利利率50个基点至9.0%。印尼中央银行于7月11日、8月29日和9月12日分别上调基准利率50个、50个和25个基点至7.25%。巴西中央银行于7月10日和8月28日分别上调基准利率各50个基点至9.0%。土耳其中央银行于7月23日和8月20日将隔夜拆借利率分别上调75个和50个基点至7.75%。与此同时，匈牙利中央银行7月23日、8月27日、9月24日三次分别下调基准利率25个、20个、20个基点至3.6%。埃及中央银行8月1日、9月19日两次分别将隔夜存款利率、隔夜贷款利率、中央银行主要操作工具利率及贴现率各下调50个基点，分别至8.75%、9.75%、9.25%和9.25%。

（四）国际经济展望及面临的主要风险

IMF在10月发布的《世界经济展望》中，预计2013年全球经济增长2.9%，较其7月的预测值下调了0.3个百分点。其中，美国、欧元区、日本经济增速分别为1.6%、-0.4%和2.0%；新兴市场和发展中经济体经济增长4.5%，较7月的预测值下调了0.5个百分点。

展望未来，全球经济主要面临以下风险：

美国财政和货币政策的不确定性可能影响美国和全球经济复苏及金融市场稳定。极化政治导致的财政僵局，特别是美国国会两党围绕2014财年政府预算及“债务上限”问题的分歧短期内很难彻底弥合，可能拖累美国经济增长，甚至冲击世界经济复苏。同时，美联储宽松货币政策退出的时间和具体方案仍存在较大不确定性，这将加大跨境资本流动、全球汇市、资产价格、大宗商品价格的波动性，未来金融市场波动将可能加剧，不确定性风险也会增加。

部分新兴市场经济体摆脱当前面临的困境可能需要一定时间。一方面，发达经济体复苏对新兴市场经济体的影响尚不确定，美联储QE退出的不确定性及对新兴市场经济体的负面冲击可能在一段时间继续存在。另一方面，新兴市场经济体利用货币政策和财政政策的空间有限，且一些长期制约经济发展的结构性问题并非短期内可以解决。在内外因素作用下，新兴市场经济体经济困境可能持续，增添全球经济复苏风险。

欧债危机进入相对平静期，但欧元区整体仍面临诸多长期性、结构性问题。例如，防火墙建设任重道远；银行部门风险不容小觑，银行业去杠杆化进程依然缓慢，信贷活动疲弱；财政联盟仍需长期推进；政府债务仍在攀升以及结构性失衡问题短期内难以解决等。

贸易和投资保护主义风险仍需警惕，地缘政治局势不容乐观。一些发达经济体失业率仍居高位，而政府缺乏刺激经济增长的政策工具和空间，内部政治极化现象严重，局部贸易摩擦易受炒作和政治化，对全球经济复苏产生负面影响。此外，东亚、中东地区政治形势紧张，特别是埃及和叙利亚局势并不乐观，可能加剧全球大宗商品价格波动，制约全球经济复苏。

二、中国宏观经济运行

2013年第三季度，中国经济稳中向好。消费平稳增长，投资增长较快；农业生产形势较好，工业结构调整逐步推进；消费价格涨幅和就业基本稳定。初步核算，前三个季度实现国内生产总值（GDP）38.7万亿元，同比增长7.7%，其中第三季度增长7.8%，增速比上季度加快0.3个百分点。前三个季度，居民消费价格（CPI）同比上涨2.5%，贸易顺差1 693.6亿美元。

（一）消费需求增长平稳，投资增长较快，进出口增速总体稳定

城乡居民收入稳步增长，消费需求增长平稳。前三个季度，城镇居民人均可支配收入为20 169元，同比增长9.5%，扣除价格因素实际增长6.8%；农村居民人均现金收入为7 627元，同比增长12.5%，扣除价格因素实际增长9.6%。前三个季度，社会消费品零售总额为16.9万亿元，同比增长12.9%，增速比上年同期低1.2个百分点；扣除价格因素后，实际增长11.3%，增速比上年同期低0.3个百分点，增速略有回落，主要是餐饮业增速放缓，特别是高档餐饮增速回落。分城乡看，城镇消费品零售额为14.6万亿元，同比增长12.7%；乡村消费品零售额为2.3万亿元，增长14.5%。

固定资产投资增长较快。前三个季度，固定资产投资（不含农户）30.9万亿元，同比增长20.2%，扣除价格因素实际增长20.2%，增速比上半年加快0.1个百分点。其中，国有及国有控股投资9.9万亿元，增长17.6%；民间投资19.7万亿元，增长23.3%。分地区看，中部和西部投资增速明显快于东部，东部、中部和西部地区投资同比分别增长18.8%、23.4%和23.0%。分产业看，三次产业投资同比分别增长31.1%、17.1%、22.3%，第三产业投资增速比上年同期高2.9个百分点。前三个季度，新开工项目计划总投资26.5万亿元，同比增长13.3%，增速同比低12.4个百分点；

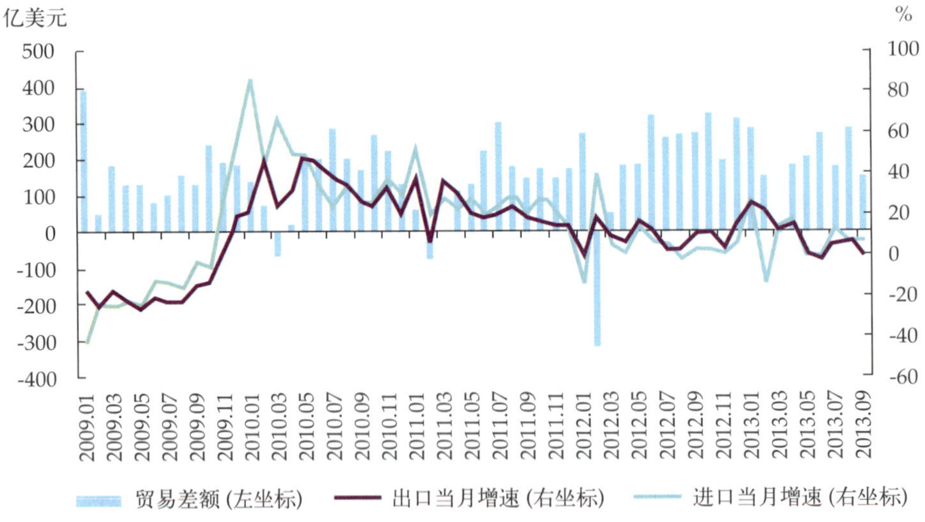

数据来源：海关总署、中国人民银行。

图3　进出口增速与贸易差额

施工项目计划总投资76.0万亿元，同比增长18.6%。

进出口增速总体稳定，贸易顺差增加。前三个季度，进出口总额为30 603.7亿美元，同比增长7.7%；其中出口16 148.6亿美元，同比增长8.0%；进口14 455亿美元，同比增长7.3%。累计贸易顺差1 693.6亿美元，同比增长14.6%。企业转型升级动力增强，出口商品结构持续优化。机电产品出口稳步增长，传统劳动密集型产品仍具有较强竞争能力，“两高一资”产品出口继续下降。前三个季度，机电产品出口同比增长8%，占同期出口总值的57.2%。高新技术产品出口同比增长13.3%。纺织品、服装、箱包等7大类劳动密集型产品出口同比增长10.3%。煤和原油出口量同比分别下降20.7%和29.8%。前三个季度，实际使用外商直接投资886亿美元，比上年增长6.2%。

（二）农业生产形势良好，工业生产增速回升

前三个季度，第一产业增加值为3.6万亿元，同比增长3.4%；第二产业增加值为17.5万亿元，增长7.8%；第三产业增加值为17.6万亿元，增长8.4%。第一、第二、第三产业占GDP比重分别为9.2%、45.3%、45.5%，第三产业比重较上年同期提高1.6个百分点。

农业生产形势较好。全国夏粮总产量为13 189万吨，同比增长1.5%；早稻总产量为3 407万吨，同比增长2.4%；秋粮有望再获丰收。前三个季度，猪牛羊禽肉产量为5 803万吨，同比增长1.3%，其中猪肉产量为3 831万吨，增长2.1%。

工业生产增速略有回升。前三个季度，全国规模以上工业增加值同比增长9.6%，增速比上半年加快0.3个百分点。全国规模以上工业企业实现利润40 452.8亿元，同比增长13.5%，增速比上半年加快2.4个百分点；以利润总额计算的利润率为5.49%，比上半年提高0.09个百分点；产销率达到97.7%，比上半年提高0.2个百分点。中国人民银行5 000户工业企业调查显示，虽然企业经营景气指数较低，但市场需求相对平稳，企业盈利状况有所改善。第三季度，企业经营景气指数为56.3%，较上季度度略降0.8个百分点，较上年同期下降4.8个百分点。企业出口订单指数为50.1%，较上季度和上年同期分别上升0.2个和2.6个百分点。国内订单指数为48.2%，较上季度下降2.1个百分点，较上年同期上升0.8个百分点。企业盈利指数为55.1%，较上季度略降0.5个百分点，较上年同期上升3.7个百分点。

（三）消费价格涨幅基本稳定

居民消费价格涨幅略有扩大。第三季度，CPI同比上涨2.8%，涨幅比上季度扩大0.4个百分点，各月涨幅分别为2.7%、2.6%和3.1%。从食品和非食品分类看，食品价格上涨加快是CPI涨幅扩大的主要原因。第三季度，食品价格同比上涨5.3%，涨幅比上季度高1.3个百分点，拉动CPI上涨约1.7个百分点；非食品价格同比上涨1.6%，涨幅与上季度持平，拉动CPI上涨约1.1个百分点。从消费品和服务分类看，消费品价格上涨有所加快，服务价格保持基本稳定。第三季度，消费品价格同比上涨2.8%，比上季度高0.6个百分点；服务价格同比上涨2.8%，涨幅与上季度持平。

工业生产者价格降幅继续收窄。第三季度各月，工业生产者出厂价格同比分别下降

2.3%、1.6%和1.3%，平均下降1.7%，降幅比上季度缩小1.0个百分点。其中，生产资料价格同比下降2.3%，降幅比上季度缩小1.3个百分点；生活资料价格同比涨幅为0，涨幅比上季度回落0.1个百分点。第三季度，工业生产者购进价格同比下降1.8%，降幅比上季度缩小1.0个百分点。第三季度，企业商品价格（CGPI）同比下降0.7%，其中9月CGPI同比下降0.4%，降幅连续4个月收窄。从生产过程分类看，呈现上游产品价格由降转升，中游产品价格降幅收窄，下游产品价格小幅上涨的特征。9月，初级产品、中间产品和最终产品价格同比分别上涨1.72%、-1.21%和1.03%。从商品用途分类看，投资品价格降幅收窄，消费品价格涨幅扩大。9月，投资品和消费品价格同比分别上涨-0.74%和2.26%。第三季度，农产品生产价格同比上涨4.3%，涨幅比上季度扩大3.2个百分点；农业生产资料价格指数同比上涨0.8%，涨幅比上季度回落0.4个百分点。

受国际大宗商品价格总体上涨影响，进口价格降幅缩小。受季节性因素和叙利亚政治局势紧张的影响，国际原油价格大幅上升。第三季度，纽约商品交易所WTI原油期货当季平均价格比上季度上涨12.4%，洲际交易所布伦特原油期货当季平均价格比上季度上涨6.1%，季度环比均由上季度的下降转为上涨。伦敦金属交易所铜和铝现货当季平均价格比上季度分别下降1.0%和2.9%，环比降幅较上季度均明显收窄。第三季度，进口价格同比下降1.1%，降幅比上季度缩小1.8个百分点，其中各月同比降幅分别为0.9%、1.4%和1.1%；出口价格同比下降1.2%，降幅比上季度加深0.6个百分点，其中7月、8月分别下降2.3%和2.1%，9月上涨0.7%。

GDP缩减指数有所回升。前三个季度，GDP缩减指数（按当年价格计算的GDP与按固定价格计算的GDP的比率）变动率为1.5%，比上年同期回落0.4个百分点，比上半年回升0.4个百分点。

资源性产品价格改革继续推进。9月16日，国家发展和改革委员会发出通知，决定对油品质量升级实行优质优价政策，车用汽、柴油质量标准升级至第四阶段每吨分别加价290元和370元，从第四阶段升级至第五阶段每吨分别加价170元和160元。该加价标准是按照合理补偿成本、优质优价和污染者付费原则，根据油品质量升级成本调查审核结果，在企业适当消化部分升级成本的基础上确定的。

（四）财政收入增幅总体上呈逐步回升走势

前三个季度，全国财政收入9.8万亿元，同比增长8.6%。其中，第一、第二、第三季度分别增长6.9%、8.1%和11.2%。中央财政收入第三季度增幅明显回升，主要是受经济逐步回暖、贸易形势好转等因素影响。前三个季度，全国实现税收收入8.4万亿元，同比增长9.0%。分税种看，国内增值税同比增长8.2%，国内消费税同比增长3.8%，营业税同比增长10.9%，企业所得税同比增长14.3%，个人所得税同比增长10.8%，进口货物增值税和消费税同比下降10.4%。全国财政支出9.2万亿元，同比增长8.8%，增速比上年同期低12.3个百分点。从支出结构看，前三个季度城乡社区事务、医疗卫生、社会保障和就业支出增长较快，分别较上年增长20.7%、14.6%和12.1%。前三个季度，全国财政收支盈余为6 856.7亿元，比上年同期增加387.6亿元。

当前中国城镇化发展较快，地方财政积累尚不充裕，仅靠一般意义上的财政资金以收定支难以支撑城镇化的大额资金需求。因此，地方政府多采用地方政府融资平台方式进行融资，对促进地方经济社会发展也发挥了积极作用。但也出现了部分融资平台公司举债融资规模增长较快、运作不够规范等问题。2010年，国务院印发《国务院关于加强地方政府融资平台公司管理有关问题的通知》（国发[2010]19号），对融资平台公司进行清理规范。未来几年是中国推进新型城镇化的关键时期，地方加快发展的愿望强烈，控制融资平台债务总量的压力较大。为防范和化解地方政府性债务风险，应进一步完善财税体制，建立正向激励的市场化约束，逐步形成与社会主义市场经济体制相适应、管理规范、运行高效的地方政府举债融资机制。

（五）就业形势基本稳定

城镇新增就业持续增长。前三个季度，城镇新增就业人数为1 066万人。第三季度末，城镇登记失业率为4.04%。第三季度，中国人力资源市场信息监测中心对全国100个城市的公共就业服务机构市场供求信息进行的统计分析显示，劳动力供求总体平衡，市场供求人数均有所减少，求人倍率约为1.08，较上季度和上年同期小幅上升。分区域看，三大区域市场供求人数同比和环比均有所减少，西部地区市场供求人数下降幅度较大。分行业看，八成以上的用人需求集中在制造业、批发和零售业、住宿和餐饮业、居民服务和其他服务业、租赁和商务服务业、建筑业、金融业、房地产业、教育、采矿业等行业的用人需求有较大幅度增长。从用人单位类型看，九成以上的用人需求集中在企业，机关、事业单位的用人需求比重仅占0.6%。从进入市场求职的人员构成看，与上季度相比，新成长失业青年和就业转失业人员均有所增长，其中应届高校毕业生的增长幅度较大；而本市农村人员和外埠人员的求职人数环比和同比均有较大幅度下降。从用人单位对劳动力需求的构成看，对中高级专业技术人员的用人需求增长，中高级技能人才依然供不应求，其中，技师、高级技师和高级工程师的岗位空缺与求职人数比率达到2.19、2.19和2.11。

专栏4　经济增长与就业

作为世界上人口最多的发展中国家，经济增长与就业一直是中国最为重要的经济问题之一。尤其是经历了长期高速增长，在经济转型的关键时期，大家更加关注经济增长与就业的关系。

有关经济增长与就业关系的理论是不断发展的。古典经济学认为供给创造需求，市场经济将自动实现充分就业，凯恩斯主义则认为有效需求不足将减少就业，需通过政策调节刺激经济增长，实现充分就业。菲利普斯曲线一般用来表述通货膨胀与失业间的负相关关系，但由于通货膨胀与经济增长通常正相关，该曲线也被用于描述经济增长与就业的关系。奥肯定律（Okun's Law）也展现了失业率和经济增长之间负相关的经验规律。从美国情况看，失业率每高于自然失业率1%，实际GDP便低于潜在GDP的2%。还有一些研究专注于经济结构与就业的关系。美国经济学家威廉·刘易斯等探讨了二元结构发展模式下的失业问题。传统农业部门的劳动生产率较低，存在大量隐性失业，现代工业部门的劳动生产率较高，其相对较高的工资水平可以吸引传统农业部门劳动力转移，现代工业部门的快速发展可以减少失业。配第—克拉克定理描述了就业人口在三次产业中分布结构的变化。随着经济发展，人均国民收入水平提高，第一产业增加值和就业的比重逐渐下降；第二产业增加值和就业的比重上升，当经济进一步发展，第三产业增加值和就业的比重也开始上升。

从中国改革开放以来的情况看，经济增长与就业的关系大致可以分为几个阶段。第一个阶段是1978年至20世纪90年代初，随着经济快速增长，就业增长也比较快，就业弹性超过0.25，这意味着GDP每增长1个百分点，可以带动就业增长约0.25个百分点；第二个阶段是90年代初至本次国际金融危机前，就业弹性系数趋于下降。这实际上反映了城镇化进程中农业剩余劳动力加快向工业和服务业转移，是一个技术进步和资本深化的过程。近几年随着服务业加快发展、经济结构调整优化，就业弹性有所回升。

当前，多方面因素有助于减轻结构转型期间的就业压力。一是人口总量特别是劳动年龄人口增长趋缓。中国劳动力绝对量持续大规模增长势头正在逐步发生转变。根据联合国的估计，人口总量将于2025年左右达到峰值后下降，劳动年龄人口的峰值到来的要更早一些。国家统计局的数据也表明，中国15～59岁劳动年龄人口已在2012年减少345万人。二是经济结构优化有助于扩大就业。20世纪90年代以来，农业的就业弹性为负，意味着农业吸纳就业净减少，农业剩余劳动力向工业和服务业转移。同期工业的就业弹性约为0.15，服务业的就业弹性则超过0.2。随着居民收入水平上升，对提高生活质量的追

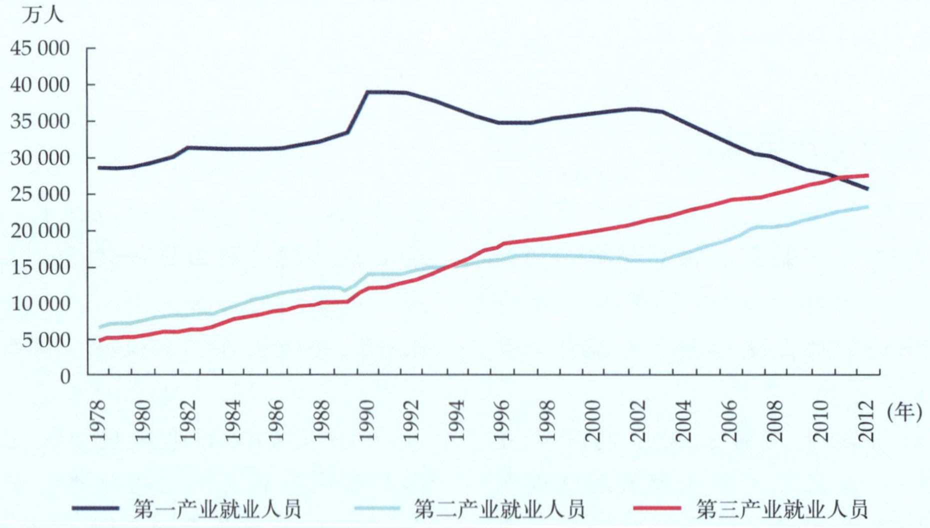

数据来源：国家统计局。

图4　分产业就业人员

求上升，服务业发展加快，服务业吸纳的就业量在1994年超过了工业，在2011年超过了农业。近几年来，单位GDP增长带动的新增城镇就业呈现持续上升势头。考虑到经济结构调整因素，若采用联合国估计的劳动年龄人口数据，假定各产业劳动生产率按历史趋势变化，劳动参与率和就业率与历史均值一致，经初步测算，比当前略低一些的经济增速也可以实现就业的需要。

当然也要看到，中国的就业问题仍然面临一些挑战。一是随着社会发展，新一代农村青年进入城市后，从其观念和技术层面上，再从事农业生产存在一定困难，农业的就业蓄水池作用趋于减弱，对就业可能形成压力。此外，一些企业为避免将来出现招工难问题，在遇到暂时困难时不轻易解雇员工，也增加了就业问题的复杂性。二是结构性失业问题显现，失业与“招工难、招工贵”并存。单纯靠提高经济增长速度并不能解决这些问题。一方面应以促进经济结构转型为着力点，大力发展增加就业较多的服务业和先进制造业，优化经济结构和就业结构；另一方面需完善劳动保障制度，优化教育结构，加大职业技能培训力度，提高劳动者就业能力。

（六）国际收支保持顺差

据国家外汇管理局初步统计，2013年前三个季度，经常项目顺差1 382亿美元；资本和金融项目顺差1 624亿美元；国际储备资产增加3 006亿美元。

外债增长有所下降。截至6月末，外债余额为7719.5亿美元，同比下降1.7%。其中，登记外债余额为4 624.5亿美元，同比下降6.6%，占外债余额的59.9%；短期外债余额为5 986.3亿美元，同比增长1.8%，占外债余额的77.5%。

（七）行业分析

工业利润较快增长，新增利润向少数行业集中的趋势有所缓解。前三个季度，在41个工业大类行业中，24个行业主营活动利润比上年同期增长，2个行业由上年同期主营活动亏损转为盈利。受销售增长加快、出厂价格回升、单位成本下降推动，第三季度利润较快增长。9月，黑色金属冶炼和压延加工业、非金属矿物制品业、汽车制造业、石油加工炼焦和核燃料加工业以及农副食品加工业五个行业新增利润总额合计占全部规模以上工业企业新增利润总额的37.6%，占比较8月下降15.2个百分点。

1. 房地产行业

全国商品房成交量增速回落，房价继续上涨，房地产开发投资增速放缓，房地产贷款稳定增长。

房价同比上涨的城市个数持平，环比上涨的城市个数增加。2013年9月，全国70个大中城市中，新建商品住宅价格同比上涨的城市有69个，与6月持平，同比价格上涨的城市中，涨幅最高的为20.6%；二手住宅价格同比上涨的城市有68个，与6月持平。新建商品住宅价格环比上涨的城市有65个，比6月增加2个；二手住宅价格环比上涨的城市有63个，比6月增加8个。

商品房销售增速继续回落。前三个季度，全国商品房销售面积为8.4亿平方米，同比增长23.3%，增速比上半年回落5.4个百分点。商品房销售额为54 028亿元，同比增长33.9%，增速比上半年回落9.3个百分点。其中，商品住宅的销售面积和销售额分别占商品房销售面积和销售额的89.4%和84.1%。

房地产开发投资增速有所放缓。前三个季度，全国完成房地产开发投资61 120亿元，同比增长19.7%，增速比上半年回落0.6个百分点。其中，住宅投资41 979亿元，占房地产开发投资的比重为68.7%。全国房屋新开工面积为14.5亿平方米，同比增长7.3%，增速比上半年高3.5个百分点。全国房屋施工面积为60.4亿平方米，同比增长15%，增速比上半年回落0.5个百分点。全国房屋竣工面积为5.3亿平方米，同比增长4.2%，增速比上半年回落2.1个百分点。

房地产贷款增速略有回升。截至9月末，主要金融机构（含外资）房地产贷款余额为14.2万亿元，同比增长19%，增速比6月末高0.9个百分点。房地产贷款余额占各项贷款余额的20.2%，比6月末低0.4个百分点。其中，个人住房贷款余额为8.7万亿元，同比增长20.9%，比6月末高0.1个百分点；住房开发贷款余额为2.6万亿元，同比增长14.6%，比6月末高5.2个百分点；地产开发贷款余额为1.1万亿元，同比增长13.1%，增速比6月末低4.1个百分点。前三个季度，新增房地产贷款1.9万亿元，占各项贷款新增额的26.1%，比上半年低1个百分点。

保障房信贷支持力度继续加大。9月末，全国保障性住房开发贷款余额为6 863.4亿元，同比增长31.3%，增速比房产开发贷款高16.4个百分点。此外，利用住房公积金贷款支持保障性住房建设试点工作稳步推进，截至9月末，已按进度发放住房公积金贷款573.2亿元，支持了64个城市258个保障房建设项目，收回贷款本金105亿元。

2. 信息产业

信息产业是基础性、先导性、战略性产业，创新性强、带动性大、渗透性广，在国民经济中的重要性日益提高。目前，中国正处于居民消费升级和信息化、工业化、城镇化、农业现代化融合发展的阶段，加快信息产业发展是推动经济结构调整、破解能源资源环境约束的要求，也是提高社会管理科学化水平、提升国家竞争力的重要选择。

在经济总体增速有所放缓、结构调整不断深化的大背景下，信息产业对国民经济和社会发展的支撑作用不断增强。一是信息产业持续快速发展。2011年信息产业实现业务总收入约为10.5万亿元。2012年信息产业中占比最大的电子信息产业销售收入达到11.0万亿元，同比增幅超过15%。二是信息产业对创造和培育消费需求有巨大的拉动力，对国民经济其他行业也有较明显的带动效应。2012年，中国信息消费规模为1.72万亿元，同比增长29%，占当年GDP的比重达到3.3%，拉动GDP增长0.64个百分点，拉动其他行业新增产出9 300亿元。三是大力发展信息产业对于转变发展方式具有积极意义。推动信息化和工业化深度融合，对破解工业转型升级难题、带动新兴产业崛起具有重要作用。信息产业为经济可持续增长提供了资源基础，着力推动信息技术进步及其产业化，加强对重点行业的资源、能源和环境成本的监测与分析，是提高资源使用效率、克服能源资源环境约束的需要。

目前，中国已成为全球电子产品制造和信息网络服务大国，但与发达国家相比仍有差距。技术研发和创新能力尚待进一步增强，宽带网络、网络与信息安全等基础设施仍有较大进步空间，依赖外需和规模扩张的粗放型发展模式难以持续。未来应以推进信息产业转型升级为主线，完善创新环境，强化企业主体地位，促进信息产业发展向创新驱动型转变。推进信息网络基础设施、各类公众信息网络及行业专用信息网络的共建共享与互联互通，丰富信息产品供给，培育新兴消费领域，带动产业结构优化升级。建立开放有序的市场环境，深化技术交流与合作，积极参与国际分工，提升信息产业的国际化水平。加强信息技术与传统产业技术的综合集成，推动信息化和工业化深度融合。同时，还需建立信息安全审查机制，加强个人信息保护，严格对信息技术和产品的审查，从国家战略层面协调信息安全和信息产业的发展。

第五部分　货币政策趋势

一、中国宏观经济展望

当前，中国经济已经进入新的发展阶段，正在进行深刻的方式转变和结构调整，并将在调整中逐步释放增长潜能、孕育新的增长引擎。综合各方面情况看，未来一段时期中国经济将保持平稳向好、稳中有进的态势。一是经济发展的潜能较大，工业化、城镇化、信息化空间还很广阔，东中西部经济有较大的互补和回旋余地，各方面加快发展的意愿很强，基本面并未发生根本变化。二是经济结构调整和改革正在取得进展，转变政府职能、简政放权、结构性减税、推进中国（上海）自由贸易试验区建设等，都有利于增强经济运行活力，金融改革进一步推进，利率、汇率市场化不断迈出新步伐，金融产品和金融业态更加丰富，金融市场准入逐步放宽，这些都有利于提高金融资源配置效率，增强对实体经济的支持力度。当前，一批新技术产业、新商业模式发展势头较好，一些积极推进转型升级和自主创新的产业和企业呈现出较强的抗风险能力和发展活力，随着收入水平提高和技术进步，旅游、信息消费等新的生活方式也在领引消费结构升级。三是宏观政策始终注重处理好稳增长、调结构、促改革之间的关系，宏观调控框架进一步完善，调控方式创新，调控经验更为丰富，有利于在保持短期经济稳定的同时夯实长期增长的基础。中国国内储蓄率较高，金融体系资本、拨备等较为充足，总体看有较强的抗风险能力。从外部环境看，虽然一些深层次的体制机制性问题并未有效解决，不同经济体经济复苏和货币政策态势出现分化，全球经济难言乐观，但总的看相对稳定，有助于继续保持一个较为稳定的外需环境。

但也必须看到，当前经济运行中面临不少风险和挑战。以往依靠外需和地方政府主导高投资的增长模式面临转型，但新的强劲增长动力尚待形成，经济运行往往呈现脉冲式的小幅和反复波动特征。在近几年较大幅度加杠杆后，经济可能将在较长时期内经历一个降杠杆和去产能的过程。房地产、地方政府性债务等问题比较突出，资源环境约束也明显加大。还应看到，经济结构很大程度上决定金融结构，地方主导的高投资模式以及资源向房地产等领域集中，可能对其他经济主体特别是中小企业形成挤出，容易加剧融资难、融资贵的问题，结构性问题也影响了总量政策发挥效果。从外部环境看，不确定事件不时发生，随着美国逐步退出量化宽松政策，长期利率可能上升，新兴经济体面临资本流动和融资成本变化的冲击，也对宏观调控提出了新的要求。总体看，内外部环境依然错综复杂，结构调整和转变发展方式的任务十分艰巨，调整转型的关键难点亟待突破。

价格形势基本稳定，但对不确定变化需密切关注。当前外部经济尚未出现明显好转，加之美联储可能逐步退出量化宽松政策，大宗商品价格总体较为稳定，国内工业生产能力充足，粮食丰收基本定局，这些都有利于价格总水平保持基本稳定。不过也要看到，受劳动力、服务、租金价格存在上行压力等影响，消费价格平稳运行的基础还不很稳固，物价对总需求变化比较敏感，需求扩张对物价的压力有增大的趋势。近期受经济回升推动，PPI降幅趋于收窄，加之有基数效应的影响，第四季度CPI同比涨幅也可能上行，从而对通胀预期产生影响。中国人民银行2013年第三季度储户问卷调查显示，居民物价满意指数为21.4%，比上季度回落0.4个百分点。居民未来物价预期指数为70.5%，比上季度提高了3.7个百分点。同时，房地产价格也出现一定上涨，尤其是一线城市房价上涨幅度较大，有可能向租金及其他相关领域传导，增大成本压力。在储户问卷调查中，认为当前房价“高、难以接受”的居民占比较上季度提高了0.9个百分点。总体看，对下一阶段的价格形势不可盲目乐观，物价上行压力是存在的，要继续引导、稳定好通胀预期。

二、下一阶段主要政策思路

中国人民银行将继续按照党中央、国务院的统一部署，贯彻宏观稳住、微观放活和稳中求进、稳中有为、稳中提质的要求，把握好宏观经济的政策框架，在经济运行总体平稳，但也面临不少困难和挑战的情况下，政策的重点放在调结构、促改革、推动转型升级上，货币政策应坚持总量稳定、结构优化的要求。坚持政策的稳定性和连续性，继续实施稳健的货币政策，保持定力，精准发力，增强调控的针对性、协调性，适时适度预调微调，把握好稳增长、调结构、促改革、防风险的平衡点，重点是创造一个稳定的货币金融环境，促使市场主体形成合理和稳定的预期，推动结构调整和转型升级。同时，要进一步优化金融资源配置，把政策落到实处，用好增量、盘活存量，更有力地支持结构调整，更好地服务于实体经济发展，引导和巩固经济稳中向好的走势。继续通过深化改革增强市场机制的作用，完善货币政策传导机制，提高金融资源配置效率，促进经济持续健康发展。

一是综合运用数量、价格等多种货币政策工具组合，健全宏观审慎政策框架，加强流动性总闸门的调节作用，引导货币信贷及社会融资规模平稳适度增长。继续根据国际收支和流动性供需形势，合理运用公开市场操作、存款准备金率、再贷款、再贴现、常备借贷便利、短期流动性调节等工具组合，管理和调节好银行体系流动性，加强与市场和公众沟通，稳定预期，促进市场利率平稳运行。同时，引导商业银行加强流动性和资产负债管理，做好各时点的流动性安排，合理安排资产负债总量和期限结构，提高流动性风险管理水平。继续发挥宏观审慎政策的逆周期调节作用，根据经济景气变化、金融机构稳健状况和信贷政策执行情况等对有关参数进行适度调整，引导金融机构更有针对性地支持实体经济发展。

二是盘活存量、优化增量，支持经济结构调整和转型升级。整合金融资源支持小微企业发展，引导金融机构加大对“三农”领域的信贷支持力度，进一步发展消费金融促进消费升级，继续引导金融机构加大对国家重点在建续建项目、现代服务业、新兴产业和绿色环保等领域的信贷支持，更好地推动重点领域和行业转型和调整。继续完善民生金融服务，努力支持就业、扶贫、助学等民生工程，配合国家区域经济发展政策，继续做好区域经济协调发展的金融支持和服务工作。严格控制对高耗能、高排放行业和产能过剩行业的贷款，促进产能过剩矛盾化解。落实好差别化住房信贷政策，支持保障性住房、中小套型普通商品住房建设和居民首套自住普通商品房消费，坚决抑制投机投资性购房需求。引导金融机构区别情况，有针对性地采取差别化的方式方法，逐步调整盘活存量。完善相应的考核和激励机制，科学合理地考核银行经营绩效，优化金融组织体系，进一步改善金融服务。

三是进一步推进利率市场化和人民币汇率形成机制改革，提高金融体系配置效率，完善金融调控机制。继续稳步推进利率市场化改革，更大程度发挥市场机制在金融资源配置中的基础性作用，进一步提高中央银行引导和调控市场利率的水平，强化价格型传导和调控机制。近期有序推进建立市场利率定价自律机制、开展贷款基础利率报价、推进同业存单发行与交易工作。进一步完善人民币汇率形成机制，更大程度地发挥市场供求在汇率形成中的基础性作用，增强人民币汇率双向浮动弹性，保持人民币汇率在合理均衡水平上的基本稳定，促进国际收支基本平衡。加快发展外汇市场，推动汇率风险管理工具创新。支持人民币在跨境贸易和投资中的使用，稳步拓宽人民币流出和回流渠道。推动人民币对其他货币直接交易市场发展，更好地为跨境贸易人民币结算业务发展服务。密切关注国际形势变化对资本流动的影响，加强对跨境资本的有效监控。

四是继续推动金融市场规范发展，加大直接融资支持力度，拓宽小微企业融资渠道。进一步完善债券发行定价机制，规范债券发行管理。推动金融市场创新，增强风险防范意识，着重发挥市场机制作用，不断巩固和加强市场基础设施建设，加强监督管理，推动金融市场健康规范发展。继续推动金融市场、金融产品、投资者和融资中介多元化发展，提高直接融资比重。继续丰富黄金市场参与主体，鼓励产品创新，加强监测预警和风险防范，推动市场平稳健康发展。

五是深化金融机构改革。继续深化大型商业银行改革，推动其不断完善公司治理，逐步健全现代金融企业制度，加快转变发展方式和盈利模式，提高创新发展能力和国际竞争力。推动中国农业银行“三农金融事业部”扩大改革试点范围，不断提升服务“三农”和县域经济的能力。统筹考虑政策性金融总体发展，继续深化国家开发银行改革，加快推动中国进出口银行和中国农业发展银行改革。继续推动资产管理公司商业化转型等工作。积极稳妥推进金融业综合经营试点。继续推动地方金融改革试点。扩大民间资本进入金融业，鼓励民间资本投资入股金融机构和参与金融机构重组改造，尝试由民间资本发起设立自担风险的民营银行、金融租赁公司和消费金融等金融机构，为实体经济发展提供广覆盖、差异化、高效率的金融服务。

六是有效防范系统性金融风险，切实维护金融体系稳定。加强宏观审慎管理，引导金融机构稳健经营，督促金融机构加强流动性、内控和风险管理。在支持金融创新的同时，加强对理财、票据和同业业务发展潜在风险的监测与防范。以市场化机制化解地方政府债务问题，探索建立管理规范、财务透明、运行长效、风险可控的地方政府举债融资机制。强化跨行业、跨市场、跨境金融风险的监测评估，防范实体经济部分地区、行业、企业风险及非正规金融风险向金融体系传导。落实金融监管协调部际联席会议制度，健全系统性金融风险的防范预警和评估体系。构建危机管理和风险处置框架，推进存款保险制度建设。采取综合措施维护金融稳定，守住不发生系统性、区域性金融风险的底线。

PART 1 Monetary and Credit Performance

In the third quarter of 2013, the Chinese economy remained stable and took a turn for the better. Liquidity in the banking system was at an appropriate level. Credit aggregates increased relatively rapidly and the credit structure improved.

I. Money supply registered relatively rapid growth

At end-September 2013, outstanding M2 stood at RMB107.7 trillion yuan, up 14.2 percent year on year, an acceleration of 0.2 and 0.4 percentage point over end-June 2013 and end-2012 respectively. Outstanding M1 stood at RMB31.2 trillion yuan, up 8.9 percent year on year, a deceleration of 0.1 percentage point over end-June 2013 and an acceleration of 2.4 percentage points over end-2012. Currency in circulation M0 stood at RMB5.6 trillion yuan, up 5.7 percent year on year. In the first three quarters of 2013 net cash injections totaled RMB183.3 billion yuan, RMB85 billion yuan less than during the same period of the previous year.

At end-September, outstanding base money registered RMB26.3 trillion yuan, up 11.5 percent year on year and RMB1.08 trillion yuan more than that at the beginning of the year. The money multiplier stood at 4.09, which was the same as that at the end of June. The excess reserve ratio of financial institutions was 2.1 percent and that of rural credit cooperatives (RCCs) was 4.2 percent.

II. Deposits in financial institutions increased steadily

At the end of September, outstanding deposits in domestic and foreign currencies (including at foreign-funded financial institutions, the same hereinafter) posted RMB105.8 trillion yuan, up 14.3 percent year on year and an acceleration of 0.2 percentage point over both end-June 2013 and end-2012. This was RMB11.4 trillion yuan more than that at the beginning of the year and an acceleration of RMB1.5 trillion yuan year on year. Outstanding RMB deposits registered RMB103.1 trillion yuan, up 14.6 percent year on year, accelerating by 0.3 and 1.2 percentage points over end-June 2013 and end-2012 respectively. This was RMB11.3 trillion yuan more than that at the beginning of the year and an acceleration of RMB2.2 trillion yuan year on year. At end-September, outstanding deposits in foreign currencies were USD448.7 billion, up 8.4 percent year on year. This was USD38.5 billion more than that at the beginning of the year and a deceleration of USD100.3 billion year on year. The muted growth of deposits in foreign currencies was mainly due to the high base in the same period of the last year. It was also linked to the expected tapering of the QE3 by the U.S. Federal Reserve.

Broken down by sectors, both household deposits and deposits by non-financial enterprises accelerated year on year. At end-September, outstanding household deposits stood at RMB45.6 trillion yuan, up 14.6 percent year on year, an acceleration of 0.1 percentage point over end-June. This was RMB5.0 trillion yuan more than that at the beginning of the year and an acceleration of RMB94.7 billion yuan year on year. Outstanding deposits by non-financial enterprises registered RMB35.0 trillion yuan, up 11.6 percent year on year and an acceleration of 3.7 percentage points over end-2012. This represented a rise of RMB2.4 trillion yuan compared with that at the beginning of the year, and an acceleration of RMB982.9 billion yuan year on year. At end-September, outstanding fiscal deposits registered RMB3.9 trillion yuan, up RMB1.5 trillion yuan from the beginning of the year and an acceleration of RMB831.1 billion yuan year on year.

III. Loans of financial institutions increased in a stable and relatively rapid manner

At end-September, outstanding loans in domestic and foreign currencies by all financial institutions registered RMB75.0 trillion yuan, up 14.6 percent year on year and a deceleration of 0.5 percentage point over end-June. This was also RMB7.7 trillion yuan more than that at the beginning of the year and an acceleration of RMB411.7 billion yuan year on year.

RMB loans increased in a stable and relatively rapid manner. At end-September, outstanding RMB loans stood at RMB70.3 trillion yuan, up 14.3 percent year on year and an acceleration of 0.1 percentage point over end-June. This was also RMB7.28 trillion yuan more than that at the beginning of 2013 and an acceleration of RMB557 billion yuan year on year. Beginning in June, credit expansions maintained a strong momentum and loan extensions were generally concentrated at the beginning of each month. Against the backdrop of the large trade surplus, massive foreign-exchange inflows, and relatively abundant liquidity in the banking systems, pressure for money and credit expansions were still large.

Growth of medium- and long-term loans gradually picked up. RMB loans to the household sector increased relatively rapidly, with loans to the household sector at end-September increasing 23.7 percent year on year. This was also RMB3.1 trillion yuan more than that at the beginning of the year and an acceleration of RMB1.1 trillion yuan year on year. In particular, individual mortgage loans increased RMB1.2 trillion yuan from the beginning of the year. This was also an acceleration of RMB660.5 billion yuan year on year. Since the beginning of 2013, monthly new individual mortgage loans continued to exceed the mark of RMB100 billion yuan. As the aggregate amount and growth of mortgage loans remained at an elevated level, some of the demand for individual mortgage loans was difficult to meet. There are several reasons for this phenomenon. First, demand for mortgage loans was very large in some localities, exceeding the reasonable and prudent lending capacity of banks. Second, as economic activities rebounded, some banks strengthened the adjustment of their credit structures and provided more loans to the more profitable and policy-compliant small- and micro-sized enterprises, consumption areas, and other sectors. As a result, the growth of mortgage loans decelerated. Loans to non-financial enterprises and other sectors grew in a stable manner, rising 11.1 percent year on year. This was RMB4.2 trillion yuan more than that at the beginning of the year and RMB573.3 billion yuan less than the amount of new loans extended during the same period of the last year. In terms of loan maturity, compared with the beginning of the year new medium- and long-term loans increased by RMB3.9 trillion yuan. This represented an acceleration of RMB1.5 trillion yuan year on year. The proportion of incremental loans among total new loans was 53.3 percent, up 18.3 percentage points over the average level in 2012. At end-September, the growth of medium- and long-term loans stood at 12.7 percent, indicating an acceleration for nine consecutive months. Short-term loans including bill financing grew in a stable manner, rising RMB3.2 trillion yuan from the beginning of the year. Since the beginning of 2013, the share of new short-term loans has remained at about 45 percent. In terms of financial institutions, loans by Chinese-funded large-sized national banks, Chinese-funded small- and medium-sized national banks, and small-sized rural financial institutions registered larger year-on-year growth.

The growth of foreign currency–denominated loans slowed down from an elevated level. At end-September, outstanding foreign-currency loans of financial institutions posted USD765.7 billion, up 22.9 percent year on year and down 11.9 and 10.3 percentage points from end-March and end-June respectively. This was USD82.3 billion more than that at the beginning of the year and a deceleration of USD2.2 billion year on year. In terms of the loan structure, trade financing increased by USD23.7 billion, accounting for 28.8 percent of total loans, while outward lending and medium- and long-term domestic loans increased by USD39.6 billion, USD8.1 billion more than the growth registered during the same period of the last year.

Table 1 RMB Loans by Financial Institutions in the First Three Quarters of 2013

Unit: RMB100 million yuan

	In the first three quarters of 2013		In the first three quarters of 2012	
	New loans	Acceleration year on year	New loans	Acceleration year on year
Chinese-funded large-sized national banks [1]	33,218	2,174	31,044	3,270
Chinese-funded small- and medium-sized national banks[2]	22,933	4,426	18,507	750
Chinese-funded small- and medium-sized local banks[3]	9,550	-373	9,922	5,833
Small-sized rural financial institutions[4]	12,067	1,069	10,998	2,162
Foreign-funded financial institutions	253	-306	559	-6

Notes: 1. Chinese-funded large-sized national banks refer to banks with assets denominated in domestic and foreign currencies equivalent to no less than RMB2 trillion yuan (according to the amount of total assets in both domestic and foreign currencies at end-2008).

2. Chinese-funded small- and medium-sized national banks refer to banks operating across different provinces with assets of less than RMB2 trillion yuan denominated in domestic and foreign currencies.

3. Chinese-funded small- and medium-sized local banks refer to banks operating within a single province with total assets of less than RMB2 trillion yuan denominated in domestic and foreign currencies.

4. Small-sized rural financial institutions include rural commercial banks, rural cooperative banks, and rural credit cooperatives.

Source: The People's Bank of China.

Box 1 Inter-bank Business and Money Creation

The inter-bank business is the flow of funds among commercial banks and between commercial banks and other financial institutions, mainly including inter-bank lending, inter-bank deposits, purchases and resales (sales and repurchases), inter-bank borrowing, and so forth. In recent years, China's inter-bank business has been developing rapidly and has had a direct impact on money creation. For the source of M2 creation in China, lending and the RMB equivalent of official foreign-exchange holdings used to be the two major avenues. When commercial banks provided loans or purchase foreign exchange, the "new loans" or "RMB equivalent of official foreign-exchange holdings" were recorded on the corresponding asset side, and "RMB deposits" were recorded on the corresponding liability side. Because deposits are included in M2, they directly increased the money supply. In other words, as long as commercial banks extended more loans or purchased more foreign exchange, M2 would increase accordingly. Therefore, in the past changes in loans and the RMB equivalent of official foreign-exchange holdings could accurately indicate changes in monetary aggregates. Nevertheless, due to the rapid development of inter-bank business in recent years, the channels for money creation have undergone some changes. The reasons behind these changes are relatively complicated.

The means of creating money by commercial banks through inter-bank business can be regarded as the "inter-bank channel." Based on the different counterparties, this can be further divided into a non-bank channel and a bank channel. A non-bank channel refers to funding by commercial banks to non-deposit-taking financial institutions, and its counterparty includes the off-balance sheet wealth management business of commercial banks, insurance companies, and so forth. In this case, claims on these institutions (similar to bank loans) will be recorded on the asset side, while deposits with commercial banks (inter-bank deposits derived from the trading) will be recorded on the liability side. Thus, the money supply to the economy will increase. It is noteworthy that inter-bank deposits were not included in the M2 statistics until September 2011 when the statistical coverage was adjusted. The inter-bank channel means that commercial banks provide financing (similar to loans) to non-financial companies. But through certain accounting maneuvers, this kind of business is recorded as the use of inter-bank funds (and not included as loans) on the asset side, and it is recorded as deposits of non-financial companies with commercial banks on the liability side. Thus, money creation is achieved. Possible accounting treatments include "purchase and resale of bankers' acceptances," "pay on behalf of the other bank," "purchase and resale of trust beneficial rights," and so forth.

Due to its rapid development, inter-bank business has played a larger role in money creation during the last two years. Since 2013, the inter-bank channel contribution to M2 was second only to that of RMB loans, higher than the RMB counterpart of foreign-exchange reserves and securities investments. Since it is subject to the influence of seasonal factors, liquidity levels, regulatory policy, and other factors, inter-bank business is usually very volatile, affecting the stability of M2. Judging by the current situation, the inter-bank channel and the RMB equivalent of official foreign-exchange holdings tend to share the same fluctuation characteristics. When increased foreign-exchange inflows drive up liquidity in the banking system, the amount of inter-bank business will usually increase, and when the drop in foreign-exchange inflows reduces liquidity in the banking system, the amount of inter-bank business usually will decline. The rapid growth of M2 in the first several months in 2013 was associated with the increased foreign-exchange inflows and the rapid growth of inter-bank business. In June the growth of M2 declined by 1.8 percentage points from May. The sharp contraction in inter-bank business was the main reason for this deceleration of M2 growth.

Currently, inter-bank business has become an important channel for financial institutions to borrow or lend funds, manage assets and liabilities, create innovative products, and expand new sources of profits. However, when carrying out inter-bank business, some financial institutions exhibit the following irregular behaviors, such as erratic operations, non-transparent information, serious maturity mismatches, and circumvention of supervision. In addition, some commercial banks use inter-bank business to receive financing similar to loans or to overstate the size of deposits. This increases liquidity management and risk prevention difficulties and compromises the effectiveness of macro-economic management and financial regulation.

During the next stage, efforts should be made to further improve regulation of inter-bank business, to make inter-bank business more standardized and transparent, to improve the relevant performance evaluation system and the regulatory mechanism, and to guide the sound development of inter-bank business. The financial statistical and accounting systems should be strengthened to better reflect credit expansions and operations of commercial banks in a more comprehensive and accurate way. Taking into account the more complex nature of financial innovation in the future, efforts should be made to further improve the framework for macro-financial management and to strengthen liquidity management and the price-based adjustment mechanism. In the meantime, continued efforts should be made to strengthen macro-prudential measures and to include more credit-creating operations in the macro-prudential framework so as to prevent excessive leveraging and pro-cyclicality in the financial industry.

IV. All-system financing aggregates reached close to RMB14 trillion yuan

According to preliminary statistics, in the first three quarters of 2013, all-system financing aggregate reached RMB13.96 trillion yuan, representing an acceleration of RMB2.24 trillion yuan year on year. In particular, in the third quarter all-system financing aggregates posted RMB3.81 trillion yuan, a decline of RMB180 billion yuan and RMB138.8 billion yuan compared with that in the previous quarter and that in the corresponding period of the last year respectively.

In terms of the financing structure, all-system financing aggregates in the first three quarters of 2013 had the following features. First, RMB loans grew in a stable manner. Although RMB loans increased somewhat compared with the same period of the last year, their share fell. In the first three quarters of 2013, new RMB loans accounted for 52.1 percent of all-system financing aggregates, down 5.2 percentage points year on year. Second, foreign currency denominated loans increased rapidly before declining, and on an aggregate basis were at par with those during the same period of the last year. Specifically, from January to May new foreign currency denominated loans reached an equivalent of RMB565.8 billion yuan, RMB393.2 billion yuan more year on year; from June to September, new foreign currency denominated loans declined by an equivalent of RMB49.3 billion yuan on a net basis, RMB411 billion yuan less year on year. Third, net financing of corporate bonds increased before declining, and equity financing continued to remain at a subdued level. Specifically, from January to May net financing of corporate bonds amounted to RMB1.18 trillion yuan, RMB555.1 billion yuan more year on year; from June to September net financing of corporate bonds amounted to RMB344.2 billion yuan, RMB588.3 billion yuan less year on year. In the first three quarters of 2013, equity financing on the domestic stock market by non-financial companies declined by RMB55.2 billion yuan from the same period of the last year. Fourth, entrusted loans and trust loans registered a larger year-on-year increase and growth of undiscounted bankers' acceptances registered a year-on-year decline.

V. Deposit and lending rates of financial institutions were generally stable

In September the weighted average lending rate offered to non-financial enterprises and other sectors was 7.05 percent, down 0.04 percentage

Table 2 All-system Financing Aggregates

Unit: RMB100 million yuan

	All-system financing aggregates[1]	Of which:						
		RMB loans[3]	Foreign currency-denominated (RMB equivalent)	Entrusted loans	Trust loans	Undiscounted bankers' acceptances	Enterprise bonds	Financing by domestic non-financial institutions via the domestic stock markets
2010	140,191	79,451	4,855	8,748	3,865	23,346	11,063	5,786
2011	128,286	74,715	5,712	12,962	2,034	10,271	13,658	4,377
2012	157,631	82,038	9,163	12,838	12,845	10,499	22,551	2,508
In the first three quarters of 2013[2]	139,596	72,787	5,165	18,200	15,841	6,359	15,280	1,625

Notes: 1. All-system financing aggregates refer to the total volume of financing provided by the financial system to the real economy during a certain period of time. It is a flow rather than a stock value.
2. Data for the current period are preliminary.
3. Data for RMB loans are the historical numbers released in the past.
Sources: The People's Bank of China, National Development and Reform Commission, China Securities Regulatory Commission, China Insurance Regulatory Commission, China Government Securities Depository Trust and Clearing Co., Ltd., National Association of Financial Market Institutional Investors, and so forth.

point from August and up 0.14 percentage point from June. In particular, the weighted average interest rate of loans was 7.16 percent, up 0.06 percentage point from June; the weighted average bill financing rate was 6.61 percent, up 0.73 percentage point from June. The slight increase in bill financing rates was mainly due to the restructuring of assets and liabilities by financial institutions and the reduced size of the bill financing business. Home mortgage interest rates rose slightly. In September, the weighted average home mortgage interest rate was 6.39 percent, up 0.09 percentage point from June.

The shares of loans with interest rates lower than or flat with the benchmark rates declined slightly, while the share of loans with interest rates higher than the benchmark rates rose. In September, the shares of loans with interest rates lower than or flat with the benchmark rates were 10.70 percent and 23.31 percent respectively, down 1.85 and 1.21 percentage points from June, and the shares of loans with interest rates higher than the benchmark rates were 65.99 percent, up 3.06 percentage points from June. The changes in interest rates reflected warming economic activities and a relatively strong demand for funds.

The deposit and lending rates of foreign currencies fluctuated at a subdued level due to the movement of interest rates on international markets and changes in the supply and demand of foreign currencies in China. In general, they were slightly higher than those in June. In September, the weighted average interest rate of US dollar demand deposits and US dollar deposits with maturities of less than 3 months registered 0.19 percent and 1.58 percent respectively, up 0.07 and 0.51 percentage point from June. The weighted average interest rates of less than 3 months and 3 months (inclusive 3 months) to 6 months US dollar loans posted 2.28 percent and 2.80 percent, up 0.05 and 0.46 percentage point from June.

VI. The flexibility of the RMB exchange rate was strengthened

In the third quarter of 2013, the RMB exchange rate moved in both directions with stronger

Table 3 Shares of Loans with Rates at Various Ranges of the Benchmark Rate, January through September 2013

Unit:%

Month	Lower than the benchmark	At the benchmark	Higher than the benchmark					
			Sub-total	(1.0,1.1]	(1.1,1.3]	(1.3,1.5]	(1.5,2.0]	Above 2.0
January	10.62	25.08	64.30	19.84	25.23	7.87	8.28	3.07
February	11.69	25.05	63.26	19.57	23.96	7.88	8.83	3.02
March	11.44	23.79	64.77	19.55	24.71	8.15	9.28	3.09
April	10.56	23.53	65.91	18.96	25.52	8.96	9.23	3.24
May	11.89	22.45	65.66	19.65	25.92	8.84	8.46	2.79
June	12.55	24.52	62.93	19.47	24.95	7.95	8.04	2.52
July	10.54	23.32	66.14	19.99	27.07	8.61	7.96	2.51
August	10.23	21.95	67.82	19.70	27.33	9.46	8.60	2.73
September	10.70	23.31	65.99	19.59	26.58	9.33	8.03	2.46

Source: The People's Bank of China.

Table 4 Average Interest Rates for Large-value Deposits and Loans Denominated in US Dollars, January through September 2013

Unit:%

Month	Large-value deposits						Loans				
	Demand deposits	Within 3 months	3-6 months (including 3 months)	6-12 months (including 6 months)	1 year	Above 1 year	Within 3 months	3-6 months (including 3 months)	6-12 months (including 6 months)	1 year	Above 1 year
January	0.11	0.90	1.35	1.75	1.90	2.45	1.74	2.04	1.87	2.00	3.25
February	0.12	0.84	1.42	1.75	2.04	2.12	2.18	1.91	1.82	2.14	4.08
March	0.11	0.92	1.57	1.91	2.44	1.54	1.97	2.16	2.07	2.35	3.03
April	0.10	0.82	1.36	2.04	2.36	1.27	1.99	2.13	2.22	2.30	3.26
May	0.12	0.80	1.39	1.89	2.31	1.20	2.00	2.11	2.34	2.38	3.02
June	0.12	1.07	1.69	1.86	2.50	1.14	2.23	2.34	2.40	2.78	3.33
July	0.13	1.14	1.97	2.15	2.57	1.79	2.25	2.58	2.69	2.77	3.13
August	0.12	1.17	1.84	2.05	2.68	2.39	2.29	2.41	2.57	2.63	3.23
September	0.19	1.58	2.37	2.06	3.43	2.22	2.28	2.80	2.63	2.49	3.18

Source: The People's Bank of China.

flexibility, but remained generally stable, and the exchange-rate expectations remained stable. At end-September, the central parity of the RMB against the US dollar was RMB6.1480 yuan per dollar, representing an acceleration of 307 basis points or 0.50 percent over end-June. From the reform of the RMB exchange-rate regime in 2005 to end-September 2013, the RMB appreciated 34.62 percent against the US dollar. According to the calculation of the BIS, in the third quarter the nominal effective exchange rate of the RMB appreciated 0.35 percent, and the real effective exchange rate of the RMB appreciated 1.09 percent; from the RMB exchange-rate regime reform in 2005 to end-September 2013, the nominal effective RMB exchange rate appreciated 30.92 percent and the real effective RMB exchange rate appreciated 40.55 percent.

PART 2

Monetary Policy Operations

In the third quarter of 2013, in line with the overall arrangements of the State Council and the principle of seeking progress while maintaining stability, the PBC neither tightened nor relaxed liquidity supply in the financial system and continued to implement a sound monetary policy, with a focus on making policy measures better targeted and coordinated. Preemptive adjustments and fine-tunings were carried out in a timely and appropriate manner.

I. Flexible open market operations

Supported by strengthened analysis and monitoring of liquidity supply and demand, the PBC conducted flexible open market operations to facilitate stable movements of liquidity in the banking system and of money-market interest rates. The role of open market operations in preemptive adjustments and fine-tunings was brought into a full play. In view of the changing liquidity situation, the PBC flexibly conducted short-term reversed repo operations to smooth out the volatilities in short-term liquidity caused by various factors. A certain portion of the matured 3-year central bank bills were renewed to freeze long-term liquidity while providing short-term liquidity and to reasonably adjust liquidity in the banking system. In the third quarter, a total of RMB470 billion yuan of reversed repo operations was conducted, while RMB400.8 billion yuan of matured central bank bill operations was renewed. At end-September, outstanding reversed repos totaled RMB80 billion yuan. In view of the complex situation in the international financial market and the increased volatility in the supply and demand for liquidity, the PBC strengthened analysis and monitoring of the market environment and interest-rate movements in the market, maintained interest rates in open market operations at a stable level, effectively guided market expectations, and promoted the smooth movement of money-market interest rates. At end-September, interest rates of 7-day and 14-day reversed repo operations were 3.90 percent and 4.10 percent respectively.

The PBC properly conducted state treasury cash management operations. In the third quarter, a total of RMB250 billion yuan of state treasury funds was deposited in commercial banks in five separate operations, of which there was RMB200 billion yuan in three-month time deposits and RMB50 billion yuan in six-month time deposits.

II. Standing Lending Facility (SLF) operations were conducted to promote a general equilibrium of liquidity in the banking system

To maintain money-market liquidity at an appropriate level, the PBC provided liquidity in the form of Standing Lending Facility (SLF) to financial institutions that in the third quarter met the requirements of macro-prudential regulation and that achieved positive results. The PBC froze long-term liquidity in the market by renewing the issuance of 3-year central bank bills, and provided necessary short-term liquidity support via the SLF and reversed repo operations. The combination of these two measures helped keep liquidity at a reasonable volume in view of future uncertainties in the balance-of-payments situation and maintained money-market stability. Since July, in view of the changed balance-of-payments situation and the increased capital inflows, SLF operations were conducted at a reduced pace to maintain stable liquidity in the banking system. At end-September, outstanding SLFs were RMB386 billion yuan, a decline of RMB30 billion yuan from end-June.

III. Macro-prudential regulation was strengthened through dynamic adjustments of the differentiated reserve requirement as a counter-cyclical tool

The PBC continued to use a dynamic adjustment mechanism of the differentiated reserve requirement as a way to strengthen macro-prudential regulation. Based on domestic and global economic and financial developments, the soundness of financial institutions, and implementation of the credit policy, the PBC calibrated the parameters of the differentiated reserve requirement to guide stable and reasonable credit growth, and utilized the dynamic adjustment mechanism to improve the resilience of financial institutions. In the third quarter, the PBC stepped up efforts to adjust the policy parameters in order to further encourage and guide financial institutions to increase credit support to small- and micro-sized enterprises, the agricultural sector, rural areas and farmers, and less developed areas in the central and western regions.

IV. Strengthened window guidance and credit policy guidance

The PBC followed the overall arrangements of the Central Economic Work Conference and the State Council to step up financial services to the real economy, implemented the decisions of the Seminar on Financial Services to Small- and Micro-sized Enterprises, continued to employ monetary policy tools, macro-prudential tools, and credit policies to guide structural improvements, and enhanced coordination with industrial policies in an effort to support the economic restructuring and upgrading and to strengthen the financial sector's capacity to serve the real economy. Financial resources were consolidated to support the development of small- and micro-sized enterprises. By grouping high-quality enterprises in a region, small- and medium-sized enterprises were assisted in issuing collective bills, while commercial banks were encouraged to issue financial bonds earmarked for lending to small- and medium-sized enterprises. The PBC vigorously promoted financial innovation in products and services in the rural areas, encouraged and guided financial institutions to increase loans to the agricultural sector, rural areas, and farmers so as to promote the development of a modern agricultural industry. Financial institutions were guided to provide credit to ongoing and follow-up national key projects, the modern service sector, scientific and technology innovation, strategic emerging industries, and other important areas that are critical to social and economic development. Financial services were improved to contribute to the better livelihood of the people, to support job creation, students in need, and so forth. The pilot program of credit asset securitization was advanced to better manage stock credit assets. Strict controls continued to restrict lending to highly-polluting, energy-consuming industries, and to those industries with excess capacity. Targeted M&A loans were provided to those enterprises that sought to consolidate their overcapacity so as to help resolve their overcapacity problems. Implementation of the differentiated home mortgage loan policy was continued to contain speculative purchases and purchases for investment purposes. Continued efforts were made to support government-subsidized welfare housing projects, shantytown renovation, construction of small- and medium-sized residential units, and first-time home purchases.

The credit structure improved further, reflecting the implementation of differentiated treatment to different sectors. First, credit support to small- and micro-sized enterprises and to the agricultural sector, rural areas, and farmers maintained its strong growth momentum. At end-September, outstanding loans to small- and micro-sized enterprises grew 13.6 percent year on year, outpacing those to large- and medium-sized enterprises by 2.2 percentage points and 3.4 percentage points respectively; outstanding loans to the agricultural sector, rural areas, and farmers grew 18.6 percent year on year, outpacing the growth of total loans by 4 percentage points. Second, credit support to private enterprises was larger than that to state-owned enterprises. In the first three quarters of 2013, new loans to private enterprises accounted for 69.1 percent of the total new loans to all kinds of enterprises. Third, credit support to the service sector was enhanced. In the first three quarters of 2013, new loans accounted for 37.6 percent of total new loans to all kinds of enterprises, up 21.8 percent year on year, representing an acceleration of 1.8 and 2.2 percentage points over the same period and the end of the last year respectively. Fourth, lending to industries with overcapacity was strictly controlled. Since July 2011, growth of long- and medium-term loans to industries with over capacity remained at a single-digit level. At end-September, outstanding long- and medium-term loans to industries with overcapacity totaled RMB2.04 trillion yuan, up 6.7 percent year on year.

V. Advancing the market-based interest rate reform

According to the overall arrangement of the State Council, the PBC continued to steadily promote the market-based interest-rate reform. First, controls on the lending rates of financial institutions were completely removed. On July 20, 2013, the PBC removed the floor for lending rates of financial institutions (with the exception of residential mortgage loans). In the meantime, controls on the interest rate for bill discounting were removed, and the ceiling on the lending rates of rural credit cooperatives was removed. Second, a self-regulatory pricing mechanism for market interest rates was established. On September 24, 2013, the inaugural and first meeting of the self-regulatory pricing mechanism for market interest rates was convened. The self-regulatory pricing mechanism for market interest rates is a market-based self-regulatory coordination mechanism, with participation by financial institutions, aiming to apply self-regulatory management over interest rates that were independently determined by financial institutions on the money, credit, and other financial markets, under the precondition of complying with the relevant interest-rate regulations, so as to maintain market order for fair competition and to promote the healthy development of the financial market. Third, the loan prime rate centralized quote and release mechanism was put in place. On October 25, 2013, the loan prime rate (LPR) centralized quote and release mechanism formally began operations after a one-month trial run. The LPR is the most preferential lending rate offered by a commercial bank to its prime clients; other lending rates can be generated by adding or subtracting basis points based on the LPR. The authorized agency calculates a weighted average of the quotes provided by the panel banks as the average LPR rate and releases it to the public.

On the first day of the operation of the LPR quote and release mechanism, China Construction Bank signed two one-year loan contracts with an aggregate amount of RMB550 million yuan. The offered interest rate was the LPR it quoted plus 90 bps. In the meantime, the Industrial and Commercial Bank of China struck four lending deals with its clients based on its LPR, with an aggregate amount of RMB98.2 million yuan. Since then, other banks have gradually issued LPR-based loans. On October 30, the China CITIC Bank signed the first LPR-based interest-rate swap agreement with Citibank. The term of the agreement is two years, with a nominal principal of RMB100 million yuan. Use of the LPR is gradually expanding.

The establishment of the self-regulatory pricing mechanism for market interest rates and the LPR centralized quote and release mechanism for base lending rates is of great importance for furthering the market-based interest-rate reform. First, they will provide incentives to financial institutions to strengthen financial discipline and to price their products in a rational manner. Second, the establishment of base lending rates in the credit market will provide a reference to financial institutions in pricing their credit products. Third, they will strengthen self-regulation over pricing practices and will maintain market order for fair and orderly competition.

Box 2 The Loan Prime Rate Centralized Quote and Release Mechanism

The loan prime rate (LPR) is the most preferential lending rate offered by commercial banks to its prime clients; other lending rates can be offered by adding and subtracting basis points based on the LPR. The LPR is the lending rate determined by financial institutions after taking into account their capital costs, credit risk costs, management fees, minimum return on capital, and other factors, and it can truly reflect the price of funds on the credit market.

The United States, Japan, and other major economies have basically established a LPR quote and release mechanism. For example, the U.S. Prime Rate is published by the Wall Street Journal based on the quotes of the prime rates of ten large banks. Currently, the U.S. Prime Rate is mainly used to price consumer loans and credit card overdrafts provided to retail clients. In Canada, the prime rate panel banks include the five largest commercial banks. Although the highest and lowest quotes are ignored, the prime rate is generated by calculating the arithmetic mean of the remaining three quotes. It is then published on the web site of the Central Bank of Canada. In Japan, six major banks are the panel banks that report their prime rates to the Bank of Japan, which, in turn, releases the average, highest, and lowest short-term prime rates on its web site. Judging from the experiences of the major countries and regions, the loan prime rate mechanism is an important institutional arrangement in the process of market-based lending rate reform. It generally exercises self-regulation over pricing behavior and provides a significant reference for China to steadily promote its market based interest rate reform.

Drawing on international experience, China's loan prime rate (LPR) centralized quote and release mechanism formally entered into operation on October 25, 2013. The first group of panel banks included nine commercial banks, i.e., the Industrial and Commercial Bank of China, the Agricultural Bank of China, the Bank of China, the China Construction Bank, the Bank of Communications, the China CITIC Bank, the Shanghai Pudong Development Bank, the Industrial Bank, and the China Merchants Bank. At the initial stage, the one-year LPR will be released to the general public. In terms of generation and publication of the LPR, on each business day all panel banks give their LPR quotes to the National Inter-bank Funding Center. While the highest and lowest quotes are ignored, the rest are regarded as effective quotes. The effective quotes are weighted by the share of each panel bank's RMB loans in the total outstanding RMB loans at the end of the previous quarter to arrive at a weighted average for the LPR. The weighted average LPR will be posted on the Web site www.shibor.org on each business day. The self-regulatory pricing mechanism for market interest rates will monitor and assess the quality of data released by the panel banks on a yearly basis so as to improve the credibility of the LPR.

The LPR centralized quote and release mechanism is an important part of the self-regulatory pricing mechanism for market interest rates and represents an expansion of the Shibor's role in the credit market. It will strengthen the building of the benchmark interest rate system in the financial market and will promote a smooth transition from the central bank regulated pricing mechanism to a market-based pricing mechanism; improve the efficiency and transparency of credit product pricing by financial institutions and strengthen their autonomous pricing capacity; reduce irrational pricing behavior and safeguard a fair pricing order on the credit market; help the central bank improve the interest-rate adjustment mechanism; and lay an institutional basis for furthering the market-based interest-rate reform.

VI. Further improvements in the RMB exchange rate regime

The PBC further improved the RMB exchange-rate regime in line with the principle of making it a self-initiated, controllable, and gradual process. Focusing on the role of market supply and demand and adjustments with reference to a basket of currencies, the PBC enhanced the flexibility of the RMB exchange rate and kept it basically stable at an adaptive and equilibrium level. In the third quarter of 2013, the central parity of the RMB against the US dollar peaked at RMB6.1475 yuan per dollar and reached a trough of RMB6.1817 yuan per dollar. It appreciated on 34 out of the 64 trading days in the third quarter of 2013 and depreciated on the remaining 30 trading days, with the largest intraday appreciation at 0.14 percent (or 86 points) and the sharpest one-day depreciation at 0.11 percent (or 68 points).

The RMB exchange rate moved in both directions against the euro, the Japanese yen, and other major international currencies. At end-September, the central parity of the RMB against the euro registered RMB8.2983 yuan per euro, a depreciation of 2.95 percent from the end of June, and the central parity of the RMB against the Japanese yen stood at RMB6.2793 yuan per 100 Japanese yen, a depreciation of 0.30 percent from the end of June. Beginning from the reform of the RMB exchange-rate regime in 2005 to end-September 2013, on a cumulative basis the RMB appreciated 20.68 percent against the euro and 16.35 percent against the Japanese yen. Direct trading between the RMB and foreign currencies on the inter-bank foreign-exchange market remained brisk and market liquidity grew notably, bringing down the exchange costs for market participants.

In the third quarter of 2013, based on the local currency swap agreements signed with the PBC, overseas monetary authorities carried out RMB296 billion yuan of transactions, with the actual use of funds amounting to RMB4.169 billion yuan. The local currency swap arrangements contributed greatly to bilateral trade and investment.

VII. Steady increase in cross-border use of the RMB

The role of the RMB in the settlement of cross-border trade and investment grew steadily. According to preliminary statistics, in the third quarter of 2013 the volume of cross-border trade settled in RMB reached RMB1.1 trillion yuan, up 37.5 percent year on year. This included RMB700 billion yuan in settlements of trade in goods and RMB400 billion yuan in settlements of trade in services and other items under the current account. Actual RMB receipts

Table 5 Trading Volume of the RMB against Other Currencies on the Inter-bank Foreign-Exchange Spot Market in the Third Quarter of 2013

Unit: RMB100 million yuan

Currency	USD	Euro	Japanese Yen	HKD	GBP	Australian Dollar	Canadian Dollar	Malaysian Ringgit	Russian Ruble	Thai Baht
Trading volume	60,399.7	794.3	2,944.6	287.6	58.9	548.7	1.4	2.6	15.4	0.28

Source: China Foreign Exchange Trade System.

Figure 1 RMB Settlements of Cross-border Trade

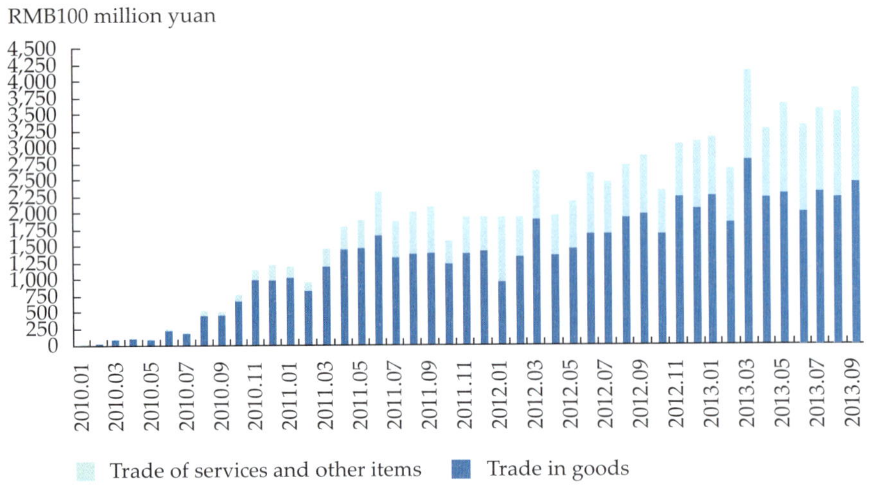

Source: The People's Bank of China.

and payments for cross-border trade registered RMB440.07 billion yuan and RMB656.21 billion yuan respectively, bringing the receipt-payment ratio to 1:1.5. Bank settlements of cross-border RMB direct investments reached RMB137.66 billion yuan, including RMB29.81 billion yuan of outward direct investments and RMB107.85 billion yuan of foreign direct investments.

Approved by the State Council, the PBC and the ECB signed a bilateral local currency swap arrangement on October 9, 2013. The amount of the swap facility was RMB350 billion yuan/45 billion euro. The establishment of the bilateral local currency swap line will provide liquidity support for the further development of offshore RMB markets in the euro area, promote the use of RMB in overseas markets, and facilitate bilateral trade and investment.

VIII. Advancing reform of financial institutions

The pilot reform scheme of the Rural Financial Business Division of the Agricultural Bank of China (ABC) was advanced. After more than three years of experience with the pilot scheme, the institutional advantages of the rural financial services arm of the Agricultural Bank of China gradually unfolded, and the reform achieved notable progress and significant results. In order to implement the decisions of the State Council Executive Meeting and the *Guidelines of the State Council General Office on Stepping up Financial Support for Economic Structural Adjustment, Transformation, and Upgrading* (State Council General Office Document No.67 [2013]), the PBC is working with other relevant departments to actively promote the expansion of the pilot scheme and it continues to improve relevant preferential policies so as to better serve the agricultural sector, rural areas, and farmers, and economic activities at the county level.

Reform of the rural credit cooperatives (RCCs) proceeded smoothly, and notable progress was achieved. First, the quality of RCC assets was strengthened significantly. Based on the five-category loan classification, at end-September the capital adequacy ratio of the RCCs was 10 percent, and the NPL ratio declined by 0.9 percentage point from end-2012 to 3.7 percent. Second, agro-linked loans by RCCs grew markedly. At end-September, aggregate outstanding deposits of RCCs posted RMB13.8 trillion yuan, up 14.9 percent from end-2012, while aggregate RCC lending registered RMB9.0 trillion yuan, an increase of 15.4 percent from end-2012. In particular, outstanding agro-linked loans and loans to rural households reached RMB6.1 trillion yuan and RMB3.0 trillion yuan respectively, up 14.3 percent and 14.6 percent from end-2012. Third, steady progress was made in RCC property-rights reform. As of end-September, a total of 1,738 RCCs with legal-person status at the county (city) level, 413 rural commercial banks, and 129 rural cooperative banks had been established.

IX. Deepening reform of foreign-exchange administration

Efforts were made to further facilitate trade and investment. On the basis of in-depth analysis of the reform program, regulations on foreign-exchange administration of trade in services were issued on July 2013. According to the regulations, starting from September 1, 2013, a reform of foreign-exchange administration for trade in services was implemented so as to facilitate trade and investment. The franchised business of retail foreign-currency exchanges was standardized and promoted, and the franchised retail foreign-currency exchange shops were permitted to carry out agent foreign-currency traveler's check business on a pilot basis.

Steady steps were taken to promote RMB convertibility under the capital account. Solid progress was made in implementing the Qualified Foreign Institutional Investor (QFII), the RMB Qualified Foreign Institutional Investor (RQFII), and the Qualified Domestic Institutional Investor (QDII) schemes. In the first three quarters of 2013, a total of USD10.049 billion of the foreign investment quota for 78 investors was approved under the QFII scheme, RMB67.3 billion yuan of the investment quota for 65 investors under the RQFII scheme was approved, and USD2.75 billion of the outbound investment quota for 26 investors under the QDII scheme was approved. In the meantime, measures were taken to improve administration of the RQFII quota in order to make it fair and transparent. The pilot program that allows banks to issue small-value loans to domestic enterprises with overseas guarantees was expanded so as to support the private sector and the development of small- and micro-sized enterprises. The reform of foreign-exchange administration of cross-border guarantees was advanced and the relevant procedures were simplified.

PART 3 Financial Market Analysis

In the third quarter of 2013 China's financial market performed in a sound manner. Transactions on the money market registered moderated growth, while interest rates remained stable; the amount of bond issuances continued to grow; stock indices rebounded, and trading on the stock market rose; and insurance assets maintained steady growth and the foreign-exchange market traded briskly.

I. Financial market analysis

1. Growth of the volume of trading on the money market moderated and market interest rates were generally stable

The growth of bond repos moderated and the turnover of inter-bank borrowings declined year on year. In the first three quarters of 2013, the turnover of bond repos on the inter-bank market totaled RMB117.6 trillion yuan, with an average daily turnover of RMB625.7 billion yuan, up 9.1 percent year on year and representing a deceleration of 4.2 percentage points from the first half of the year. The turnover of inter-bank borrowings reached RMB28.4 trillion yuan, with an average daily turnover of RMB151 billion yuan, down 21.6 percent year on year. The daily turnover declined substantially in June and July compared with that during the same period of the last year, and increased slightly in August and September. Overnight products still dominated bond repo and inter-bank borrowing transactions, accounting for 79.4 percent and

Table 6 Fund Flows among Financial Institutions in the First Three Quarters of 2013

Unit: RMB100 million yuan

	Repos		Inter-bank borrowing	
	In the first three quarters of 2013	In the first three quarters of 2012	In the first three quarters of 2013	In the first three quarters of 2012
Domestically-funded large banks[1]	-341,606	-434,461	-29,584	-60,470
Domestically-funded small- and medium-sized banks[2]	114,220	211,189	-22,159	8,287
Securities and fund management companies	115,445	92,837	30,679	26,892
Insurance companies	44,073	37,320	—	—
Foreign-funded financial institutions	11,950	14,507	4,340	6,768
Other financial institutions and vehicles[3]	55,918	78,608	16,723	18,523

Notes: 1. Domestically-funded large banks include the Industrial and Commercial Bank of China, the Agricultural Bank of China, the Bank of China, the China Construction Bank, the China Development Bank, the Bank of Communications, and the Postal Savings Bank of China.
2. Domestically-funded small- and medium-sized banks include the China Merchants Bank and 16 other medium-sized banks, small-sized city commercial banks, rural commercial banks, rural cooperative banks, and village and township banks.
3. Other financial institutions and vehicles include urban credit cooperatives, rural credit cooperatives, finance companies, trust and investment companies, financial leasing companies, asset-management companies, social security funds, investment companies, corporate annuities, and other investment vehicles, among which some financial institutions and vehicles did not participate in the interbank lending market.
4. A negative sign indicates net lending and a positive sign indicates net borrowing.
Source: China Foreign Exchange Trade System.

83.2 percent of their respective turnovers in the first three quarters, down 1.3 and 4.4 percentage points from the same period of the last year. The total turnover of government securities repos on the stock exchange soared 67.4 percent year on year to RMB41 trillion yuan.

In terms of financing among financial institutions, the flow of funds revealed the following characteristics: first, although domestically-funded large banks remained the net fund providers, the amount of their net lending declined year on year. In the first three quarters of 2013, net inter-bank lending of domestically-funded large banks amounted to RMB37.1 trillion yuan, RMB12.4 trillion yuan less than that during the same period of the last year. In particular, in the third quarter their net inter-bank lending declined RMB5.7 trillion yuan year on year. Second, borrowings by small- and medium-sized banks declined year on year. Small- and medium-sized banks turned from net fund borrowers to net fund lenders on the inter-bank lending market and, together with large banks, provided funding to other borrowers. Third, the demand for financing of securities firms, fund management companies, and insurance companies continued to increase, while that of other financial institutions and products declined compared with the same period of the last year.

In the third quarter, as the RMB equivalent of foreign-exchange reserves increased slightly, the People's Bank of China conducted open market operations (OMOs) in a flexible way so as to maintain a balanced supply and demand of liquidity in the banking system. Commercial banks became more cautious in their asset allocations, and money-market rates declined from their high levels in the second quarter and remained stable. In September, the weighted average interest rate of bond-pledged repos and inter-bank borrowings posted 3.49 percent and 3.47 percent respectively, slightly above their postings in August, and their month-on-month growth declined by 10 and 6 basis points from the same period of the last year. At end-September, the overnight, 1-week, 3-month, and 1-year Shibor rate stood at 3.13 percent, 4.20 percent, 4.67 percent, and 4.40 percent respectively.

Table 7 Transactions of Interest-rate Derivatives

	Interest-rate swaps		Bond forwards		Forward-rate agreements	
	Transactions (lots)	Amount of notional principal (RMB100 million yuan)	Transactions (lots)	Amount (RMB100 million yuan)	Transactions (lots)	Amount of notional principal (RMB100 million yuan)
2008	4,040	4,121.5	1,327	5,005.5	137	113.6
2009	4,044	4,616.4	1,599	6,556.4	27	60.0
2010	11,643	15,003.4	967	3,183.4	20	33.5
2011	20,202	26,759.6	436	1,030.1	3	3.0
2012	20,945	29,021.4	56	166.1	3	2.0
Q1 2013	5,533	7,375.8	1	1.0	0	0
Q2 2013	7,007	7,960.0	0	0	0	0
Q3 2013	5,816	5,860.5	0	0	1	0.5

Source: China Foreign Exchange Trade System.

Trading of RMB interest-rate swaps declined somewhat. In the first three quarters of the year, the aggregate nominal principal of RMB interest-rate swaps posted RMB2.1 trillion yuan. In particular, in the third quarter the aggregate nominal principal of RMB interest-rate swaps posted RMB586.05 billion yuan, a decline of 26.8 percent year on year. In terms of the maturity structure, RMB interest-rate swaps with maturities of one year or less traded most briskly, and their aggregate nominal principal amounted to RMB443.49 billion yuan, accounting for 75.7 percent of the total. The base rates of the floating end of the RMB interest-rate swaps mainly included the 7-day fixing repo rate and the Shibor, with their nominal principal accounting for 71.5 percent and 27.3 percent of the total respectively.

2. Bond transactions saw a year-on-year decline whereas bond issuances continued to increase

The turnover of spot bond transactions on the inter-bank market declined year on year. In the first three quarters of 2013, the turnover of spot bond trading totaled RMB36.4 trillion yuan, with an average daily turnover of RMB193.7 billion yuan and down 33.5 percent year on year, mainly due to a reduction of RMB8.1 trillion yuan in the second quarter and a further reduction of RMB17.1 trillion yuan in the third quarter. In terms of trading entities, domestically-funded large banks, other financial institutions and vehicles, and foreign-funded financial institutions were mainly net purchasers on the spot bond market, with net purchases of RMB230.3 billion yuan, RMB182.6 billion yuan, and RMB147.6 billion yuan respectively; domestically-funded small- and medium-sized banks were mainly net bond sellers, with a net amount of RMB530.1 billion yuan. A total of RMB58.9 billion yuan of government securities was traded on the stock exchanges in the first three quarters, RMB10.3 billion yuan less than that during the same period of the last year.

Bond indices on the inter-bank market declined. The China Bond Composite Index (net price) declined from 101.07 points at end-June to 98.92

Figure 2 Yield Curves of Government Securities on the Interbank Bond Market

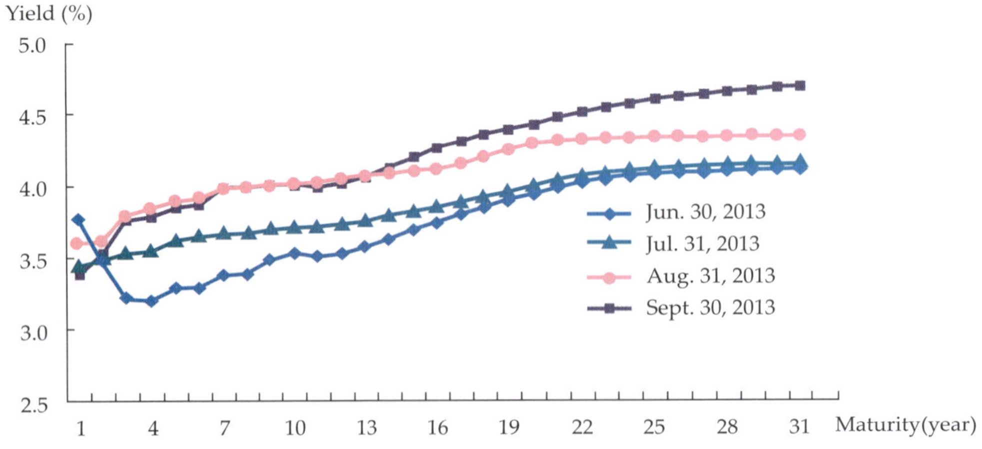

Source: China Government Securities Depository Trust and Clearing Co., Ltd..

points at end-September, or down 2.13 percent, while the China Bond Composite Index (full price) declined from 112.58 points at end-June to 110.42 points at end-September, or down 1.92 percent. The index of government securities on the stock exchanges rose 0.40 percent, from 138.10 points at end-June to 138.65 points at end-September.

Overall, the yield curve of government securities on the inter-bank market moved up, with the yield curve with long ends moving up more than that with short ends. At end-September, except for government securities with a short maturity, the yields of other maturities were higher than those at the end of June. In particular, the yields of 1-year, 5-year, 10-year, and 20-year government securities were respectively 6, 58, 48, and 49 basis points higher than those at end-June.

Bond issuances continued to grow. In the first three quarters of 2013, a total of RMB6.9 trillion yuan of bonds was issued, RMB1.1 trillion yuan more than that during the same period of the last year. In particular, the issuance of central bank bills and debt-financing instruments of non-financial enterprises registered a larger year-on-year increase. At end-September, the total volume of outstanding bonds posted RMB29.1 trillion yuan, an increase of 13.8 percent year on year.

The issuance rates of government securities of all maturities edged up. The interest rate of 5-year government bonds issued in July was 3.09 percent, at par with those of the same maturity issued in June; the interest rate of 7-year government securities issued in September was 3.46 percent, up 17 basis points from those of the same maturity issued in June; the interest rate of 10-year government securities issued in August was 4.08 percent, up 72 basis points from those of the same maturity issued in June.

Table 8 Issuance of Major Bonds in the First Three Quarters of 2013

Type of bonds	Issuance (RMB100 million yuan)	Year-on-year growth (RMB100 million yuan)
Government securities[1]	15,639	2,322
Central bank bills	5,148	5,148
Financial bonds[2]	19,970	641
Of which: Financial bonds issued by the China Development Bank and policy financial bonds	15,384	-1,406
Corporate debenture bonds[3]	28,600	2,708
Of which: Debt-financing instruments of non-financial enterprises	22,664	3,898
Enterprise bonds	4,467	-932
Corporate bonds	1,248	-353
Total	69,358	10,819

Notes: 1. Including municipal bonds issued by the Ministry of Finance on behalf of local governments.
2. Including financial bonds issued by the China Development Bank, policy financial bonds, ordinary bonds issued by commercial banks, subordinated bonds issued by commercial banks, hybrid bonds issued by commercial banks, bonds issued by securities firms, and so forth.
3. Including debt-financing instruments issued by non-financial enterprises, enterprise bonds, corporate bonds, convertible bonds, bonds with detachable warrants, and privately placed SME bonds.
Sources: The People's Bank of China, National Development and Reform Commission, China Securities Regulatory Commission, China Government Securities Depository Trust and Clearing Co., Ltd.

The Shibor played a larger role in bond pricing. In the first three quarters of the year, the issuance amount of floating-rate bonds based on the Shibor on the primary bond market was RMB167 billion yuan, accounting for 59 percent of the issuance volume of all floating-rate bonds; the 276 fixed-rate enterprise bonds were all based on the Shibor, with a gross issuance volume of RMB365.3 billion yuan. In addition, a total of RMB289.1 billion yuan of short-term financing bills based on the Shibor was issued, accounting for 46 percent of the total issuance of short-term fixed-rate financing bills.

3. The volume of bill financing declined slightly and bill financing rates were generally stable

The growth of bill acceptances moderated. In the first three quarters of the year, commercial bills issued by enterprises totaled RMB15.2 trillion yuan, representing year-on-year growth of 15.6 percent; at end-September outstanding commercial bills posted RMB8.9 trillion yuan, representing year-on-year growth of 6.3 percent. At end-September, the outstanding balance of accepted drafts had increased by RMB0.6 trillion yuan from the beginning of the year, representing a deceleration of RMB1.2 trillion yuan from the same period of the last year. In terms of financing entities, outstanding bankers' acceptances were mainly issued by enterprises in the manufacturing, wholesale, and retail industries, with small- and medium-sized enterprises issuing 69.1 percent of the total.

The amount of bill financing declined slightly, and bill financing rates were generally stable. In the first three quarters of 2013, the cumulative amount of commercial bills discounted by financial institutions posted RMB34.6 trillion yuan, representing year-on-year growth of 54.1 percent. At end-September, the outstanding balance of discounted commercial bills declined 12.1 percent year on year to total RMB2.1 trillion yuan. The outstanding balance of bill financing at end-September increased by RMB10.3 billion yuan from the beginning of the year, with a deceleration of RMB820.9 billion yuan year on year and accounting for 2.9 percent of all categories of loans, down 0.9 percentage point from the corresponding period of the last year. In the third quarter, as financial institutions strengthened adjustment of their credit aggregates and structure and maintained the growth of bill financing at a reasonable level, the amount of bill financing declined by RMB 268.9 billion yuan compared with the amount at end-June. Affected by a number of factors, such as the change in supply and demand for bill financing, at the beginning of July interest rates on the bill market declined from the end of June, and were generally stable in August and September.

4. The stock indices rebounded and turnover on the stock markets increased substantially year on year

The stock indices rebounded on the Shanghai and Shenzhen stock markets, while the indices on the Growth Enterprise Board rose. At end-September, the Shanghai Exchange Composite Index and the Shenzhen Stock Exchange Component Index closed at 2,175 and 8,515 points respectively, shedding 94 and 602 points from end-2012, but they rebounded significantly from end-June by gaining 195 and 820 points respectively. The Growth Enterprise

Board (GEB) Index (Chinext Price Index) of the Shenzhen Stock Exchange closed at 1,368 points, gaining 654 points from end-2012. The weighted average P/E ratio on the A-share market on the Shanghai Stock Exchange declined from 12.3 times at end-2012 to 11.2 times at end-September 2013, while that on the Shenzhen Stock Exchange rose from 22.2 times to 27.8 times during the same period.

The volume of trading on the stock markets increased significantly year on year. In the first three quarters of 2013, the turnover on the Shanghai and Shenzhen stock exchanges totaled RMB34.5 trillion yuan, representing an increase of 39.6 percent year on year, and the average daily turnover posted RMB194.9 billion yuan, RMB59.1 billion yuan more than that during the same period of the last year. In particular, the volume of transactions on the Growth Enterprise Board amounted to RMB3.5 trillion yuan, up 89.3 percent year on year. At end-September 2013, the market capitalization of the Shanghai and Shenzhen stock exchanges posted RMB20 trillion yuan, up 20.5 percent year on year, and the market capitalization of the Growth Enterprise Board amounted to RMB773.3 billion yuan, up 149.8 percent year on year.

Financing on the stock markets declined year on year. In the first three quarters of 2013, a total of RMB260.7 billion yuan was raised by enterprises and financial institutions on domestic and overseas markets by way of IPOs, additional offerings, rights offerings, and warrant exercises, representing a decrease of RMB47.6 billion yuan year on year. Among this total, RMB217.6 billion yuan was raised on the A-share market, RMB59.1 billion yuan less than that was raised during the same period of the last year.

5. Total assets in the insurance industry registered stable growth

In the first three quarters of 2013, total premium income in the insurance industry amounted to RMB1.3 trillion yuan, representing year-on-year growth of 11.2 percent, and total claim and benefit payments amounted to RMB450.9 billion yuan, representing year-on-year growth of 32.9 percent. Specifically, total claim and benefit payments in the property insurance sector increased 20.6 percent, while those in the life insurance sector grew 49.5 percent.

Total assets of the insurance industry registered steady growth. At end-September, total assets of the insurance industry posted RMB8.1 trillion yuan, an increase of 16.7 percent year on year, 0.3 percentage point higher than that of end-June. Among this total, bank deposits increased

Table 9 Use of Insurance Funds, End-September 2013

Unit: RMB 100 million yuan, %

	Outstanding balance		As a share of total assets	
	End-September, 2013	End-September, 2012	End-September, 2013	End-September, 2012
Total assets	80,530	69,000	100.0	100.0
Of which: Bank deposits	22,879	21,979	28.4	31.9
Investments	51,280	41,805	63.7	60.6

Source: China Insurance Regulatory Commission.

4.1 percent year on year, a slight acceleration from the end of June; investment-linked assets increased 22.7 percent year on year, a growth rate slightly below that at the end of June.

6. Swap transactions on the foreign-exchange market increased rapidly

In the first three quarters of 2013, the turnover of spot RMB/foreign-exchange transactions totaled USD1,062.09 billion, representing a year-on-year increase of 18.1 percent. The turnover of RMB/foreign-exchange swap transactions totaled USD899.81 billion, representing a year-on-year increase of 36.5 percent. Among this total, overnight RMB/USD swap transactions amounted to 475.79 billion, accounting for 52.9 percent of the total; the turnover on the RMB/foreign-exchange market totaled USD 3.61 billion, a decrease of 32.2 percent year on year. The turnover of foreign-currency pair transactions amounted to USD15.92 billion, a decrease of 21.7 percent. In particular, USD/EURO transactions accounted for the bulk of the total turnover, or 35.9 percent, up 7.7 percentage points year on year.

The number of participants on the foreign-exchange market expanded further. At end-September, there were 388 members on the foreign-exchange spot market, 86 members on the foreign-exchange forward market, 80 members on the foreign-exchange swap market, and 33 members on the foreign-exchange options market. In addition, there were 31 market-makers on the spot market and 27 market-makers on the forward and swap markets.

7. The price of gold declined amid fluctuations

The gold market operated in a stable manner and traded briskly. In the first three quarters of 2013, the turnover of all sorts of precious metals on the Shanghai Gold Exchange saw a large increase, while during the same period the turnover of gold and silver hit historical highs. The total trading volume of gold was 8,564.4 tons, an increase of 81.9 percent year on year, and its turnover posted RMB2,448.61 billion yuan, an increase of 54.4 percent year on year. The trading volume of silver was 344,376.6 tons, an increase of 126.2 percent year on year, and its turnover posted RMB1,619.51 billion yuan, an increase of 65.6 percent year on year. The trading volume of platinum was 65.1 tons, an increase of 37.5 percent year on year, and its turnover posted RMB20.17 billion yuan, an increase of 30.0 percent year on year.

The price of gold first rebounded and then declined. In the third quarter, the spot price of gold increased from a trough of USD1,180.1 at the end of June to USD1,433.6 at the end of August, before declining to USD1,328.1 per ounce at the end of September. The highest gold price on the Shanghai Gold Exchange (AU9999) was RMB340.8 yuan per gram, and the lowest gold price on the Shanghai Gold Exchange (AU9999) was RMB239.3 yuan per gram. At end-September, the price of gold on the domestic market closed at RMB265.7 yuan per gram, up RMB22.2 yuan per gram from the end of June or an increase of 9.1 percent.

II. Institutional building in the financial market

1. Trading and clearing behavior on the inter-bank market was further regulated

In July 2013 the PBC issued the Announcement No. 8 stating that all bond transactions shall be carried out via the National Inter-bank Funding Center system and shall not be revoked or changed after the transaction is completed. In the meantime, the National Inter-bank Funding Center and the bond depository trust and clearing institutions shall improve their verifications of basic information and of the information-sharing mechanism. To prevent market risks and improve market efficiency, the PBC issued Announcement No. 12 in August, further strengthening the requirements for Delivery Versus Payment (DVP) on the inter-bank bond market.

2. Institutional building of the securities market was improved

The market-oriented reform of merger and acquisition of listed companies was accelerated. On September 13, the CSRC announced that beginning in October a separate lane system would be applied to the M&A of listed companies. Based on the competence of the financial advisors, the performance and credibility of the listed companies, the industrial policy, and the types of transactions, a differentiated review and approval system was to be implemented.

Trading of government bond futures was reactivated. On September 6, trading of government bond futures was resumed on the China Financial Futures Exchange. The launch of government bond futures helps to improve the issuance system of government bonds, promote the market-based interest-rate reform, optimize the allocation of resources, and promote financial institutions to diversify their risk management tools and to enhance their ability to serve the real economy.

3. Institutional building of the insurance market was improved

Efforts were made to regulate the handing of insurance consumer complaints. On July 1, the CIRC issued the *Administrative Rules for Handling Insurance Consumer Complaints*. The rules make specific provisions regarding the division of responsibility for the handling of insurance consumer complaints, the operating system, supervision and management, and so forth, to further improve the mechanism for insurance consumer protection.

Reform of the life insurance premium rate policy was launched. On August 1, the CIRC issued the *Notice on the Reform of the Life Insurance Premium Rate*, and the reform of the life insurance premium rate was formally launched. The guiding principle of the reform is to "let free the front end and take hold of the rear end." On the front end, the insurance products' premium rate will be determined by market supply and demand, and the ceiling of 2.5 percent will be abolished. On the rear end, the premium rate of statutory reserves will be decided by the regulatory authority based on the yields of a "basket of assets," the yield-to-maturity of long-term Treasury bonds, and other factors. Measures taken at the rear end are aimed at promoting reasonable pricing at the front end so as to strengthen statutory reserves and solvency supervision and to guard against operational risks.

Measures were taken to promote the insurance industry to support the economic restructuring, transformation, and upgrading. In August, the CIRC issued the *Guiding Opinions for the Insurance Industry to Support the Economic Restructuring, Transformation, and Upgrading*. The opinions put forward the requirements for the insurance industry in ten areas, such as strengthening insurance support to key areas and weak links in the economy, serving small- and micro-sized enterprises, improving the agricultural sector safeguard system, making innovations in the use of insurance funds, and providing a favorable environment for economic restructuring, transformation, and upgrading.

PART 4 Macroeconomic Analysis

I. Global economic and financial developments

After entering the third quarter, the world economy continued to recover. Though the recovery dynamics strengthened in the U.S., the policy risks still remained. As the European debt crisis was in a relatively quiet period, the economy in the euro zone showed positive signs. The Japanese economy rebounded but it remained to be seen whether the dynamics could be sustained. Growth slowed down in some emerging market economies, with intensified volatility in the financial markets and rising risks.

1. Economic development in the major economies

The momentum for an economic recovery strengthened in the U.S. Driven by private consumption, investment, and export growth, in the second quarter real GDP grew by 2.5 percent quarter on quarter (annualized), notably higher than the 1.1 percent growth in the first quarter and beating market expectations. In the third quarter, the property market continued to recover, private investment accelerated, and industrial activities improved, all of which indicated a strengthened growth momentum in the private sector. In September, the Purchasing Managers Index (PMI) in the manufacturing industry rebounded to 56.2, and the unemployment rate dropped to 7.2 percent, the lowest level since December 2008. However, some consumption indicators seemed weak. Growth of retail sales decelerated from July and in September posted -0.1 percent month on month; the Consumer Confidence Index declined to 77.5 in September, and slid further to 73.2 in October, recording a new low since January 2013. At present, given that the fiscal impasse has only been temporarily addressed and not fundamentally resolved, the QE tapering and other uncertainties will adversely impact corporate investments and private consumption and, in turn, will adversely affect the sustainability of the recovery. On September 18, the Federal Reserve cut the real GDP growth forecast to 2.0~2.3 percent from 2.3~2.6 percent in June.

The economy in the euro zone showed signs of a turnaround. As the European sovereign debt crisis was in a relatively quiet period, market confidence strengthened. In the second quarter, real GDP was up 0.3 percent quarter on quarter, ending the contraction of the past six consecutive quarters. Portugal, Germany, and Finland were the best performers, recording 1.1 percent, 0.7 percent, and 0.7 percent quarter-on-quarter growth respectively. In September the Consumer Confidence Index rose to -14.9, the highest level during the past two years; in August the manufacturing PMI was revised to 51.4, the highest level since July 2011, but in September it slid appreciably to 51.1. On September 5, the European Central Bank (ECB) raised the 2013 economic growth projection for the euro to -0.4 percent, from -0.6 percent in June.

The Japanese economy rebounded. As of the second quarter, private consumption in Japan had recorded three quarters of quarter-on-quarter growth. Due to stronger private consumption and export growth because of the weaker yen, real GDP in the second quarter grew by 3.8 percent quarter on quarter (annualized), much higher than that during the same period of the previous year. In September the core CPI gained 0.7 percent year on year, recording the fourth consecutive month of growth. On October 1, the Abe administration announced it would raise the consumption tax starting from April 2014 and at the same time it would launch a 5 trillion yen stimulus plan to lessen the adverse impact of the increase. However, it is expected that the increase in the consumption tax will contain personal consumption and will influence the growth of domestic demand. In addition, the possibility of a yen depreciation and a slowdown in some of the emerging market economies may influence the growth of Japan's export sector. As a result, it remains to be seen whether the recovery momentum can be sustained.

Growth in some of the emerging market economies slowed down, and their financial markets experienced volatility. Since the beginning of 2013, as growth in some emerging market economies slowed down, their balance of payments deteriorated, and their foreign-exchange reserves went down while the fiscal and debt conditions in some of them deteriorated. Affected by expectations of a QE tapering by the Federal Reserve, beginning in May the directions of international capital movements reversed, which led to financial market fluctuations, including currency depreciations, stock market slumps, and rising yields of government bonds in some emerging market economies.

Table 10 Macroeconomic and Financial Indices of the Major Economies

Country	Index	2012 Q3			2012 Q4			2013 Q1			2013 Q2			2013 Q3		
		Jul.	Aug.	Sept.	Oct.	Nov.	Dec.	Jan.	Feb.	Mar.	Apr.	May	Jun.	Jul.	Aug.	Sept.
United States	Real GDP growth rate (annualized quarterly rate, YOY, %)	2.8			0.1			1.1			2.5					
	Unemployment rate (%)	8.2	8.1	7.8	7.9	7.8	7.8	7.9	7.7	7.6	7.5	7.6	7.6	7.4	7.3	7.2
	CPI (YOY, %)	1.4	1.7	2.0	2.2	1.8	1.7	1.6	2.0	1.5	1.1	1.4	1.8	2.0	1.5	1.2
	DJ industrial average(closing number)	13,009	13,091	13,486	13,096	13,025	13,104	13,861	14,054	14,579	14,840	15,116	14,910	15,500	14,810	15,130
Euro Area	Real GDP growth rate (annualized quarterly rate, YOY, %)	-0.1			-0.5			-0.2			0.3					
	Unemployment rate (%)	11.4	11.5	11.6	11.7	11.8	11.8	12.0	12.0	12.0	12.1	12.1	12.1	12.2	12.2	12.2
	HICP (YOY, %)	2.4	2.6	2.6	2.5	2.2	2.2	2.0	1.8	1.7	1.2	1.4	1.6	1.6	1.3	1.1
	EURO STOXX 50(closing number)	2,479	2,509	2,518	2,525	2,551	2,569	2,641	2,647	2,698	2,725	2,662	2,605	2,699	2,671	2,776
Japan	Real GDP growth rate (annualized quarterly rate, YOY, %)	-3.5			1.1			4.1			3.8					
	Unemployment rate (%)	4.3	4.2	4.2	4.2	4.1	4.3	4.2	4.3	4.1	4.1	4.1	3.9	3.8	4.1	4.0
	Core CPI (YOY, %)	-0.3	-0.3	-0.1	0.0	-0.1	-0.2	-0.2	-0.3	-0.5	-0.4	0.0	0.4	0.7	0.8,	0.7
	NIKKEI 225(closing number)	9,007	8,695	8,840	8,928	9,446	10,395	11,139	11,559	12,398	13,861	13,775	13,677	13,668	13,467	14,456

Source: Statistical bureaus and central banks of the relevant economies.

Box 3 Financial Market Volatility in Asian Emerging Market Economies

1. Recent financial market volatility in some Asian emerging market economies

Most emerging market economies have experienced capital outflows since late May 2013. Emerging Portfolio Fund Research (EPFR) data show that USD12.1 billion flowed out of equity funds in the emerging markets, marking the second quarter of net capital outflows, whereas capital outflows from emerging market bond funds reached USD17.4 billion dollars. At the same time, the emerging economies, including India and Indonesia, experienced large fluctuations in their financial markets. In terms of currency depreciations, in late August the Indian rupee, the Indonesian rupiah, and the Thai baht depreciated against the US dollar by 18 percent, 15 percent, and 6 percent respectively. At end-August, the stock indices in India, Indonesia, and Thailand tumbled from the end of May by 9 percent, 17 percent, and 17 percent respectively, and 10-year treasury bond yields in India, Indonesia, and Thailand soared by 136, 243, and 80 basis points respectively. Foreign exchange reserves also dropped. From May to July 2013, foreign exchange reserves in the emerging market economies decreased by USD81 billion. In particular, reserves in the Indian and Indonesian central banks decreased by 5.5 percent and 13.6 percent respectively. On September 19, with the announcement by the Federal Reserve that the QE tapering would be postponed, financial markets in the emerging market economies rallied and volatility was eased.

2. Reasons behind the financial market volatility

Stronger expectations for a QE tapering by the Federal Reserve and the reversal in international capital flows were the direct reasons that triggered the financial market volatility in some of the Asian emerging market economies. Starting in 2013, as there were stronger market expectations that the Federal Reserve would begin the QE tapering within the year, the cost of US dollar carry trade increased and assets denominated in US dollars became more attractive. In May, Fed Chairman Bernanke signaled a possible QE tapering. Since the start of June, the stock and bond markets in the major emerging economies saw massive outflows; bond markets in particular experienced a reversal from inflows to outflows.

Weak fundamentals in these emerging market economies were the fundamental reason for the volatility. First, fiscal conditions were not satisfactory. Fiscal deficits remained at a high level in India and in other Asian emerging market economies. To make up for the shortfall, some countries attracted international capital inflows through their capital markets. When the QE tapering expectations became stronger, capital fled, leading to an economic slowdown and dragging fiscal conditions into a vicious cycle. Second, the current-account deficit widened. The current account deficit in India began to widen from the beginning of 2009. As of the second quarter of 2013, Indonesia had experienced seven consecutive quarters of deficit in the current account. With the recent yen depreciation squeezing room for exports from the emerging market economies, the deteriorating current account conditions increased dependence on capital inflows. In the context of QE tapering *expectations, short-term capital inflows were no longer a reliable source to finance their current-account deficits and to support their capital markets, thus increasing their risks significantly. Third, factors such as the economic slowdown made the emerging market economies less attractive destinations for cross-border investments. Growth in some of the emerging market economies slowed down. For example, in the first two quarters of 2013 real GDP growth in India and Indonesia decelerated markedly from the same period of the previous year. In addition, returns on capital in domestic financial markets dropped because capital had already flowed in after the excessive monetary easing policies were launched, so these economies were less attractive to international investors.*

3. Implications and outlook

The recent bout of financial turbulence in some Asian economies shares similarities with the Asian financial crisis of 1997 in terms of the external environment, i.e., monetary and financial tightening in the advanced economies and signs of international financial investors adopting a bearish view of the Asian emerging market economies. However, the fundamentals in these economies are much better today than they were in 1997. First, the exchange-rate regimes are more flexible. After 1997 most Asian emerging economies adopted floating exchange-rate regimes, thus weakening incentives for cross-border capital flows. Second, most Asian economies run a current -account surplus and are more capable of responding to capital outflows. Third, substantial increases in foreign-exchange reserves help strengthen market confidence. Fourth, external debt pressures have been reduced. The current debt to GDP ratio in most Asian emerging economies has greatly improved compared with the ratio in 1997 when the Asian financial crisis erupted. In addition, most government bonds are denominated in local currencies, so capital outflows do not have a significant impact on debt sustainability of government. Fifth, while liberalizing the capital account, the Asian economies have adopted flexible and prudential attitudes and took macro-prudential measures to strengthen management over short-term capital, thus, to some extent playing a role in identifying anomalies in cross-border capital flows. Furthermore, a regional financial cooperation mechanism was gradually established following the 1997 Asian financial crisis, thereby strengthening the regional financial safety net and improving the ability to mitigate external shocks and capital outflows. In general, the fundamentals of most Asian emerging market economies remain sound, risks are generally controllable, and the chances that a massive crisis will erupt in Asia are slim.

However, it is worth noting that the circumstances are very different among the various economies. The fundamentals in several countries have been greatly impacted by capital outflows and the spillover effects generated by a possible exit from the quantitative easing in the advanced economies might create great uncertainties regarding the future direction of capital flows. To avoid the negative spillover effects that a QE exit would have on the emerging market economies, the advanced economies, in particular the major reserve currency issuing countries should make their policies more transparent and predictable and they should improve their communications with the market.

2. Development of the global financial market

In the third quarter, international capital continued to flow out of the emerging market economies and to return to the advanced economies. Affected by this development, performance of the financial markets in the advanced economies and in the emerging market economies diverged, gaining strength in the former but fluctuating violently in some of the latter.

The euro, the pound, and the yen appreciated against the US dollar, whereas the currencies in the major emerging market countries continued to depreciate against the US dollar. On September 30, the exchange rate of USD/EUR, USD/GBP, and JPY/USD closed at 1.35, 1.62, and 98.21 respectively, appreciating from end-June by 4.0 percent, 6.4 percent, and 0.9 percent respectively. Most of the currencies in the emerging market economies continued their trend in the direction of devaluation. Among them, the Indian rupee tumbled to 68.8 INR/USD and the Turkish lira depreciated to 2.07 TRY/USD, both hitting historical lows. As of September 30, the Indonesian rupiah and the Indian rupee had depreciated by 14.3 percent and 4.9 percent respectively over end-June; the Russian ruble and the South African rand were fluctuating against the US dollar at low levels, at par with the levels at end-June.

The USD Libor fluctuated at a subdued level. Expectations that the Federal Reserve would scale back the quantitative easing were strengthened, but the Federal Fund Rate will remain at 0~0.25 percent for some time to come. As a result, the USD Libor generally fluctuated at a low level. As of September 30, the 1-year Libor was 0.6294 percent, a decline of 6 basis points from the end of June. The Euribor remained generally stable and edged up slightly. As of September 30, the 1-year Euribor registered 0.5390 percent, an increase of 1 basis point from the end of June.

Government bond yields in the U.S. and Germany rising modestly, whereas yields were rising in some of the emerging market economies. On September 30, 10-year government bond yields in the U.S. and Germany closed at 2.615 percent and 1.780 percent respectively, up 12.8 and 5.1 basis points respectively compared with end-March. The 10-year government bond yield in Japan closed at 0.688 percent, down 15.6 basis points from the end of June. Most emerging market economies experienced substantial increases in their 10-year government bond yields, in particular Indonesia, India, Brazil, and Turkey, with increases of 137, 131, 52, and 42 basis points respectively from the end of June.

The major stock indices in the advanced economies rallied slightly, but they fluctuated greatly in some of the emerging market economies. On September 30, the Dow Jones Industrial Average Index, the Nikkei 225 Index, and the STOXX50 Index closed at 15,129.7, 14,455.8, and 2,776.2 points respectively, up 1.5 percent, 5.7 percent, and 6.6 percent from the end of June. After plunging in the second quarter, stock market indices in most of the emerging market economies fluctuated around subdued levels, with some of them fluctuating rather greatly. In the third quarter, the stock market indices in Indonesia, Turkey, and India fluctuated by 20.4 percent, 23.0 percent, and

15.3 percent respectively.

3. Monetary policies in the major economies

The major advanced economies maintained monetary easing policies. In its July, September, and October statements, the Federal Open Market Committee (FOMC) announced that it would keep the target range for the federal funds rate at 0 to 0.25 percent, continue to link the adjustment of the interest rate with the development at inflation and the unemployment rate, and maintain the asset purchase pace of USD85 billion per month and wait for more evidence indicating continued improvements in economic activity and in the labor market before starting to adjust the pace of asset purchases. The ECB announced that it would maintain the minimum bid rate on the main refinancing operations at 0.5 percent and would maintain the rate on the marginal lending facility and the rate on the deposit facility at 1 percent and 0 percent respectively. The ECB emphasized that it would maintain an easy monetary stance and it is expected that the benchmark interest rates will remain at current or even lower levels for a long period to come. The Bank of Japan (BOJ) continued to target the monetary base for monetary policy operations and continued to implement quantitative and qualitative monetary easing by increasing the monetary base and purchasing long-term Japanese Government Bonds (JGB), as well as extending the average remaining maturity of JGB purchases, so as to achieve the 2 percent inflation target within two years. The Bank of England maintained the Bank Rate at 0.5 percent and the size of asset purchases at 375 billion pounds, launched the "forward guidance for monetary policy" on August 7, and announced that it had no intention of raising interest rates until the unemployment rate drops to below 7 percent.

The monetary policies pursued by the emerging markets continued to diverge, with some countries tightening their monetary policy stance in response to capital outflows and pressures for a depreciation of local currency. To uphold its currency, the Reserve Bank of India (RBI) raised the benchmark interest rate on July 25 by 200 basis points to 10.25 percent. As the U.S. Federal Reserve postponed the QE tapering and the exchange market fluctuations eased, the RBI announced it would lower the interest rate on the marginal lending facility by 75 basis points to 9.5 percent and would increase the policy repo rate by 25 basis points to 7.5 percent in response to the rising inflationary pressures. In order to improve liquidity conditions, on October 7 the RBI again lowered the interest rate on the marginal lending facility by 50 basis points to 9.0 percent. The Bank of Indonesia raised the benchmark interest rate on July 11, August 29, and September 12 by 50, 50, and 25 basis points respectively to 7.25 percent. The Central Bank of Brazil increased the benchmark interest rate on July 10 and August 28 by 75 and 50 basis points respectively to 9.0 percent. The Central Bank of the Republic of Turkey increased the overnight lending rate on July 23 and August 20 by 75 and 50 basis points respectively to 7.75 percent. In addition, the Central Bank of Hungary cut the benchmark interest rate on July 23, August 27, and September 24 by 25, 20, and 20 basis points respectively to 3.6 percent. The Central Bank of Egypt cut the overnight deposit rate, the overnight lending rate, the rate on the main policy instrument, and the discount rate each by 50 basis points respectively, to 8.75 percent, 9.75 percent, 9.25 percent, and 9.25 percent.

4. World economic outlook and major risks

In the *World Economic Outlook* released in October, the International Monetary Fund (IMF) revised downward the projection for global growth to 2.9 percent, about 0.3 percentage points lower than the projection in July. The projections for growth in the U.S., the euro zone, and Japan were 1.6 percent, -0.4 percent, and 2.0 percent, and the projection for the emerging market and developing economies was adjusted downward from the July projection by 0.5 percentage point to 4.5 percent.

Going forward, major risks in the global economy include the following:
Fiscal and monetary policy uncertainties in the U.S. are likely to impact the U.S. and global economic recovery as well as financial market stability. The fiscal impasse caused by the polarized politics and bipartisan disputes over the 2014 government budget and the "debt ceiling" are unlikely to be resolved within a short period of time and might drag economic growth and even impact the world economic recovery. At the same time, uncertainties in the timing and steps of the Federal Reserve's exit from the accommodative monetary policy will heighten the volatility of cross-border capital flows, global exchange markets, asset prices, and commodity prices. Going forward, it is likely that financial market turbulence will increase and uncertainties will grow.

It will take time before some emerging market economies overcome their current difficulties. On the one hand, how the recovery in the advanced economies will influence the emerging market economies remains to be seen, and there are persistent uncertainties regarding the QE tapering and its adverse impact on the emerging market economies. On the other hand, there is limited room for the emerging market economies to implement monetary and fiscal policies, and the structural problems that will constrain economic development in the long run are not likely to be resolved within a short period of time. Affected by these internal and external factors, the difficulties in the emerging market economies are likely to persist, thus increasing the risks for a global economic recovery.

The European sovereign debt crisis is now in a relatively quiet period, but the euro zone as a whole still faces many structural problems. For example, the building of a firewall remains an arduous task; risks in the banking sector cannot be underestimated, including the slow deleveraging process and the weak lending activities; the fiscal union will require long-term efforts; and the government debt is still rising and the structural imbalances cannot be resolved in the near future.

The risks of trade and investment protectionism should be guarded against and the geopolitical situations are not optimistic. The persistently high unemployment rate, the lack of policy tools and policy space for stimulating economic growth, and the acute political polarization in some of the advanced economies make regional trade frictions vulnerable to being hyped and politicized, therefore generating an adverse impact on the global economic recovery. In addition, the deteriorating political situations in East Asia and the Middle East, in particular the worrying situation in Egypt and Syria, might increase the volatility of commodity prices and obstruct the recovery of the world economy.

II. Analysis of China's Macroeconomic Performance

In the third quarter, the Chinese economy remained stable and took a turn for the better. Consumption grew in a stable manner while investment rose rapidly. The outlook for the agricultural sector was good and progress was made in the restructuring of the industrial sector. The inflation and employment situations were basically stable. It is estimated that GDP totaled RMB38.7 trillion yuan in the first three quarters of 2013, up 7.7 percent year on year. The GDP growth rate for Q3 was 7.8 percent year on year, up 0.3 percentage point from Q2. In the first three quarters, the CPI rose by 2.5 percent year on year and the trade surplus posted USD169.36 billion.

1. Consumer demand registered steady growth, investment grew in a fairly rapid manner, while the growth of exports and imports remained stable

Growth of household income and consumption demand was stable. In the first three quarters of 2013, per capita disposable income of urban households posted RMB20,169 yuan, representing year-on-year growth of 9.5 percent and price-adjusted real growth of 6.8 percent. The per capita cash income of rural households registered RMB7,627 yuan, up 12.5 percent in nominal terms and 9.6 percent in real terms. In the first three quarters of the year, retail sales of consumer goods totaled RMB16.9 trillion yuan, representing year-on-year growth of 12.9 percent, or 11.3 percent in real terms, which was 1.2 and 0.3 percentage point lower than that during the same period of the last year. The deceleration can be mainly attributed to the slowdown of the catering industry, in particular luxury catering services. Retail sales in the urban areas registered RMB14.6 trillion yuan, up 12.7 percent year on year, whereas retail sales in the rural areas grew 14.5 percent year on year to reach RMB2.3 trillion yuan.

Fixed-asset investments grew fairly rapidly. From the first through the third quarter, fixed-asset investments (excluding investments by rural households) totaled RMB30.9 trillion yuan, up 20.2 percent year on year in both nominal and real terms, representing an acceleration of 0.1 percentage point compared with that during the same period of the last year. Among this total, investment by the state-owned or state-controlled sector was RMB9.9 trillion yuan, representing year-on-year growth of 17.6 percent, while investment by the private sector registered RMB19.7 trillion yuan, increasing by 23.3 percent over the same period of the last year. In terms of the regional distribution, growth of fixed-asset investments in the central and western regions outpaced that in the eastern region; growth in the eastern, central, and western regions registered 18.8 percent, 23.4 percent, and 23.0 percent respectively. In terms of the sector distribution, fixed-asset investments in the primary, secondary, and tertiary industries grew 31.1 percent, 17.1 percent, and 22.3 percent respectively, with the growth of tertiary industry investments accelerating by 2.9 percentage points year on

Figure 3 Import and Export Growth and the Trade Balance

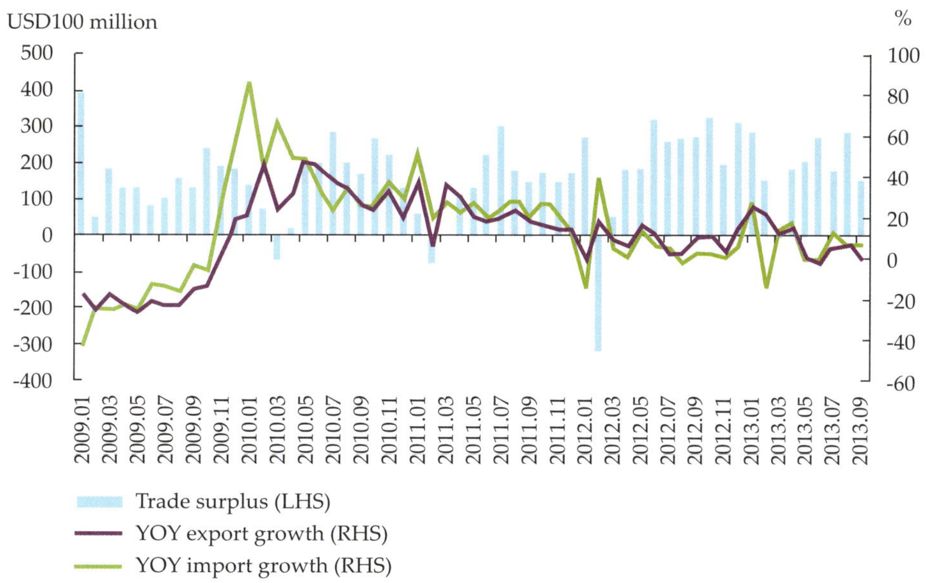

Sources: General Administration of Customs, the People's Bank of China.

year. In the first three quarters of 2013, total planned investment in new projects grew 13.3 percent year on year to reach RMB26.5 trillion yuan, representing a deceleration of 12.4 percentage points from the same period of the last year. Total planned investments in projects under construction grew 18.6 percent year on year to reach RMB76.0 trillion yuan.

Imports and exports registered stable growth, and the trade surplus increased. In the first three quarters of this year, imports and exports gained 7.7 percent year on year to reach USD3,060.37 billion. Among this total, exports rose 8.0 percent year on year to reach USD1,614.86 billion, while imports rose by 7.3 percent to reach USD1,445.5 billion. The trade surplus grew by 14.6 percent to reach a cumulative USD169.36 billion. With stronger incentives in the corporate sector to upgrade the growth model, the export structure continued to improve. Exports of machinery and electronic products grew steadily and traditional labor-intensive products remained competitive. Exports of high energy-consuming, high polluting, and resource-reliant products declined. From the first quarter through the third quarter, exports of machinery and electronic products went up 8 percent year on year, accounting for 57.2 percent of total exports. Exports of hi-tech products were enhanced by 13.3 percent year on year. The growth of seven categories of labor-intensive products, including textiles, garments, as well as bags and suitcases, grew 10.3 percent year on year. Exports of coal and crude oil dropped 20.7 percent and 29.8 percent respectively year on year. In the first three quarters of 2013, utilized foreign direct investment increased by 6.2 percent year on year to reach USD88.6 billion.

2. The outlook for the agricultural sector was good and the growth of the industrial output rebounded

In the first three quarters of 2013, the value-added of the primary, secondary, and tertiary industries was RMB3.6 trillion yuan, RMB17.5 trillion yuan, and RMB17.6 trillion yuan respectively, up 3.4 percent, 7.8 percent, and 8.4 percent year on year. This accounted for 9.2 percent, 45.3 percent, and 45.5 percent of total GDP respectively. The share of tertiary industry in GDP was 1.6 percentage points higher year on year.

The outlook for the agricultural sector was positive. The summer grain output rose by 1.5 percent to reach 131.89 million tons. The output of early season rice went up 2.4 percent year on year to reach 34.07 million tons. A bumper harvest of autumn grain was in sight. In the first three quarters, the total output of meat (including pork, beef, mutton, and poultry) rose by 1.3 percent year on year to reach 58.03 million tons. Among this total, the output of pork totaled 38.31 million tons, up 2.1 percent year on year.

The growth of industrial output edged up. From the first quarter through the third quarter, the value-added of statistically large enterprises grew 9.6 percent year on year, representing an acceleration of 0.3 percentage point compared with that during the first half of this year. The profits of statistically large enterprises increased by 13.5 percent to reach RMB4,045.28 billion yuan, representing an acceleration of 2.4 percentage points compared with that during the first two quarters. The profit margin calculated from total profits posted 5.49 percent, up 0.09 percentage point compared with the first half of 2013. The sales-to-production ratio reached 97.7 percent, accelerating by 0.2 percentage point compared with the first half of this year. A survey of 5,000 industrial enterprises conducted by the PBC indicated that market demand remained stable and profitability of the corporate sector improved despite the low business index. In the third quarter, the business index posted 56.3 percent, a decline of 0.8 percentage point compared with the second quarter and a decline of 4.8 percentage points compared with the same period of the last year. The enterprise export order index stood at 50.1 percent, growing by 0.2 and 2.6 percentage points respectively compared with the last quarter and the same period of the last year. The domestic order index registered 48.2 percent, dropping by 2.1 percentage points quarter on quarter and growing by 0.8 percentage point year on year. The corporate profitability index posted 55.1 percent, edging down by 0.5 percentage point compared with the previous quarter and rising by 3.7 percentage points compared with the same period of the last year.

3. Growth of consumer prices was basically stable

Growth of consumer prices picked up slightly. In Q3, the CPI rose 2.8 percent year on year, representing an acceleration of 0.4 percentage point from Q2. The CPI in July, August, and September went up by 2.7 percent, 2.16 percent, and 3.1 percent respectively compared with the last year. In terms of food and non-food items, the acceleration in the growth of food prices was the major contributor to the pick-up in CPI growth. In Q3, food prices rose 5.3 percent year on year, representing an acceleration of 1.3 percentage points quarter on quarter and contributing 1.7 percentage points to CPI growth. The price of non-food items went up by 1.6 percent, which was the same as that during the last quarter, contributing 1.1 percentage points to CPI growth. In terms of consumer goods and services, the growth of prices of consumer goods accelerated while the price of services remained generally stable. In Q3, the price of consumer goods grew 2.8 percent year on year, representing an acceleration of 0.6 percentage point; the price of services increased by 2.8 percent compared with the same period of the last year, flat with the growth during the last quarter.

The growth of producer prices slowed down. Ex-factory prices of industrial products fell 2.3 percent, 1.6 percent, and 1.3 percent respectively in July, August, and September year on year and in Q3 declined an average of 1.7 percent, which was 1.0 percentage point slower than that in Q2. The price of capital goods went down by 2.3 percent year on year, which was 1.3 percentage points less than that during the previous quarter; the price of consumer products registered no growth, which was 0.1 percentage point slower than the growth during Q2. In Q3 the Corporate Goods Price Index (CGPI) fell by 0.7 percent year on year and in September it went down by 0.4 percent, representing a narrowing decrease for the fourth consecutive month. The price of upstream products rebounded and the decline in the price of midstream products narrowed, whereas the price of downstream products edged up. In September, the price of primary, intermediate, and final products grew by 1.72 percent, -1.21 percent, and 1.03 percent respectively year on year. The decline in the price of investment goods narrowed and the rise in the price of consumer goods picked up. In September, the prices of investment goods and consumer goods grew by -0.74 percent and 2.26 percent respectively year on year. In Q3 of 2013, the price of agricultural products rose by 4.3 percent year on year, representing an acceleration of 3.2 percentage points compared with the previous quarter; the price index of agricultural capital goods increased by 0.8 percent year on year, representing a deceleration of 0.4 percentage point compared with the previous quarter.

The rise in commodity prices led to a slower decline in import prices. Seasonal factors and the tensions in Syria pushed up the price of crude oil by a large margin. In Q3, compared with the previous quarter, the average price of WTI crude oil futures on the New York Mercantile Exchange surged by 12.4 percent, while the average price of Brent Crude oil futures on the Intercontinental Exchange rose by 6.1 percent from the last quarter. The average LME spot copper and aluminum prices fell by 1.0 percent and 2.9 percent respectively from Q2. In Q3 import prices declined by 1.1 percent year on year, representing a deceleration of 1.8 percentage points compared with the previous quarter, and the declines in July, August, and September were 0.9 percent, 1.4 percent, and 1.1 percent respectively. Export prices went down by 1.2 percent year on year; this was 0.6 percentage points more than the decline in the last quarter. The growth of export prices in July, August, and September were -2.3 percent, -2.1 percent, and 0.7 percent respectively.

The GDP deflator rebounded. In the first three quarters of 2013, the GDP deflator (the ratio of nominal GDP to real GDP) was 1.5 percent, which was 0.4 percentage point lower than that during the same period of the previous year and 0.4 percentage point more than that during the first half of the year.

The resource products pricing reform made new progress. On September 16, the National Development and Reform Commission released a notice on implementation of quality-based pricing for fuel upgrading. Car petrol and diesel meeting quality standards for phase 4 of the upgrading would be priced RMB290 yuan and RMB370 yuan more per ton respectively, and another RMB170 yuan and RMB160 yuan per ton would be added to car petrol and diesel upgraded to phase 5. The purpose of such mark-up standards is to require the polluters to cover the costs of fuel upgrading. It is based on an assessment of the costs for the fuel upgrading. Some of the costs have already been absorbed by the fuel companies.

4. The growth of fiscal revenue and expenditures gradually picked up

In the three quarters of 2013, fiscal revenue grew 8.6 percent year on year to RMB9.8 trillion yuan. Specifically, fiscal revenue in Q1, Q2, and Q3 registered 6.9 percent, 8.1 percent, and 11.2 percent respectively. In Q3 fiscal revenue of the central government rebounded significantly as a result of a pick-up in growth and trade. In the first three quarters, tax revenue increased by 9.0 percent to reach RMB8.4 trillion yuan. Among this total, revenue from the domestic value-added tax, the domestic consumption tax, the turnover tax, the corporate income tax, and the personal income tax rose by 8.2 percent, 3.8 percent, 10.9 percent, 14.3 percent, and 10.8 percent respectively year on year, whereas the revenue from the value-added tax on imported goods and the consumption tax declined by 10.4 percent year on year. Fiscal expenditures rose 8.8 percent to reach RMB9.2 trillion yuan, representing a deceleration of 12.3 percentage points compared with the same period of the last year. Broken down, fiscal expenditures for urban and rural community affairs, health care and medical services, and social security and employment grew relatively rapidly, increasing by 20.7 percent, 14.6 percent, and 12.1 percent respectively year on year. In the first three quarters, the fiscal surplus posted RMB685.67 billion yuan, which was RMB38.76 billion yuan more than that during the same period of 2012.

China's urbanization is taking place quite rapidly. Fiscal revenue in local governments is not sufficiently abundant to finance the huge demand for funds required by such urbanization. In this context, many local governments set up financing vehicles to fill the gap; these played a positive role in promoting economic and social development. However, the size of the debt and the operational irregularities of some local government financing vehicles grew rapidly. In 2010 the State Council released the *Notice of the State Council on Strengthening Management of Local Government Financing Vehicles* (State Council Document No. 19, 2010) to clean up the local government financing vehicle debts. The coming years will mark a key juncture for China to press ahead with a new type of urbanization. As local governments fervently pursue growth, there is significant pressure to keep the aggregate debt of local government financing vehicles under control. In order to prevent and mitigate the risks derived from the borrowing of local government financing vehicles, efforts should be made to improve the fiscal and taxation system, establish a positive incentive mechanism, and develop a well-regulated and efficient financing mechanism that suits the socialist market-economy system.

5. The employment situation was generally stable

New employment in the urban areas continued to increase. In the first three quarters of 2013, new urban employment registered 10.66 million. By end-Q3, the registered urban unemployment rate stood at 4.04 percent. A statistical analysis conducted by the China Human Resources Market Information Monitoring Center on public employment service agencies in 100 cities in Q3 showed that both labor supply and demand declined and were generally in balance. The ratio of job seekers to vacancies registered 1.08, posting a slight increased compared with the previous quarter and compared with the same period of the last year. Broken down by areas, supply and demand in the labor market declined in the western, central, and eastern regions, but the decline in the western regions was the most significant. Broken down by industry, more than 80 percent of the demand for labor came from the manufacturing industry, retailing and wholesale industry, catering industry, resident services industry, other services industry, leasing and commercial services industry, and construction industry. The demand for labor from the financial industry, real-estate industry, education, and mining industries grew by a large margin. Broken down by employers, more than 90 percent of the job openings were concentrated in the corporate sector, whereas those in governmental agencies and public institutions accounted for a mere 0.6 percent. In terms of the backgrounds of the job seekers, newly unemployed youth and freshly laid-off workers both increased compared with the previous quarter, and the number of college students unemployed upon graduation rose significantly. In the meantime, the number of job seekers who came from local rural areas and other provinces plunged. As for the structure of the job vacancies, medium- and high-level skilled workers were increasingly short of demand. In particular, the ratio of vacancies to job seekers posted 2.19, 2.19, and 2.11 for technicians, senior technicians, and engineers respectively.

Box 4 Growth and Employment

As the most populous developing country in the world, China has always regarded growth and employment as its top priority in economic development. After years of high-speed growth, the balance between growth and employment is attracting increasing attention during this critical juncture of restructuring.

Theories on the relationship between growth and employment are evolving. In classic economics, supply creates demand, and full employment is a natural outcome in a market economy. Keynesians held that lack of effective demand leads to decline in employment, making policy adjustments necessary to stimulate growth and to manage full employment. The Phillips Curve depicts a negative correlation between inflation and unemployment. As inflation is generally positively correlated with growth, the curve is also used to describe the relationship between growth and employment. Okun's Law is an empirically observed negative relationship between growth and unemployment. In the U.S., real GDP is 2 percentage points lower than potential GDP when the real unemployment rate is 1 percentage point below the natural unemployment rate. There is also research focusing on the relationship between the economic structure and employment. U.S. economist William Lewis has explored unemployment in a two-polar development model. The traditional agricultural sector features low labor productivity and large hidden unemployment, whereas a modern industrialized sector which features higher productivity and attracts labor to transfer out of the agricultural sector. The accelerated growth of a modern industrialized sector can reduce unemployment. The Petty-Clark Theorem depicts the evolution of the employment structure in the primary, secondary, and tertiary industries. As the economy grows and per capita national income rises, the share of added value and employment in primary industry declines, while that in secondary industry goes up. With progress in economic development, tertiary industry begins to take up a larger share in terms of added value and employment.

Looking at the relationship between growth and employment, China's reform and opening-up process has gone through the following stages. The first stage lasted from 1978 to the early 1990s. Rapid economic growth contributed to fast employment growth, with the elasticity for employment growth exceeding 0.25, namely one percentage point of growth bringing approximately 0.25 percentage point of employment growth. The second stage was from the early 1990s to the eve of this the round of the global financial crisis, when there was a downward trend in employment elasticity. The major reason for this was that the supply of surplus labor in the rural areas was moving into the industrial and service sectors at an accelerated pace during the urbanization process, which was also a period of technical progress and capital deepening. As the services industry accelerated its development and as restructuring made headway, employment elasticity rebounded.

At present, a number of factors may help reduce unemployment pressures during the economic transition. First, the growth of the population, especially those of working age, has slowed down. The momentum for a large sustained increase in the labor force is about to change. The UN estimates that the total population will peak in 2025 and then will decline. The peak of the working-age population will come even earlier. Data of the National Statistics Bureau indicate that the population aged 15 to 59 dropped by 3.45 million in 2012. Second, the improved economic structure will facilitate employment growth. Since the 1990s, the employment elasticity of the agricultural sector was negative, meaning that employment in the agricultural sector registered negative growth, and the surplus labor from the primary sector was moving into the secondary and tertiary sectors. During this period, employment elasticity in the industrial sector was about 0.15 and that of the services

Figure 4 Employment in the Primary, Secondary and Tertiary Sectors

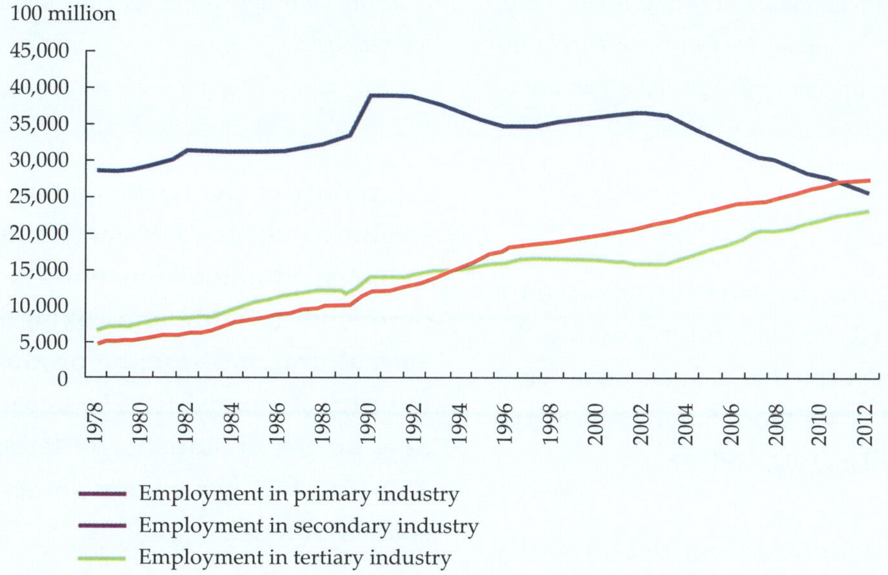

Source: National Bureau of Statistics.

sector was more than 0.2. With higher income, residents pay greater attention to their quality of life, leading to accelerated development of a service sector. Moreover, employment created by the service sector exceeded that of the industrial sector in 1994 and exceeded that of the agricultural sector in 2011. In recent years, urban employment brought about by per unit GDP growth continued to grow. Taking into account the influence of restructuring, based on the estimation of the working-age population by the UN, the assumption is that the productivity of the three industries will increase at the pace indicated by historical trends and that the labor participation rate will equal the historical average; a growth rate that is slightly slower than the current level may also create enough demand for employment.

However, the challenges that still remain in terms of employment should not be neglected. First, as Chinese society evolves, it will become more difficult for the new generation of migrant workers to re-engage in agricultural production due to changes in their mentality and skill profiles. The role of the agricultural sector as a pool for absorbing labor will be weakened, adding to the employment pressures. Moreover, some enterprises are reluctant to fire their employees when they encountered temporary difficulties so as to avoid a potential shortage of labor supply on the market in the future, thus complicating an assessment of the employment situation. Second, an unemployment structural problem has been observed. Unemployment coexisted with a shortage of eligible candidates and higher wage offerings on the market. Higher economic growth alone cannot fix these problems. On the one hand, efforts should be made to promote restructuring and to foster the development of the service sector, the advanced manufacturing sector, and other industries that can bring more job opportunities so as to improve the economic and employment structure. On the other hand, efforts should be made to improve the labor security system and to optimize the structure of education by enhancing vocational education and training in order to improve the employability of job seekers.

6. The balance of payments remained in surplus

In the first three quarters, the current account surplus stood at USD138.2 billion, while the surplus under the capital and financial account registered USD162.4 billion. Foreign-exchange reserves grew by USD300.6 billion.

The growth of external debt declined. By end-June, outstanding external debt posted USD771.95 billion, a decrease of 1.7 percent year on year. Among this total, the stock of registered external debt posted USD462.45 billion, a decrease of 6.6 percent year on year and accounting for 59.9 percent of the total; short-term outstanding external debt posted USD598.63 billion, an increase of 1.8 percent year on year and accounting for 77.5 percent of the total.

7. Sector analysis

Profits of industrial enterprises grew rapidly, and new profits were less concentrated in certain industries and became more broadly distributed. In the first three quarters of 2013, among 41 industries, 24 made more profits in their main businesses compared with the same period of the previous year, and 2 earned profits, reversing their loss-making situation in the last year. An accelerated growth of sales, a rebound in ex-factory prices, and a decline in per unit costs contributed to the rapid rise in profits in the third quarter. In September, the profits of the ferrous metal pressing and smelting industry, non-metal mineral product industry, automobile manufacturing industry, petroleum refining and coking industry, and agricultural and sideline product processing industry accounted for 37.6 percent of the total new profits of statistically-large enterprises. This was 15.2 percentage points less than the share in August.

(1) Real-estate sector

Nationwide, the growth of sales of commercial housing declined and housing prices continued to rise. The growth of real-estate development investment declined and real-estate loans grew in a stable manner.

The number of cities witnessing a year-on-year increase in housing prices remained the same as that during Q2, and the number of cities where housing prices registered month-on-month growth climbed. In September 2013, the price of newly-built commercial residential housing increased year on year in 69 out of 70 cities, which was the same as that in June, with the largest margin of increase at 20.6 percent. The price of pre-owned residential housing gained year on year in 68 out of 70 cities, the same as that in June. The price of newly-built commercial residential housing went up month on month in 65 cities, compared with 63 cities in June. The price of pre-owned homes grew month on month in 63 cities, which was 8 more than that in June.

The growth of sales of commercial real estate continued to decline. In the first three quarters of 2013, nationwide sold floor area of commercial real estate gained 23.3 percent year on year to reach 840 million square meters, representing a deceleration of 5.4 percentage points compared with the first half of 2013. The sales volume of commercial real estate was up 33.9 percent year on year to reach RMB5.4028 trillion yuan, representing a deceleration of 9.3 percentage points from the first two quarters. In particular, the sold area and turnover of commercial residential housing accounted for 89.4 percent and 84.1 percent respectively of the total sold area and of the turnover of commercial housing respectively.

Growth of investment in real-estate development decelerated. Investment in real-estate development in the first three quarters of 2013 totaled RMB6.1120 trillion yuan, up 19.7 percent year on year and representing a deceleration of 0.6 percentage point. In particular, investment in residential housing was RMB4.1979 trillion yuan, accounting for 68.7 percent of the total. The floor area of newly-built housing rose 7.3 percent year on year to reach 1.45 billion square meters, representing an acceleration of 3.5 percentage points from the first half of 2013. The floor area of housing under construction grew 15 percent year on year to reach 6.04 billion square meters, representing a deceleration of 0.5 percentage point from the first half of the year. The floor area of completed housing climbed by 4.2 percent year on year to stand at 530 million square meters, representing a deceleration of 2.1 percentage points from the first two quarters.

Growth of real-estate loans edged up. As of end-September 2013, outstanding real- estate loans of major financial institutions (including foreign-funded financial institutions) posted RMB14.2 trillion yuan, an increase of 19 percent year on year and an increase of 0.9 percentage point from end-June. Outstanding real- estate loans accounted for 20.2 percent of the total outstanding loans, a decline of 0.4 percentage point from the end of June. Among this total, outstanding mortgage loans rose 20.9 percent year on year to reach RMB8.7 trillion yuan, representing a rise of 0.1 percentage point from the end of Q2; outstanding real-estate development loans gained 13.1 percent year on year to reach RMB1.1 trillion yuan, representing a deceleration of 4.1 percentage points from the end of the previous quarter; new real-estate loans reached RMB1.9 trillion yuan, accounting for 26.1 percent of the total new loans, which was 1 percentage point lower than that during the first half of the year.

Credit support for welfare housing was further reinforced. As of end-September 2013, outstanding loans for welfare housing rose 31.3 percent year on year to reach RMB686.34 billion yuan, which was 16.4 percentage points higher than the growth of real-estate development loans. Moreover, the pilot program of using housing provident fund loans to support the construction of affordable housing was steadily advanced. As of end-September 2013, based on their construction progress, a total of RMB57.32 billion yuan of such loans was disbursed to 258 projects in 64 cities under the affordable housing program and a total of RMB10.5 billion yuan of the principal had been recovered.

(2) Information industry

The information industry is a leading industry of fundamental and strategic importance. The information industry can boost innovation and productivity in a wide range of industries. Against the backdrop of informatization, industrialization, urbanization, and the modernization of the agricultural sector, the consumption patterns of Chinese citizens are undergoing an upgrading. During this stage, promoting the development of the information industry not only responds to the urgent need to restructure the economy and to tackle energy and resource constraints, but also is a significant policy to improve social management and to enhance competitiveness.

In the context of more moderate growth and deepening structural reforms, informatization has played an increasingly important role in supporting economic growth and social development. First, the information industry continued its rapid growth. In 2011 business income in the information industry reached approximately RMB10.5 trillion yuan. In 2012 revenue in the electronic information industry, as the largest component of the information industry, grew 15 percent year on year to reach RMB11 trillion yuan. Second, the information industry has contributed to the creation and fostering of consumption demand, and prominently boosted the development of other industries. In 2012 the consumption of information goods and services grew 29 percent to reach RMB1.72 trillion yuan, accounting for 3.3 percent of GDP and contributing 0.64 percentage point to GDP growth. Third, development of the information industry facilitates the transformation of the development model. The integration of informatization and industrialization is vital in terms of breaking the bottlenecks in industrial upgrading and in driving the development of the emerging industries. The information industry provides a resource base for sustainable economic growth. By promoting progress in information technology and its application, we can monitor and analyze the resource costs and energy and environment costs in key industries, answering the need to enhance energy efficiency and to end the resource and energy constraints.

At present, China has become a major manufacturer of global electronic products and is also an important provider of information network services, but it is still lagging behind the developed countries. Capabilities for technological research and innovation need to be enhanced and there is still large room for improvement in infrastructure, such as wide-band networks and network and information security. The cost-ineffective model of development relying on external demand and expansion without productivity gains can hardly be sustainable. During the next stage, efforts should be made to promote the transformation and upgrading of the information industry, to build a more facilitating environment for innovation, to further enable enterprises, and to promote innovation-driven development in the information industry. Work still needs to be done to link information network infrastructures, public information networks of various kinds, and industry-specific information networks, to increase the supply of information products, to foster new areas of consumption, and to promote an upgrading of the industrial structure. An open and orderly market environment should be developed to deepen technological exchanges and cooperation. China should take an active part in the international division of labor so as to align the development of its information industry with international standards. Information technology should be more closely integrated with traditional industrial technologies so as to merge informatization and industrialization. Meanwhile, an information security review mechanism should be set up in order to strengthen the protection of personal information, to carry out a rigid review of information technology and products, and to coordinate the development of the information industry and information security as part of a national strategy.

PART 5 Monetary Policy Stance to be Adopted in the Next Stage

I. Outlook for the Chinese economy

The Chinese economy has entered a new stage of development and is undergoing a profound structural adjustment and transformation of its growth pattern. The growth potential will be gradually released and new drivers will emerge as the structural adjustment progresses. In a comprehensive view of all aspects, the Chinese economy is expected to maintain the momentum of stable growth and continue to make progress based on stability. First of all, the growth potential is very large, supported by the large scope for industrialization, urbanization, and informatization, the complementarities between the central and western regions on the one hand and the coastal regions on the other, and the strong drive to promote economic growth in the localities. Therefore, the fundamentals in the economy have not changed. Second, progress in the structural adjustment and reform, including the adoption of policies to change government functions, simplify administrative procedures, and delegate powers to lower-level governments, implement structural tax reductions, and create the China (Shanghai) Free Trade Zone, will help increase the vitality of economic performance. Further progress in the financial sector reform, including new measures to promote the market-based interest rate and the exchange rate, the diversification of financial products, financial institutions and services, the rise of new business models, and greater access to the financial market are expected to enhance efficiency in resource allocations and to beef up support for the real sector. At present, a number of new technology industries and new business models are developing at a good momentum. Industries and enterprises that have initiated upgrading, transformation, and innovation have become very resilient and have displayed dynamic growth. With the rise in income levels and progress in technology, tourism- and IT-based consumption is driving the upgrading of the consumption structure. Third, macro-economic policy has always focused on striking a balance among pursuing stable growth, adjusting the economic structure, and promoting reform. The macro-economic management framework has been further improved, as policy measures have become more innovative and new experiences have accumulated. This will contribute to maintaining short-term stability and strengthening the basis for long-term growth. The high savings rate, adequate capital, and reserves in the financial system are generally indicative of the strong resilience of the economy. In terms of the external environment, with structural and deep-rooted institutional problems yet to be resolved, and the recovery path and monetary policy stance differing among the various economies, it is still too early to be optimistic about the global outlook, but by and large the world economy is stable. This will help maintain a relatively stable external-demand environment.

Yet we must be sober-minded about the risks

and challenges in the economy. The growth pattern featuring dependence on external demand and local government driven massive investments is undergoing transformation, but there is yet to be new drivers to support strong growth. As a result, the performance of the economy often displays pulse-like frequent and small fluctuations. After a large increase of leveraging during the past years, the economy is likely to go through a prolonged period of deleveraging and a closing down of excess capacity. Problems in the real-estate market and local government obligations are relatively conspicuous and resource and environmental pressures are building. It is worth noting that to a very large extent the economic structure determines the financial structure. Massive investments dominated by local governments and the tilting of resources to real estate and other fields may lead to the crowding out of small- and medium-sized enterprises, exacerbating their lack of financing, and driving up the funding cost. Structural factors have also affected the outcome of aggregate policy. In the external environment, uncertain incidents frequently occurred. As the U.S. is expected to taper QE operations in the future, long-term interest rates may go up. The emerging market economies will need to respond to the shocks from changes in capital flows and financing costs, and macro-economic management will face new requirements. In general, the domestic and external environments are both complex and the tasks of adjusting the economic structure and transforming the growth pattern remain arduous. Breakthroughs have not yet been made to tackle the most difficult and crucial parts of the adjustment and transformation.

The overall price situation is relatively stable, but uncertain changes should be closely watched. The external economy has not yet taken a clear turn for the better. Moreover, the Federal Reserve may start to taper the QE operations. Generally stable commodity prices, adequate capacity in domestic industries, and the expected bumper grain harvest are all conducive to stable overall prices. However, due to the upward pressures on the prices of labor, services, and rents, the basis for stable consumer prices is not yet solid. Prices are sensitive to changes in aggregate demand, and the expansion of consumption exerts growing pressures on prices. As a result of the recent upturn in economic activities, the decline in the PPI has narrowed. This, combined with the base effect, may push up the CPI year on year in Q4 and consequently affect inflation expectations. According to the quarterly depositors' survey conducted by the PBC in Q3, the current price satisfaction index was at 21.4 percent, a reduction of 0.4 percentage point from Q2, while the future price expectation index posted 70.5 percent, 3.7 percentage points higher than that in Q2. Moreover, real-estate prices were higher, particularly in first-tier cities. Higher home prices may be transmitted to rents and other prices, thereby pushing up cost pressures. In the depositors' survey, the share of respondents who thought that current home prices were "high and difficult to accept" was 0.9 percentage point higher than the same share in the previous quarter. Taking all these factors into consideration, it is not possible to be overly optimistic about the price situation in the short run. As there are upside risks in price movements, it is necessary to continue to guide and stabilize inflation expectations.

II. Monetary policy during the next stage

The PBC will follow the overall arrangements of the State Council, follow the principle of seeking macro-economic stability, enhancing vitality at the micro-level, making progress and improving quality amidst stability, and will properly manage the macro-economic policy framework. As performance of the economy has remained generally stable and in view of the difficulties and challenges, policy should focus on supporting the structural adjustment and promoting reform and transformation of the growth pattern. Monetary policy will seek to maintain aggregate stability and structural optimization. The sound monetary policy will continue, and the stability and continuity of the policy will be upheld. The focus of policy will be maintained and the policy measures will be well-targeted and carefully calibrated. The focus and coordination of policy measures will be enhanced to strike a balance among pursuing stable growth, adjusting the economic structure, promoting reform, and preventing risks. The key is to create a stable financial and monetary environment so that market players will have reasonable and stable expectations and the structural adjustment and transformation of the growth pattern will be facilitated. In the meantime, the allocation of financial resources will be further optimized and policies will be implemented earnestly. Financial institutions will be encouraged to manage their stock of credit assets properly and to make good use of new loans, to step up support for the structural adjustment and provide better services to the real economy, and to strengthen the good momentum of stable and upward economic growth. Reform will be deepened to enhance the role of the market mechanism, improve the transmission mechanism of monetary policy, improve the efficiency of financial resource allocation, and promote sustainable and sound economic growth.

First, a mix of quantity-based and price monetary policy tools will be used, the macro-prudential policy framework will be improved, and the management of aggregate liquidity will be enhanced to guide the reasonable and stable growth of money, credit, and all-system financing aggregate. In light of the BOP and the liquidity supply and demand situation, a combination of open market operations, the reserve requirement ratio, central bank lending, central bank discounts, short-term liquidity operations, the Standing Lending Facility, and other instruments will be used to manage and adjust liquidity in the banking system, enhance communications with the market and the public, keep expectations stable, and guide market interest rates to move steadily. Moreover, commercial banks will be guided to strengthen management of liquidity and balance sheets, to properly arrange liquidity at all points in time, to properly manage the total volume of assets and liabilities and their maturity structure, and to improve liquidity risk management. The macro-prudential policy will continue to play a counter-cyclical role. Based on the changes in macro-economic performance, the soundness of financial institutions, and the implementation of the credit policy, the relevant parameters will be adjusted to guide financial institutions to support development of the real economy.

Second, financial institutions will be encouraged to properly manage the stock of credit assets, make good use of new loans, and support economic structural adjustment, transformation, and upgrading of the growth model. Financial resources will be consolidated to support small- and micro-sized enterprises and to increase credit support to the agricultural sector, rural areas, and farmers. Consumer finance will be further developed to promote an upgrading of consumption. Financial institutions will be guided to provide credit to ongoing and follow-up national key projects, modern services industries, emerging industries, green and environmental friendly industries, and to promote the transformation and upgrading of key areas and industries. Financial services will be further improved to contribute to a better livelihood of the people, to support job creation, poverty reduction, and students in need of loans, to support the regional development policies, and to provide financial support and services for balanced regional development. Lending to energy-intensive, highly-polluting industries and those with excess capacity will be strictly controlled to facilitate resolution of the problem of overcapacity. Differentiated housing mortgage policies will be properly implemented to support the construction of welfare housing and common commercial housing projects with apartments with modest floor plans and for purchases by first-time home buyers of common commercial housing, and to contain purchases for speculative investment purposes. Financial institutions will be guided to take differentiated approaches based on their specific circumstances to adjust and properly manage their stock of credit assets. The performance evaluation and incentive mechanism will be improved to evaluate the performance of banking institutions, optimize the organization system of the financial system, and further improve financial services.

Third, the market-based interest rate reform and the RMB exchange rate regime reform will be furthered to improve allocation efficiency in the financial system and to improve the monetary policy framework. The market-based interest-rate reform will be advanced to allow the market to play a fundamental role in the allocation of financial resources, to improve the central bank's ability to guide and adjust the market interest rates, and to strengthen the price transmission and adjustment mechanism. The market interest-rate pricing self-regulatory mechanism has been established in an orderly manner. The loan prime rate centralised quote and release mechanism has been established, and the issuing and trading of inter-bank certificates of deposit has started. The RMB exchange rate regime was further improved to allow market demand and supply to play a fundamental role to a larger extent, to enhance two-way flexibility of the RMB exchange rate, to keep the exchange rate basically stable at an adaptive and equilibrium level, and to promote a balanced position in the BOP account. Development of the foreign-exchange market will be accelerated to facilitate innovation in exchange rate risk management. Measures will be taken to support the use of RMB in cross-border trade and investment activities, and more channels will be made available for inflows and outflows of RMB funds. Direct trading of the RMB against other currencies will be promoted to provide better services for RMB settlement of cross-border trade activities. The impact of the changing international situation on capital flows will be carefully watched and effective monitoring of cross-border capital will be strengthened.

Fourth, continued efforts will be made to promote the sound development of financial markets, to support the development of direct financing, and to broaden the direct financing channels available to small- and micro-sized enterprises. The bond issuance pricing mechanism and regulation of bond issuances will be improved. Innovation will be encouraged and awareness of risk prevention in the financial market will be strengthened. The focus is to allow the market mechanism to function and strengthen market infrastructure building. Supervision and regulation will be strengthened to promote the sound development of financial markets. The diversification of financial markets, financial products, investors, and intermediaries will be promoted to increase the share of direct financing. The diversity of participants on the gold market will be promoted, and product innovation will be encouraged while risk monitoring, early warnings, and risk prevention will be strengthened to promote the stable development of the market.

Fifth, reform of financial institutions will be expanded. Reform of large commercial banks will be deepened so that they will continue to improve corporate governance and the modern financial enterprise system, accelerate the transformation of the growth pattern and profit model, and build a capacity for innovation and international competitiveness. The pilot reform program of the Rural Financial Business Division of the Agricultural Bank of China will be advanced to build a stronger capacity to provide services to the agricultural sector, rural areas, farmers, and economic activities at the county level. The development of policy-based finance will be considered as an independent category of financial institutions; reform of the China Development Bank will be deepened, and reform of the Export-Import Bank of China and the Agricultural Development Bank of China will be advanced. Work will continue to promote the market-based transformation of asset management companies. A pilot reform of cross-sectoral operations will be implemented on a prudent but progressive basis. The pilot program for regional financial sector reform will be continued. Private capital will be allowed more access to the financial sector, and experiments will be initiated for private capital to establish banks, financial leasing companies, and consumer finance companies that are responsible for their own risks and that provide differentiated and highly efficient financial services with wide coverage to the real sector.

Sixth, effective measures will be adopted to mitigate systemic financial risks and to safe guard stability in the financial system. Macro-prudential regulation will be enhanced to guide financial institutions to operate on a sound basis. Financial institutions will be urged to strengthen liquidity management, internal controls, and risk management. While supporting financial innovation, measures will also be taken to continue to strengthen monitoring and to prevent the potential risks of wealth management products, bill businesses, and inter-bank transactions. The market mechanism will be used to solve the problem of local government debt and to explore the establishment of a local government debt financing mechanism that will be well regulated, financially transparent, long term oriented, and will keep risks under control, and to prevent risks from transimitting to the financial system and spilling over to the real economy in some regions, industries, and enterprises.The joint-ministerial financial regulatory coordination mechanism will be implemented to improve the early warning, prevention, and assessment system for systemic risks. A crisis management and risk resolution framework will be established and the creation of a deposit insurance scheme will be promoted. A comprehensive set of measures will be implemented to safeguard financial stability and to keep away the bottom line for systemic and regional financial risks.

附录一 2013年第三季度中国货币政策大事记

7月2日，中国人民银行发布[2013]第8号公告，要求银行间市场全部债券交易通过全国银行间同业拆借中心系统达成，交易一旦达成不可撤销和变更，进一步规范银行间债券市场交易结算行为，维护市场参与者合法权益，促进市场健康规范发展。

7月9日，中国人民银行发布《关于简化跨境人民币业务流程和完善有关政策的通知》(银发[2013]168号)，简化了经常项下跨境人民币业务，对银行卡人民币账户跨境清算业务进行了梳理，规范了境内非金融机构人民币境外放款业务和境外发行人民币债券等业务。

7月15日，中国人民银行向全国人大财经委员会汇报2013年上半年货币政策执行情况。

7月20日，中国人民银行决定全面放开金融机构贷款利率管制。一是取消金融机构贷款利率0.7倍的下限，由金融机构根据商业原则自主确定贷款利率水平。二是取消票据贴现利率管制，改变贴现利率在再贴现利率基础上加点确定的方式，由金融机构自主确定。三是对农村信用社贷款利率不再设立上限。四是为继续严格执行差别化的住房信贷政策，促进房地产市场健康发展，个人住房贷款利率浮动区间暂不作调整。

8月2日，发布《2013年第二季度中国货币政策执行报告》。

8月15日，国务院以国函[2013]91号文批复建立由中国人民银行牵头，中国银监会、中国证监会、中国保监会和国家外汇局参加的金融监管协调部际联席会议制度。

8月26日，为切实做好连片特困地区扶贫开发金融服务工作，中国人民银行办公厅印发《关于建立连片特困地区扶贫开发金融服务联动协调机制的通知》(银办发[2013]186号)，要求人民银行各相关分支机构按14个片区分别建立金融服务联动协调机制，因地制宜，积极开展金融服务创新、信息共享、政策宣传和统计分析等工作。

8月27日，中国人民银行发布[2013]第12号公告，强化银行间债券市场券款对付结算要求，防范市场风险，提高市场效率，推动银行间债券市场健康规范发展。

8月28日，国务院常务会议确定要在严格控制风险的基础上，循序渐进、稳步推进进一步扩大信贷资产证券化试点工作。根据会议要求，人民银行会同有关部门组织实施。

9月9日，中国人民银行与匈牙利中央银行签署了中匈双边本币互换协议，互换规模为100亿元人民币/3 750亿匈牙利福林，有效期三年，经双方同意可以展期。

9月11日，中国人民银行与冰岛中央银行续签了中冰双边本币互换协议，互换规模为35亿元人民币/660亿冰岛克朗，有效期三年，经双方同意可以展期。

9月12日，中国人民银行与阿尔巴尼亚中央银行签署了中阿双边本币互换协议，互换规模为20亿元人民币/358亿阿尔巴尼亚列克，有效期三年，经双方同意可以展期。

9月23日，中国人民银行发布《关于境外投资者投资境内金融机构人民币结算有关事项的通知》(银发[2013]225号)，对境外投资者在境内设立、并购和参股金融机构等业务使用人民币结算进行了规范。

9月24日，市场利率定价自律机制成立暨第一次工作会议在北京召开。市场利率定价自律机制是由金融机构组成的市场定价自律和协调机制，旨在符合国家有关利率管理规定的前提下,对金融机构自主确定的货币市场、信贷市场等金融市场利率进行自律管理，维护市场正当竞争秩序，促进市场规范健康发展。会议审议通过《市场利率定价自律机制工作指引》、《贷款基础利率集中报价和发布规则》，选举了首任市场利率定价自律机制主任委员。

9月27日，中国人民银行货币政策委员会召开2013年第三季度例会。

Appendix 1 Highlights of China's Monetary Policy in the Third Quarter of 2013

On July 2, the PBC issued Announcement No. 8 requiring that all inter-bank bond transactions shall be carried out via the system provided by the National Inter-bank Funding Center and shall not be revoked or changed after the transaction is completed so as to further regulate trading and clearing behavior on the inter-bank market.

On July 9, the PBC issued the *Notice on Simplifying the Procedures for Cross-border RMB Business and Improving the Relevant Policies* (PBC Document No.168 [2013]), which simplified the cross-border RMB business procedures under the current account, streamlined the cross-border clearing business of RMB bank-card accounts, and standardized the overseas RMB loan business by domestic non-financial institutions, the issuance of RMB-denominated bonds in overseas markets, and so forth.

On July 15, the PBC reported to the Finance and Economy Committee of the National People's Congress on implementation of monetary policy during the first half of 2013.

On July 20, the PBC decided to remove controls over interest rates on loans offered by financial institutions. First, the lending-rate floor, which was 70 percent of the benchmark lending rates, was removed. Financial institutions will now independently determine their lending rates based on commercial principles. Second, controls over the interest rates of bill discounts were removed. Instead of adding a certain amount of basis points to the central bank discount rate, the financial institutions will price bill discounts independently. Third, the lending-rate ceiling for rural credit cooperatives was removed. Fourth, to strictly implement the differentiated housing mortgage policy and to promote the sound development of the real-estate market, the band for home mortgage loan rates was not adjusted.

On August 2, the *China Monetary Policy Report for Q2 2013* was released.

On August 15, the State Council, in the form of State Council Reply Letter (No.91 [2013]), approved the establishment of a Joint-ministerial Financial Regulatory Coordination Mechanism, with the PBC as the leading institution and with participation by CBRC, CSRC, CIRC, and the SAFE.

On August 26, to improve financial services for poverty reduction and development in large poverty-stricken areas, the General Administration Office of the PBC issued the *Notice on Setting up the Financial Services Coordination Mechanism for Large Contiguous Poverty-stricken Areas* (PBC General Administration Office Document

No.186 [2013]), which requires relevant PBC branch offices to set up a financial services coordination mechanism in 14 contiguous poverty-stricken areas. In addition, PBC branch offices should take measures according to local circumstances and actively carry out financial services innovation, information sharing, policy publicity, statistical analysis, and so forth.

On August 27, to prevent market risks, improve market efficiency, and promote the sound development of the inter-bank bond market, the PBC issued Public Announcement No.12 to strengthen the clearing requirements for Delivery Versus Payment (DVP) on the inter-bank bond market.

On August 28, the Executive Meeting of the State Council required that efforts should be made to gradually but steadily expand the pilot program of credit asset securitization on the basis of strict risk controls. According to the decisions made at the meeting, the PBC will work together with other relevant departments to implement the plan.

On September 9, the PBC signed a bilateral local currency swap agreement with the Magyar Nemzeti Bank (Hungarian National Bank). The size of the swap facility was RMB10 billion yuan/375 billion Hungarian forint. The agreement is valid for three years and can be extended upon mutual consent.

On September 11, the PBC and the Central Bank of Iceland renewed their local currency swap agreement. The size of the swap facility is RMB3.5 billion yuan/66 billion ISK. The agreement is valid for three years and can be extended upon mutual consent.

On September 12, the PBC signed a bilateral local currency swap agreement with the Bank of Albania. The size of the swap facility is RMB2 billion yuan/35.8 billion lek. The agreement is valid for three years and can be extended upon mutual consent.

On September 23, the PBC issued the *Notice on Issues Concerning the RMB Settlement Business of Investments in Domestic Financial Institutions by Overseas Investors* (PBC Document No. 225[2013]) to standardize the use of the RMB settlement business by overseas investors for their investments for the establishment, merger and acquisition, and holding of equity in Chinese financial institutions.

On September 24, the inaugural and first regular meeting of the self-regulatory market interest-rate pricing mechanism was convened in Beijing. The self-regulatory pricing mechanism for market interest rates, as a market self-regulatory and coordination mechanism among financial institutions, aims to apply self-regulatory management over interest rates that are independently determined by financial institutions in the money, credit, and other financial markets, under the precondition of complying with the relevant interest-rate regulations, so as to maintain market order for fair competition and to promote the healthy development of the financial market. The meeting deliberated on and passed the *Guidelines for the Self-regulatory Pricing Mechanism of the Market-based Interest Rates and the Rules for the Loan Prime Rate (LPR) Centralized Quote and Release Mechanism*, and elected the first chairman of the mechanism.

On September 27, the Monetary Policy Committee of the PBC convened its third regular quarterly meeting in 2013.

附录二 2013年第三季度主要经济体中央银行货币政策

一、美联储

美联储公开市场委员会（FOMC）在7月31日和9月18日两次例会后均宣布维持0～0.25%的基准利率不变，并继续将利率调整与通胀率和失业率等经济指标挂钩，同时保持每月850亿美元的资产购买力度不变，并将等待更多证据显示经济活动和就业市场状况持续改善后才会调整资产购买力度。同时，美联储也强调，将密切监控经济和金融动态，并在必要时动用其他政策工具，直至在物价稳定的前提下实现劳动力市场前景的明显改善。

二、欧洲中央银行

欧洲中央银行在7月4日、8月1日和9月5日三次例会后均宣布继续将主要再融资操作利率维持在0.5%的水平不变，同时将边际贷款便利利率和存款便利利率分别维持在1%和0的水平。在7月4日的新闻发布会上，欧洲中央银行主席德拉吉首次明确表示实施前瞻性指导（forward guidance），将在较长时间内继续维持宽松货币政策，未来一段时间基准利率将保持不变或降至更低水平，具体时间长度视中期通胀预期、经济和货币状况变化而定。随后的两次新闻发布会延续了上述表述。

三、日本银行

第三季度，日本银行继续将基础货币作为货币政策操作的目标，并通过增加基础货币和长期国债等资产的购买数量、提升平均持有期限等方式实施“量化和质化宽松货币政策”，以期在两年内实现2%的通胀目标。7月11日、8月8日和9月5日三次例会上，日本银行均决定继续按照每年增加60万亿～70万亿日元基础货币投放的速度执行货币市场操作。

四、英格兰银行

英格兰银行货币政策委员会（MPC）在第三季度的三次例会上均决定，继续维持0.5%的基准利率和3 750亿英镑的资产购买规模不变。8月7日，MPC宣布推出货币政策前瞻性指导，明确在失业率降至7%临界值之前将继续维持0.5%的基准利率不变。同时，MPC决定当出现以下三种情况之一时，停止将基准利率、资产操作与失业率挂钩，具体包括：未来18～24个月英国通胀率CPI很可能高于2.5%；中期通胀预期出现恶化，未能锚定2%的目标值；金融政策委员会（FPC）判定宽松货币政策立场明显威胁到金融稳定，且不能通过与FPC、金融指导当局（FCA）和宏观审慎监管局（PRA）目标相一致的一系列政策行动来维持金融稳定。

Appendix 2 Monetary Policies of the Central Banks of the Major Economies in the Third Quarter of 2013

I. U.S. Federal Reserve

At its regular meetings on July 31 and September 18, the Federal Open Market Committee (FOMC) announced that it would keep the target range for the federal funds rate unchanged at 0 to 0.25 percent, continue to link the adjustment of the interest rate with the development of inflation and the unemployment rate, maintain the asset purchase pace of USD85 billion per month, and wait for more evidence indicating continued improvements in economic activity and the labor market before starting to adjust the pace of asset purchases. In the meantime, the Federal Reserve emphasized that it will closely monitor incoming information on economic and financial developments and will employ other policy tools as appropriate until the outlook for the labor market has improved substantially in the context of price stability.

II. European Central Bank

At its regular meetings on July 4, August 1, and September 5, the ECB announced that it would maintain the minimum bid rate on the main refinancing operations at 0.5 percent and maintain the marginal interest rate on the lending facility and the marginal interest rate on the deposit facility at 1 percent and 0 percent respectively. In the press release of July 4, Mr. Mario Draghi, president of the ECB, indicated for the first time that the ECB would take the unprecedented step of giving forward guidance and would maintain the accommodative monetary policy stance for an extended period of time. The base rates will remain at present or lower levels for the foreseeable future depending on three sets of economic variables, namely the medium-term outlook for inflation, the economy, and monetary dynamics. During the following two press conferences, Mr. Mario Draghi reiterated his previous statements.

III. Bank of Japan

In the third quarter, the Bank of Japan (BOJ) continued to target the monetary base for monetary policy operations, and continued to implement quantitative and qualitative monetary easing by increasing the monetary base and the purchase of long-term Japanese Government Bonds (JGB), as well as by extending the average remaining maturity of JGB purchases so as to achieve the 2 percent inflation target within two years. At its regular meetings on July 11, August 8, and September 5, the BOJ decided to continue money-market operations so that the monetary base will increase at an annual pace of about 60 trillion to 70 trillion yen.

IV. Bank of England

At its three regular meetings in the third quarter of 2013, the Monetary Policy Committee (MPC) of the Bank of England announced that it will maintain the Bank Rate unchanged at 0.5 percent and maintain the size of the asset purchase program at GBP375 billion. On August 7, the MPC launched the "forward guidance for monetary policy" and indicated that it had no intention of raising the interest rate until the unemployment rate falls to a threshold of 7 percent. The guidance linking the Bank Rate and asset sales to the unemployment threshold will cease to hold if any of the following three "knockouts" were breached: CPI inflation in the next 18 to 24 months is higher than 2.5 percent; medium-term inflation expectations no longer remain sufficiently well anchored to the 2 percent target; the Financial Policy Committee (FPC) judges that the monetary-policy stance poses a significant threat to financial stability and cannot be contained by the substantial range of mitigating policy actions available to the FPC, the Financial Conduct Authority (FCA), and the Prudential Regulatory Authority (PRA) in a way that is consistent with their objectives.

附录三 中国主要经济和金融指标

Appendix 3 China's Major Economic and Financial Indicators

一、经济增长与经济发展水平

1. Economic Growth

1978年以来中国经济增长与宏观经济政策

China's economic growth and macroeconomic policies since 1978

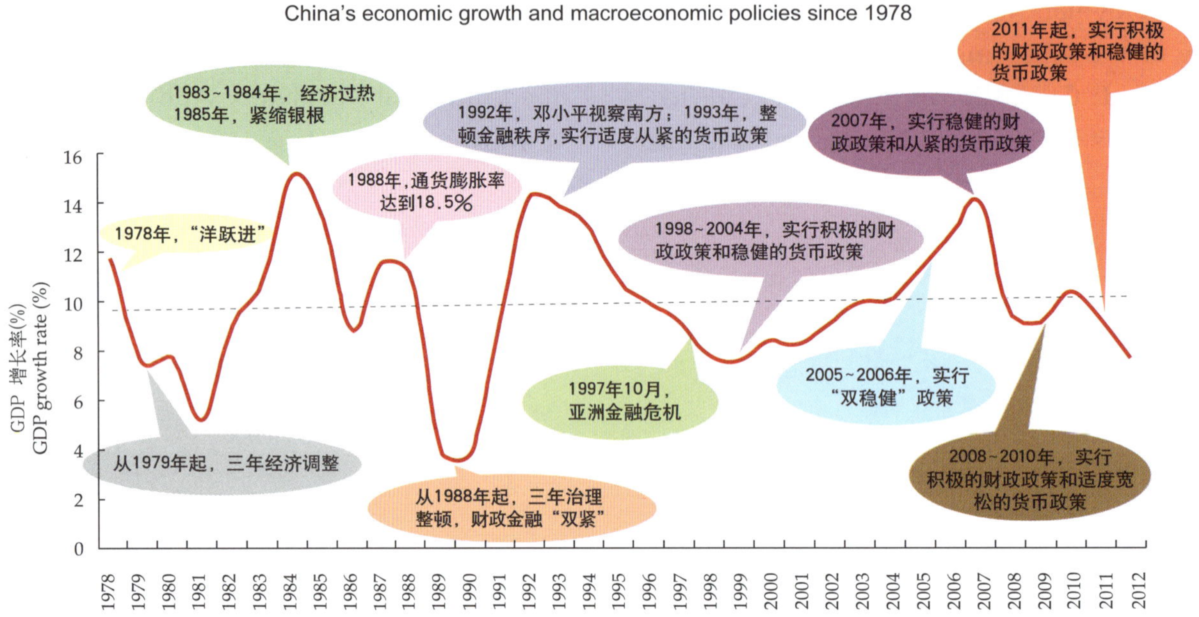

- "Great leap forward" in 1978
- 3-year economic adjustment between 1979 and 1981
- Over-heated economy between 1983 and 1984, tight monetary policy in 1985
- Inflation of 18.5% in 1988
- 3-year rectification from 1988 to 1991, "double tightening" of fiscal and monetary policy
- Deng Xiaoping's remarks on economic reform during his 1992 trip to South China, rectification of financial order and adoption of appropriately tight monetary policy in 1993
- Asian financial crisis of October 1997
- Proactive fiscal policy and sound monetary policy from 1998 to 2004
- "Double sound" fiscal and monetary policy in 2005 and 2006
- Sound fiscal policy and tight monetary policy in 2007
- Proactive financial policy and moderately loose monetary policy in 2008 to 2010
- Proactive financial policy and sound monetary policy since 2011

人均国内生产总值

Per capita GDP

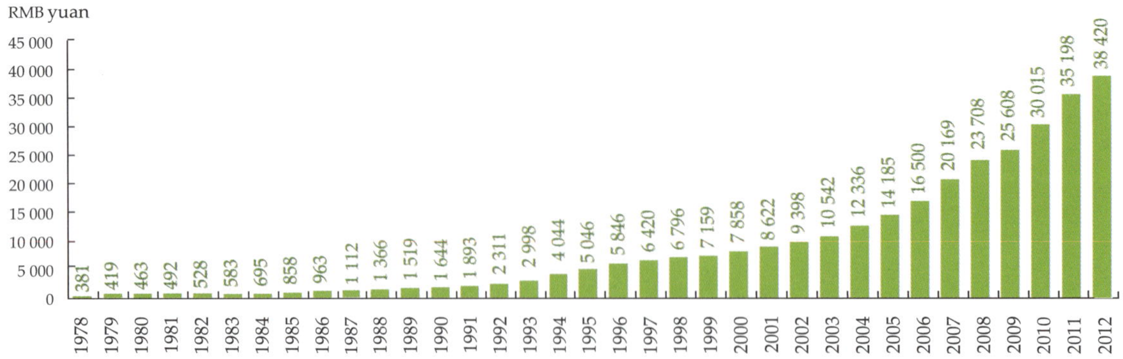

注：图中数据根据国家统计局最新数据修订。

Note: Data are revised by National Bureau of Statistics of China.

GDP总量：据世界银行按汇率折算法测算，2012年中国GDP总量为8.23万亿美元，占世界GDP总量71.67万亿美元的11.5%，位居第二，排在美国之后。根据《2013年世界发展指标》，按购买力平价法估算，2012年中国GDP总量为12.47万亿美元，占世界GDP总量85.54万亿美元的14.6%，位居第二，排在美国之后。

人均GDP：2012年，中国人均GDP为38 420元人民币，按年末汇率折算为6 112美元。

人均国民收入：据世界银行按汇率折算法测算，2012年世界人均国民收入为10 015美元，中国人均国民收入为5 740美元，位居世界213个经济体由高向低排列的第112位。按购买力平价法估算，2012年中国人均国民收入为9 210美元，相当于世界人均国民收入12 079元的76.2%，位居世界213个经济体由高向低排列的第117位。

Gross Domestic Product (GDP): The World Bank estimated that the world total GDP and China's GDP in 2012 were USD71.67 trillion and USD8.23 trillion respectively based on Atlas methodology. Accounting for 11.5 percent of the world total, China's GDP ranked 2nd in the world after U.S.. The World Bank estimated that the world total GDP and China's GDP in 2012 were USD85.54 trillion and USD12.47 trillion respectively based on a PPP basis, according to the World Development Indicators 2013. Accounting for 14.6 percent of the world total, China's GDP ranked 2nd in the world, after the U.S..

GDP per capita: In 2012, China's GDP per capita reached RMB38 420 yuan, or USD 6,112 based on the exchange rate at the end of 2012.

Gross National Income (GNI) per capita: The World Bank estimated that in 2012 the GNI per capita for the world as a whole was USD10,015 based on Atlas methodology. The GNI per capita in China was USD5,740, ranking 112th among 213 worldwide economies. In PPP terms, the GNI per capita in China in 2012 was USD9,210, equivalent to 76.2 percent of the world figure which was USD12,079, thus ranking 117th among the 213 worldwide economies.

2012年世界银行按汇率折算法测算的GDP总量前10名排序

Top ten economies in terms of GDP based on atlas methodology in 2012 (World Bank estimation)

排名 Rank	国家 Country		GDP(万亿美元) GDP (USD trillion)	占世界GDP总量的比重(%) As a percent of the world total (%)
1	美国	U.S.	15.68	21.9
2	**中国**	**China**	**8.23**	**11.5**
3	日本	Japan	5.96	8.3
4	德国	Germany	3.40	4.7
5	法国	France	2.61	3.6
6	英国	U.K.	2.44	3.4
7	巴西	Brazil	2.25	3.1
8	俄罗斯	Russia	2.01	2.8
9	意大利	Italy	2.01	2.8
10	印度	India	1.84	2.6
世界	**World total**		71.67	100

2012年世界银行按购买力平价方法估算的GDP总量前10名排序

Top ten economies in terms of GDP based on PPP in 2012 (World Bank estimation)

排名 Rank	国家 Country		GDP(万亿美元) GDP (USD trillion)	占世界GDP总量的比重(%) As a percent of the world total (%)
1	美国	U.S.	15.68	18.3
2	**中国**	**China**	**12.47**	**14.6**
3	印度	India	4.79	5.6
4	日本	Japan	4.49	5.2
5	俄罗斯	Russia	3.38	4.0
6	德国	Germany	3.31	3.9
7	巴西	Brazil	2.37	2.8
8	法国	France	2.35	2.8
9	英国	U.K.	2.26	2.6
10	墨西哥	Mexico	2.02	2.4
世界	**World total**		85.54	100

世界银行估算的2012年人均国民收入

National income per capita in 2012 (estimated by the World Bank)

单位：美元　Unit: USD

	世界平均 Global average	低收入国家 Low-income countries	中等收入国家 Middle-income countries			高收入国家 High-income countries
				较低收入组 Lower-middle-income countries	较高收入组 Upper-middle-income countries	
汇率折算法 On atlas methodology	10 015	584	4 369	1 877	6 987	37 595
购买力平价法 On a PPP basis	12 079	1 387	7 228	3 912	10 712	37 545

国内生产总值
Gross domestic product

年/季 Year /Quarter		国内生产总值 GDP		第一产业 Primary industry		第二产业 Secondary industry		第三产业 Tertiary industry	
		绝对值(亿元) Absolute value (RMB 100 million yuan)	增长(%) Growth(%)	绝对值(亿元) Absolute value (RMB 100 million yuan)	增长(%) Growth(%)	绝对值(亿元) Absolute value (RMB 100 million yuan)	增长(%) Growth(%)	绝对值(亿元) Absolute value (RMB 100 million yuan)	增长(%) Growth(%)
2007	I	53 058	13.0	3 654	4.4	26 465	14.6	22 940	12.7
	I～II	112 458	13.4	9 283	4.0	57 615	15.0	45 561	13.5
	I～III	174 428	13.4	17 937	4.3	86 405	14.8	70 086	14.0
	I～IV	257 306	13.0	28 627	3.7	124 799	14.7	103 880	13.8
2008	I	66 284	11.3	4 679	2.8	31 658	11.5	27 097	10.9
	I～II	140 478	11.0	11 697	3.4	70 543	11.3	53 596	10.7
	I～III	217 026	10.6	21 869	4.4	105 889	11.2	81 989	11.2
	I～IV	314 045	9.6	33 702	5.4	149 003	9.9	131 340	10.4
2009	I	69 817	6.6	4 627	3.5	32 658	5.8	32 531	7.9
	I～II	148 204	7.5	11 831	3.8	71 703	7.1	64 670	8.5
	I～III	231 303	8.2	22 142	4.0	109 101	8.1	100 060	9.3
	I～IV	340 903	9.1	35 226	4.2	157 639	9.9	148 038	9.3
2010	I	82 613	12.1	5 144	3.8	39 436	14.5	38 034	10.5
	I～II	174 879	11.2	13 379	3.6	86 261	13.3	75 239	9.9
	I～III	272 627	10.7	25 623	4.0	129 947	12.6	117 056	9.7
	I～IV	401 513	9.8	40 534	4.3	187 383	12.3	173 596	9.8
2011	I	97 480	9.8	5 952	3.3	46 944	10.8	44 584	9.7
	I～II	206 488	9.5	15 626	3.0	102 527	10.6	88 336	9.7
	I～III	322 345	9.2	30 196	3.6	154 552	10.6	137 596	9.5
	I～IV	473 104	8.9	47 486	4.3	220 413	10.3	205 205	9.4
2012	I	108 486	8.1	6 922	3.8	51 413	9.1	50 151	7.5
	I～II	228 035	7.8	17 471	4.3	110 864	8.3	99 700	7.8
	I～III	353 724	7.7	33 088	4.2	165 429	8.1	155 207	7.9
	I～IV	518 942	7.7	52 377	4.5	235 319	8.1	231 626	8.1
2013	I	118 855	7.7	7 427	3.4	54 569	7.8	56 859	8.3
	I～II	248 009	7.6	18 622	3.0	117 037	7.6	112 350	8.3
	I～III	386 762	7.8	35 669	3.4	175 118	7.8	175 975	8.4

注：① 表中绝对数按当年价格计算，“比上年同期增长”按不变价格计算。
② 表中数据根据国家统计局最新数据修订。

Notes: 1. Absolute figures in this table are calculated at current prices, and the year-on-year growth rates are calculated at constant prices.
2. Data are revised by National Bureau of Statistics of China.

1978年以来GDP及其增长率
GDP and its annual growth rate since 1978

年 Year	GDP(万亿元) GDP(RMB trillion yuan)	GDP增长率(%) GDP growth rate(%)
1978	0.4	11.7
1979	0.4	7.6
1980	0.5	7.8
1981	0.5	5.3
1982	0.5	9.0
1983	0.6	10.9
1984	0.7	15.2
1985	0.9	13.5
1986	1.0	8.9
1987	1.2	11.6
1988	1.5	11.3
1989	1.7	4.1
1990	1.9	3.8
1991	2.2	9.2
1992	2.7	14.2
1993	3.5	14.0
1994	4.8	13.1
1995	6.1	10.9
1996	7.1	10.0
1997	7.9	9.3
1998	8.4	7.8
1999	9.0	7.6
2000	9.9	8.4
2001	11.0	8.3
2002	12.0	9.1
2003	13.6	10.0
2004	16.0	10.1
2005	18.3	10.4
2006	21.2	11.6
2007	25.7	13.0
2008	31.4	9.6
2009	34.1	9.2
2010	40.2	10.4
2011	47.3	9.3
2012	51.9	7.7

注：表中数据根据国家统计局最新数据修订。
Note: Data are revised by National Bureau of Statistics of China.

1978年以来GDP及其增长率
GDP and its annual growth rate since 1978

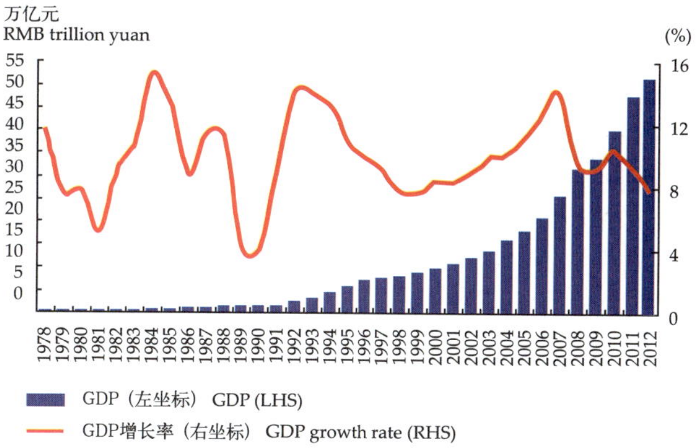

2002年以来年度GDP中三大产业比重
Shares of industries in GDP since 2002

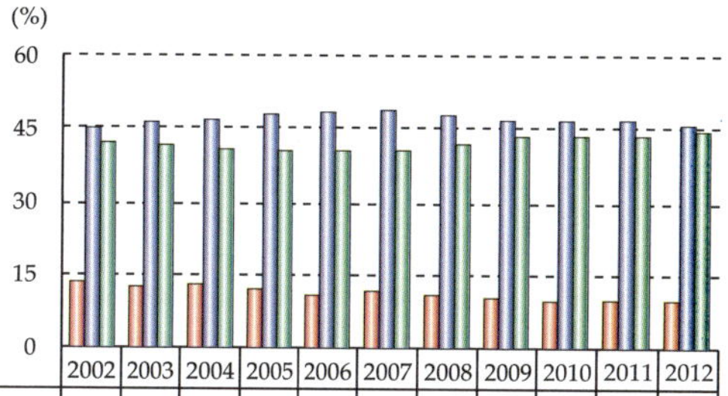

	2002	2003	2004	2005	2006	2007	2008	2009	2010	2011	2012
第一产业 Primary industry	13.5	12.6	13.1	12.2	11.1	11.1	10.7	10.3	10.1	10.0	10.1
第二产业 Secondary industry	44.8	46.0	46.2	47.7	47.9	48.5	47.4	46.24	46.7	46.6	45.3
第三产业 Tertiary industry	41.7	41.4	40.7	40.1	40.0	40.4	41.8	43.4	43.2	43.4	44.6

注：图中数据根据国家统计局最新数据修订。
Notes: Data are revised by National Bureau of Statistics of China.

季度GDP三次产业所占的比重与增长率变化
Shares of industries in GDP and their growth rates on a quarterly basis

单位：% Unit: %

年/季 Year/Quarter	第一产业所占的比重 Share of primary industry	第二产业所占的比重 Share of secondary industry	第三产业所占的比重 Share of tertiary industry	第一产业同比累计增长 YOY accumulated growth of primary industry	第二产业同比累计增长 YOY accumulated growth of secondary industry	第三产业同比累计增长 YOY accumulated growth of tertiary industry
2007Q1	6.9	49.9	43.2	4.4	14.6	12.7
2007Q2	8.3	51.2	40.5	4.0	15.0	13.5
2007Q3	10.3	49.5	40.2	4.3	14.8	14.0
2007Q4	11.1	48.5	40.4	3.7	14.7	13.8
2008Q1	7.4	49.9	42.7	2.8	11.5	10.9
2008Q2	8.8	51.5	39.8	3.5	11.3	10.7
2008Q3	10.6	50.0	39.4	4.5	10.6	10.5
2008Q4	10.7	47.4	41.8	5.5	9.3	9.5
2009Q1	7.1	48.6	44.2	3.5	5.3	7.4
2009Q2	8.6	50.1	41.3	3.8	6.6	8.3
2009Q3	10.3	48.9	40.8	4.0	7.5	8.8
2009Q4	10.3	46.2	43.4	4.2	9.9	9.3
2010Q1	6.2	47.7	46.0	3.8	14.5	10.5
2010Q2	7.7	49.3	43.0	3.6	13.3	9.9
2010Q3	9.4	47.7	42.9	4.0	12.6	9.7
2010Q4	10.1	46.7	43.2	4.3	12.3	9.8
2011Q1	6.1	48.2	45.7	3.3	10.8	9.6
2011Q2	7.6	49.7	42.7	3.0	10.6	9.6
2011Q3	9.4	48.0	42.6	3.6	10.6	9.5
2011Q4	10.0	46.6	43.3	4.3	10.3	9.4
2012Q1	6.4	47.4	46.2	3.8	9.1	7.5
2012Q2	7.7	48.6	43.7	4.3	8.3	7.7
2012Q3	9.4	46.8	43.8	4.2	8.1	7.9
2012Q4	10.1	45.3	44.6	4.5	7.9	8.1
2013Q1	6.2	45.9	47.8	3.4	7.8	8.3
2013Q2	7.5	47.2	45.3	3.0	7.6	8.3
2013Q3	9.2	45.3	45.5	3.4	7.8	8.4

注：① 从2006年第一季度开始，根据《国民经济行业分类(2002)》，将“农林牧渔服务业”从第三产业调整到第一产业。
② 表中数据根据国家统计局最新数据修订。

Notes: 1. Beginning from the first quarter 2006,according to the *Classification of National Economic Sectors (2002)*, services for agriculture,forestry, animal husbandry and fishery have been readjusted form tertiary industry to primary industry.
2. Data are revised by National Bureau of Statistics of China.

季度GDP三次产业所占的比重与增长率变化
Shares of industries in GDP and their growth rates on a quarterly basis

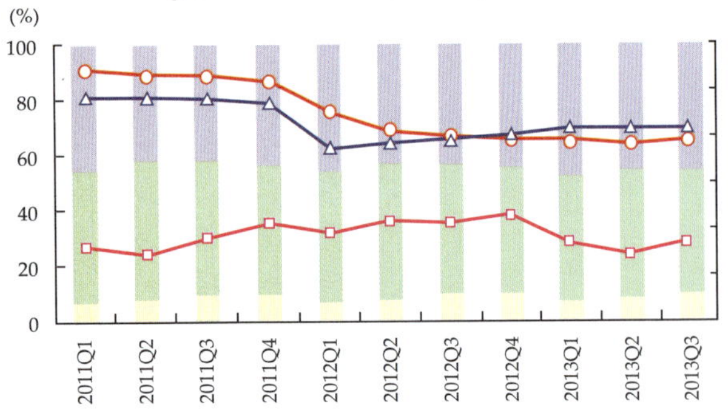

第三产业所占的比重（左坐标） Share of tertiary industry (LHS)
第二产业所占的比重（左坐标） Share of secondary industry (LHS)
第一产业所占的比重（左坐标） Share of primary industry (LHS)
第三产业同比累计增长（右坐标）
YOY accumulated growth of tertiary industry (RHS)
第二产业同比累计增长（右坐标）
YOY accumulated growth of secondary industry (RHS)
第一产业同比累计增长（右坐标）
YOY accumulated growth of primary industry (RHS)

2004年以来GDP季度累计增长率
Quarterly accumulated GDP growth rates since 2004

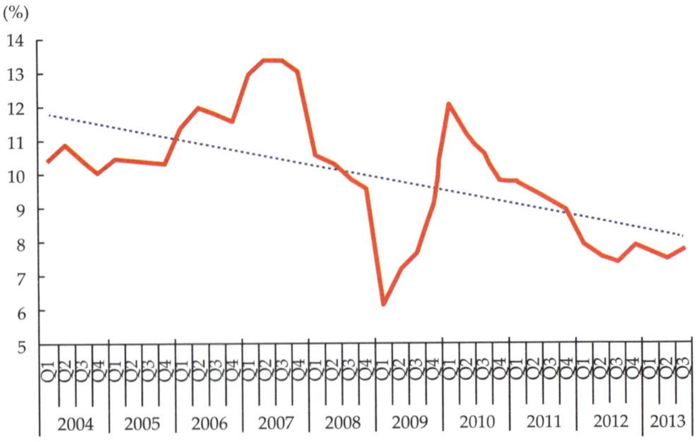

工业增加值增长速度
Growth rate of value added of industry

单位：% Unit: %

年/月 Year/Month		工业增加值 Value added	轻工业 Light industry	重工业 Heavy industry	国有及国有控股企业 State-owned and state-holding enterprises	集体企业 Collectively-owned enterprises	股份制企业 Joint-stock enterprises	外商及港澳台投资企业 Enterprises with foreign, HongKong, Macau, and Taiwan investment
		比上年同期增长(%) Year-on-year growth rate(%)						
2007		18.5	16.3	19.6	13.8	11.5	20.6	17.5
2008		12.9	12.3	13.2	9.1	8.1	15.0	9.9
2009		11.0	9.7	11.5	6.9	10.2	10.3	6.2
2010		15.7	13.6	16.5	13.7	9.4	16.8	14.5
2011		13.9	13.0	14.3	9.9	9.3	15.8	10.4
2012	7	9.2	10.1	8.8	4.8	7.1	10.9	5.3
	8	8.9	8.6	9.0	5.3	6.6	10.4	5.0
	9	9.2	9.0	9.3	6.3	7.0	11.0	5.3
	10	9.6	9.1	9.7	7.0	5.1	11.7	4.7
	11	10.1	9.2	10.5	7.2	6.5	11.8	6.5
	12	10.3	9.6	10.6	8.0	5.2	12.1	6.9
2013	1	—	—	—	—	—	—	—
	2	—	—	—	—	—	—	—
	3	8.9	8.2	9.1	4.3	5.8	11.0	6.1
	4	9.3	8.5	9.6	4.3	5.7	10.9	7.4
	5	9.2	8.0	9.8	4.4	4.0	10.7	8.1
	6	8.9	7.9	9.3	6.3	1.7	10.5	7.8
	7	9.7	8.2	10.3	8.1	3.6	11.1	7.9
	8	10.4	9.2	10.8	9.5	2.9	11.7	8.7
	9	10.2	—	—	7.8	3.8	11.1	9.4
2012	1~7	10.3	10.8	9.9	6.6	8.0	12.1	6.1
	1~8	10.1	10.5	9.8	6.3	7.8	12.0	6.0
	1~9	10.0	10.4	9.7	6.3	7.6	11.8	6.0
	1~10	10.0	10.3	9.7	6.4	7.3	11.8	6.0
	1~11	10.0	10.2	9.8	6.3	7.3	11.8	6.0
	1~12	10.0	10.1	9.9	6.4	7.1	11.8	6.3
2013	1~2	9.9	9.1	10.2	5.8	6.5	11.4	7.7
	1~3	9.5	8.7	9.8	5.2	6.7	11.3	6.9
	1~4	9.4	8.6	9.7	4.9	6.5	11.1	7.1
	1~5	9.4	8.5	9.7	4.9	5.7	11.0	7.3
	1~6	9.3	8.4	9.6	5.2	5.0	10.9	7.4
	1~7	9.4	8.4	9.7	5.6	4.8	10.9	7.5
	1~8	9.5	8.5	9.8	6.1	4.6	11.0	7.7
	1~9	9.6	—	—	6.3	4.5	11.0	7.9

注：①自2011年起，工业统计范围调整为年主营收入2 000万元及以上的工业企业。
②本表中"比上年同期增长"按可比价格计算。

Notes: 1. Since 2011, the statistical coverage of industry has been adjusted to industrial enterprises with the annual sales income from main business of RMB20 million yuan and above.
2. The year-on-year changes in this table are calculated at comparable prices.

工业增加值增长速度及工业产品销售率
Growth rate of industrial value added and ratio of sales to output of industrial products

单位：% Unit: %

年/月 Year/Month		当月工业增加值同比增长 YOY growth of monthly industrial value added	工业增加值月度累计同比增长 YOY growth of monthly accumulated industrial value added	当月销售率 Monthly ratio of sales to output
2012	1	—	—	—
	2	21.3	11.4	97.7
	3	11.9	11.6	97.3
	4	9.3	11.0	98.1
	5	9.6	10.7	97.9
	6	9.5	10.5	97.2
	7	9.2	10.3	98.2
	8	8.9	10.1	98.4
	9	9.2	10.0	98.3
	10	9.6	10.0	98.1
	11	10.1	10.0	98.0
	12	10.3	10.0	99.5
2013	1	—	—	98.5
	2	—	9.9	97.3
	3	8.9	9.5	96.8
	4	9.3	9.4	98.5
	5	9.2	9.4	97.8
	6	8.9	9.3	97.5
	7	9.7	9.4	98.4
	8	10.4	9.5	98.3
	9	10.2	9.6	98.0

工业增加值增长速度及工业产品销售率
Growth rate of industrial value added and ratio of sales to output of industrial products

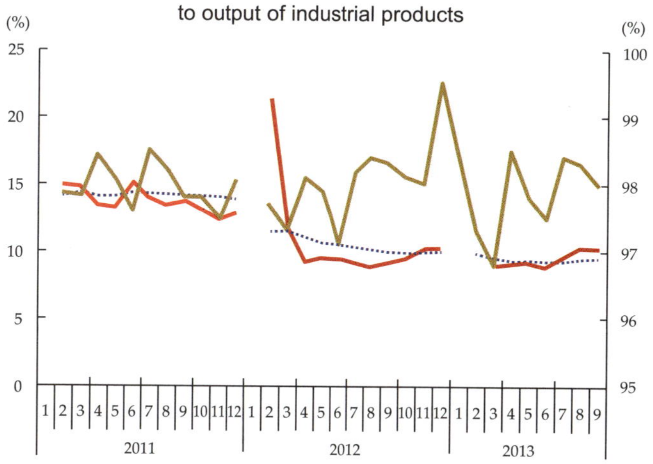

当月工业增加值同比增长（左坐标）
YOY growth of monthly industrial value added (LHS)
工业增加值月度累计同比增长（左坐标）
YOY growth of monthly accumulated industrial value added (LHS)
当月销售率（右坐标）
Monthly ratio of sales to output (RHS)

二、价格走势
2. Price Development

1.各种价格指数一览
(1) Overview of price indices

各种价格指数变动表
Changes in price indices

单位：% Unit: %

年/月 Year/Month		居民消费价格指数 CPI			农业生产资料价格指数 Agricultural production materials price index		工业生产者购进价格指数 Purchasing price index for industrial producers		工业生产者出厂价格指数 Producer price index for manufactured goods		固定资产投资价格指数 Fixed asset investment price index		进出口同比价格指数 Import-export price index (YOY)		
		月环比 MOM	当月同比 YOY	累计同比 Accumulated YOY	当月同比 YOY	累计同比 Accumulated YOY	当月同比 YOY	累计同比 Accumulated YOY	当月同比 YOY	累计同比 Accumulated YOY	当季同比 YOY	累计同比 Accumulated YOY	出口 Exports	进口 Imports	贸易条件 Terms of trade
2011	1	1.0	4.9	4.9	5.4	5.4	9.7	9.7	6.6	6.6	—	—	11.0	11.7	99.4
	2	1.2	4.9	4.9	6.5	6.0	10.4	10.0	7.2	6.9	—	—	11.4	16.6	95.5
	3	-0.2	5.4	5.0	8.6	6.9	10.5	10.2	7.3	7.1	6.5	6.5	7.5	15.5	93.1
	4	0.1	5.3	5.1	10.2	7.7	10.4	10.3	6.8	7.0	—	—	10.9	12.9	98.2
	5	0.1	5.5	5.2	11.4	8.4	10.2	10.2	6.8	7.0	—	—	9.4	16.7	93.7
	6	0.3	6.4	5.4	13.5	9.3	10.5	10.3	7.1	7.0	6.7	6.6	10.9	15.7	95.9
	7	0.5	6.5	5.5	14.6	10.1	11.0	10.4	7.5	7.1	—	—	10.3	15.0	95.9
	8	0.3	6.2	5.6	14.7	10.6	10.6	10.4	7.3	7.1	—	—	9.2	15.6	94.5
	9	0.5	6.1	5.7	15.0	11.1	10.0	10.4	6.5	7.0	7.3	6.8	9.5	14.8	95.4
	10	0.1	5.5	5.6	13.7	11.4	8.0	10.1	5.0	6.8	—	—	9.5	13.6	96.4
	11	-0.2	4.2	5.5	11.2	11.4	5.1	9.7	2.7	6.4	—	—	9.6	10.5	99.2
	12	0.3	4.1	5.4	10.4	11.3	3.5	9.1	1.7	6.0	5.7	6.6	11.1	9.1	101.8
2012	1	1.5	4.5	4.5	9.8	9.8	2.0	2.0	0.7	0.7	—	—	6.9	7.0	99.9
	2	-0.1	3.2	3.9	9.3	9.5	1.0	1.5	0.0	0.4	—	—	5.1	5.4	99.7
	3	0.2	3.6	3.8	8.0	9.0	0.1	1.0	-0.3	0.1	2.3	2.3	2.1	0.0	102.1
	4	-0.1	3.4	3.7	7.7	8.7	-0.8	0.6	-0.7	-0.1	—	—	4.8	-0.2	105.0
	5	-0.3	3.0	3.5	7.1	8.4	-1.6	0.1	-1.4	-0.3	—	—	2.9	-1.1	104.0
	6	-0.6	2.2	3.3	5.2	7.8	-2.5	-0.3	-2.1	-0.6	1.6	2.0	2.9	-0.7	103.6
	7	0.1	1.8	3.1	3.7	7.2	-3.4	-0.8	-2.9	-1.0	—	—	1.1	-3.8	105.1
	8	0.6	2.0	2.9	3.1	6.7	-4.1	-1.2	-3.5	-1.3	—	—	1.3	-4.2	105.7
	9	0.3	1.9	2.8	2.9	6.2	-4.1	-1.5	-3.6	-1.5	0.2	1.4	-1.0	-1.7	100.7
	10	-0.1	1.7	2.7	3.2	5.9	-3.3	-1.7	-2.8	-1.6	—	—	-0.7	-1.9	101.2
	11	0.1	2.0	2.7	3.7	5.7	-2.8	-1.8	-2.2	-1.7	—	—	-0.5	-2.6	102.2
	12	0.8	2.5	2.6	3.9	5.6	-2.4	-1.8	-1.9	-1.7	0.3	1.1	1.8	-2.4	104.3
2013	1	1.0	2.0	2.0	4.1	4.1	-1.9	-1.9	-1.6	-1.6	—	—	0.7	-5.0	106.0
	2	1.1	3.2	2.6	3.6	3.8	-1.9	-1.9	-1.6	-1.6	—	—	-0.2	-1.7	101.5
	3	-0.9	2.1	2.4	2.9	3.5	-2.0	-2.0	-1.9	-1.7	0.2	0.2	-0.9	1.3	97.8
	4	0.2	2.4	2.4	1.6	3.0	-2.7	-2.1	-2.6	-2.0	—	—	-0.1	-2.5	102.5
	5	-0.6	2.1	2.4	0.9	2.6	-3.0	-2.3	-2.9	-2.1	—	—	-0.9	-4.5	103.8
	6	0.0	2.7	2.4	1.1	2.3	-2.7	-2.4	-2.7	-2.2	-0.1	0.0	-0.7	-1.8	101.1
	7	0.1	2.7	2.4	1.1	2.2	-2.2	-2.3	-2.3	-2.2	—	—	-2.3	-0.9	98.6
	8	0.5	2.6	2.5	1.0	2.0	-1.6	-2.3	-1.6	-2.2	—	—	-2.1	-1.4	99.3
	9	0.8	3.1	2.5	0.4	1.8	-1.6	-2.2	-1.3	-2.1	0.1	0.0	0.7	-1.1	101.8

注：国家统计局从2011年1月开始实施新的工业生产者价格统计调查制度方法。将“工业品价格统计”改称为“工业生产者价格统计”，相应地将“原材料、燃料、动力购进价格指数”改称为“工业生产者购进价格指数”，将“工业品出厂价格指数”改称为“工业生产者出厂价格指数”。

Notes: Since January 2011, NBS begins to conduct new statistical system and survey methods on PPI. "Prices statistics on industrial goods" is renamed to "prices statistics on industrial producers". Accordingly, "purchasing prices for raw material,fuels and power" is renamed to "purchasing price for industrial producers", "producer price index of industrial products" is renamed to "producer price index for manufactured goods".

居民消费价格月环比指数变动
Change in CPI (month-on-month)

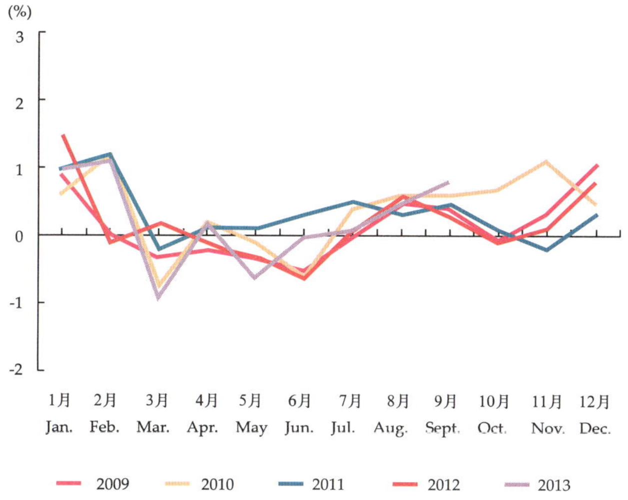

居民消费价格同比指数变动
Change in CPI (year-on-year)

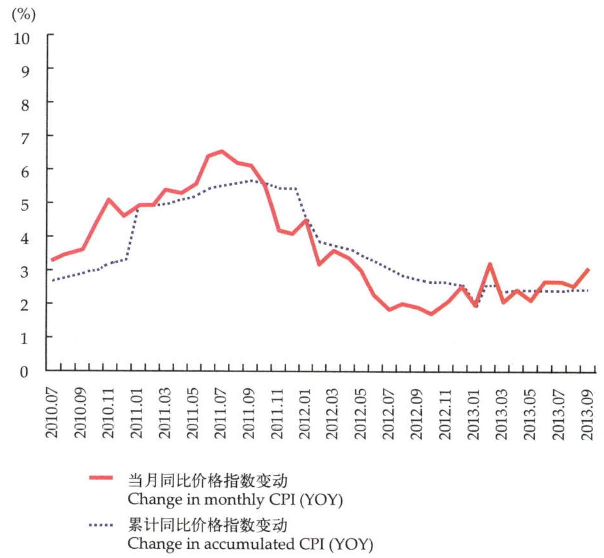

居民消费价格指数与生产价格指数的比较
Comparison between changes in CPI and PPI

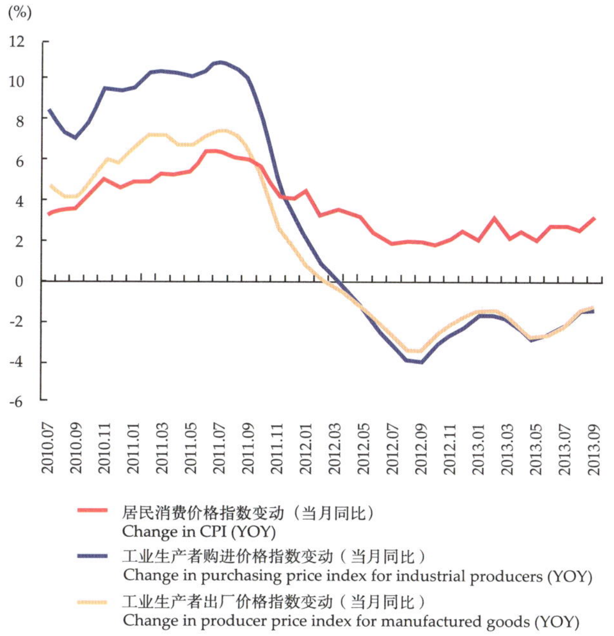

进出口价格指数和贸易条件
Import-export price index and terms of trade

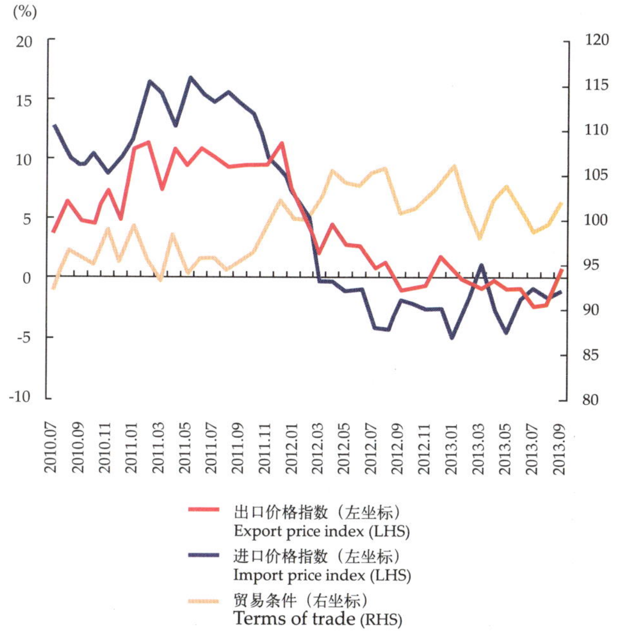

2.分类指数

(2) Breakdown of indices

居民消费价格当月同比分类指数变动

Breakdown of changes in CPI (YOY)

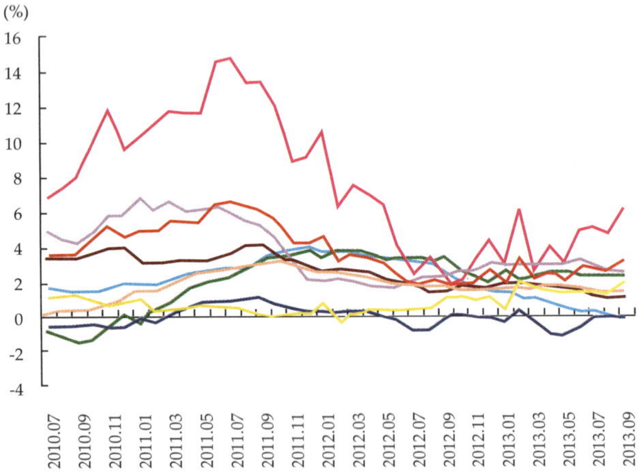

- 总指数　All items CPI
- 食品　Food
- 烟酒及用品　Cigarettes and liquor
- 衣着　Apparel
- 家庭设备用品及服务　Household facilities, articles and services
- 医疗保健及个人用品　Medical care and personal articles
- 交通和通信　Transportation and telecommunications
- 娱乐、教育、文化用品及服务 Entertainment, education, cultural articles and services
- 居住　Housing

工业生产者出厂价格当月同比指数变动 按生产资料和生活资料分类

Breakdown of changes in producer price index (PPI) for manufactured goods by means of production and means of consumer goods (YOY)

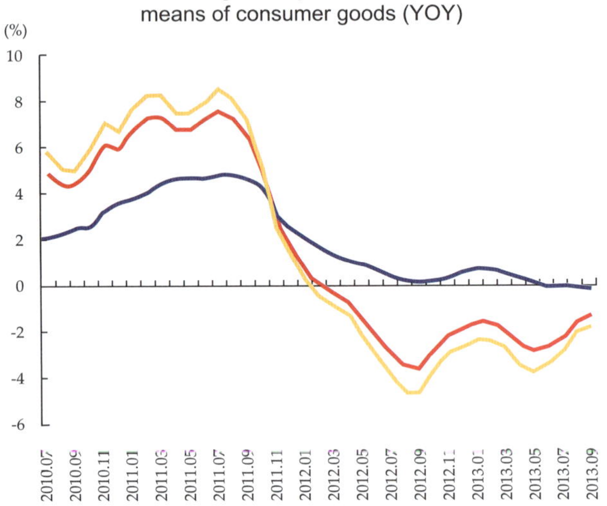

- 工业生产者出厂价格指数变动 Change in producer price index for manufactured goods
- 生产资料出厂价格指数变动　Change in PPI for means of production
- 生活资料出厂价格指数变动　Change in PPI for means of consumer goods

生活资料出厂价格当月同比分类指数变动

Breakdown of changes in PPI for means of consumer goods (YOY)

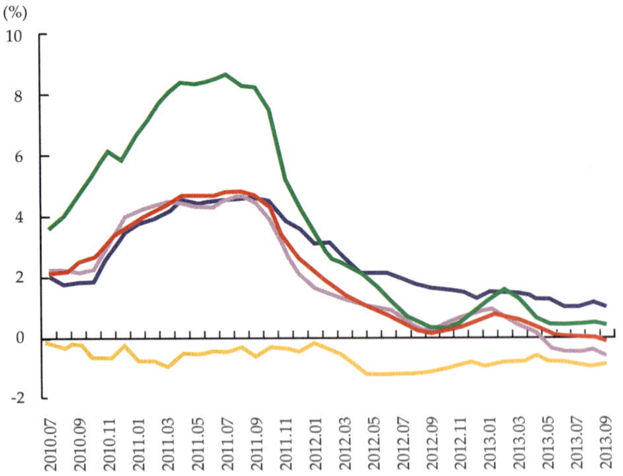

- 生活资料出厂价格指数变动 Change in PPI for means of consumer goods
- 食品类　Food
- 衣着类　Apparel
- 一般日用品　Articles for daily use
- 耐用消费品　Durable consumer goods

生产资料出厂价格当月同比分类指数变动

Breakdown of changes in PPI for means of production (YOY)

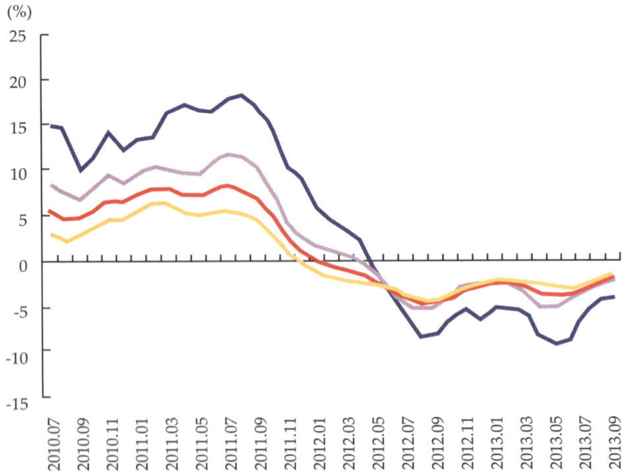

- 生产资料出厂价格指数变动 Change in PPI for means of production
- 采掘业　Mining industry
- 原材料工业　Raw materials industry
- 加工工业　Processing industry

三、就业、失业与收入
3. Employment, Unemployment and Income

人口与就业基本情况
Population and employment

年 Year	年底总人口（亿人） Population at the end of the year (100 million people)	城镇 Urban	比重(%) Share (%)	乡村 Rural	比重(%) Share (%)	15～64岁人口数(亿人) Population between 15~64 years of age (100 million people)	就业人员(亿人) Employment (100 million people)
2004	13.0	5.4	42	7.6	58	9.2	7.4
2005	13.1	5.6	43	7.5	57	9.4	7.5
2006	13.1	5.8	44	7.3	56	9.5	7.5
2007	13.2	6.1	46	7.1	54	9.6	7.5
2008	13.3	6.2	47	7.0	53	9.7	7.6
2009	13.3	6.5	48	6.9	52	9.7	7.6
2010	13.4	6.7	50	6.7	50	10.0	7.6
2011	13.5	6.9	51	6.6	49	10.0	7.6
2012	13.5	7.1	53	6.4	47	10.0	7.7

注：表中数据根据第六次人口普查数据重新修订。
Note:Data are revised according to the 6th National Population Census.

就业人员按城乡和产业分类
Employment in urban and rural areas and in industries

年 Year	就业人员(亿人) Employment (100 million people)	按城乡分 Urban and rural: 城镇 Urban	比重(%) Share (%)	乡村 Rural	比重(%) Share (%)	按产业分 Industries: 第一产业 Primary industry	比重(%) Share (%)	第二产业 Secondary industry	比重(%) Share (%)	第三产业 Tertiary industry	比重(%) Share (%)
2004	7.43	2.73	36.8	4.70	63.2	3.48	46.9	1.67	22.5	2.27	30.6
2005	7.46	2.84	38.0	4.63	62.0	3.34	44.8	1.78	23.8	2.34	31.4
2006	7.50	2.96	39.5	4.53	60.5	3.19	42.6	1.89	25.2	2.41	32.2
2007	7.53	3.10	41.1	4.44	58.9	3.07	40.8	2.02	26.8	2.44	32.4
2008	7.56	3.21	42.5	4.35	57.5	2.99	39.6	2.06	27.2	2.51	33.2
2009	7.58	3.33	43.9	4.25	56.1	2.89	38.1	2.11	27.8	2.59	34.1
2010	7.61	3.47	45.6	4.14	54.4	2.79	36.7	2.18	28.7	2.63	34.6
2011	7.64	3.59	47.0	4.05	53.0	2.66	34.8	2.25	29.5	2.73	35.7
2012	7.67	3.71	48.4	3.96	51.6	2.58	33.6	2.32	30.3	2.77	36.1

注：表中数据根据第六次人口普查数据重新修订。
Note:Data are revised according to the 6th National Population Census.

城乡居民家庭人均收入
Urban and rural household income (per capita)

年/季 Year/Quarter		农村居民家庭人均现金收入 Rural household cash income (per capita): 绝对值(元) Absolute value (RMB yuan)	同比实际增长(%) Growth in real terms (YOY) (%)	城镇居民家庭人均可支配收入 Urban household disposable income (per capita): 绝对值(元) Absolute value (RMB yuan)	同比实际增长(%) Growth in real terms (YOY) (%)
2010	I	1 814	9.2	5 308	7.5
	I-II	3 078	9.5	9 757	7.5
	I-III	4 869	9.7	14 334	7.5
	I-IV	7 089	—	19 109	7.8
2011	I	2 187	14.3	5 963	7.1
	I-II	3 706	13.7	11 041	7.6
	I-III	5 875	13.6	16 301	7.8
	I-IV	8 639	—	21 810	8.4
2012	I	2 560	12.7	6 796	9.8
	I-II	4 304	12.4	12 509	9.7
	I-III	6 778	12.3	18 427	9.8
	I-IV	9 787	—	24 565	9.6
2013	I	2 871	9.3	7 427	6.7
	II	4 817	9.2	13 649	6.5
	I-III	7 627	9.6	20 169	6.8

城镇失业人数和失业率
Unemployed urban population and unemployment rate

年/季度末 Year/End of quarter		城镇登记失业人数(万人) Registered unemployment in urban areas (10 000 people)	城镇登记失业率(%) Registered unemployment rate in urban areas(%)
2010	I	919	4.2
	II	911	4.2
	III	905	4.1
	IV	908	4.1
2011	I	909	4.1
	II	908	4.1
	III	911	4.1
	IV	922	4.1
2012	I	907	4.1
	II	918	4.1
	III	926	4.1
	IV	917	4.1
2013	I	926	4.1
	II	923	4.1
	III	921	4.0

四、国内需求
4. Domestic Demand

1.按支出法计算的国内生产总值
(1) Expenditure-based GDP

按支出法计算的国内生产总值及其构成
Expenditure-based GDP and its composition

年 Year	按支出法计算的国内生产总值(亿元) Expenditure-based GDP (RMB100 million yuan)	最终消费 Final consumption	居民消费 Household consumption	城镇居民 Urban	农村居民 Rural	政府消费 Government consumption	资本形成总额 Total capital formation	固定资本形成 Fixed capital formation	存货增加 Increased inventory	货物和服务净出口 Net exports of goods and services
	绝对值(亿元) Absolute value (RMB100 million yuan)									
2001	109 028	66 934	49 436	33 645	15 791	17 498	39 769	37 755	2 015	2 325
2002	120 476	71 817	53 057	36 785	16 272	18 760	45 565	43 632	1 933	3 094
2003	136 613	77 686	57 650	41 344	16 306	20 036	55 963	53 491	2 472	2 965
2004	160 957	87 553	65 219	47 529	17 690	22 334	69 168	65 118	4 051	4 236
2005	187 424	99 358	72 959	53 000	19 958	26 399	77 857	74 233	3 624	10 209
2006	222 713	113 104	82 576	60 790	21 786	30 528	92 954	87 954	5 000	16 655
2007	266 599	132 233	96 333	72 127	24 206	35 900	110 943	103 949	6 995	23 423
2008	315 975	153 423	111 670	83 993	27 677	41 752	138 325	128 084	10 241	24 227
2009	348 775	169 275	123 585	94 579	29 005	45 690	164 463	156 680	7 783	15 037
2010	402 817	194 115	140 759	108 784	31 975	53 356	193 604	183 615	9 989	15 098
2011	472 619	232 116	168 957	129 987	38 970	63 155	225 007	215 682	12 662	12 163
2012	529 238	261 833	190 424	148 113	42 310	71 409	253 524	241 757	11 016	14 632
	构成(%) Composition (%)									
2001	100	61.4	45.3	30.9	14.5	16.0	36.5	34.6	1.8	2.1
2002	100	59.6	44.0	30.5	13.5	15.6	37.8	36.2	1.6	2.6
2003	100	56.9	42.2	30.3	11.9	14.7	41.0	39.2	1.8	2.2
2004	100	54.4	40.5	29.5	11.0	13.9	43.0	40.5	2.5	2.6
2005	100	53.0	38.9	28.3	10.6	14.1	41.5	39.6	1.9	5.4
2006	100	50.8	37.1	27.3	9.8	13.7	41.7	39.5	2.2	7.5
2007	100	49.6	36.1	27.1	9.1	13.5	41.6	39.0	2.6	8.8
2008	100	48.6	35.3	26.6	8.8	13.2	43.8	40.5	3.2	7.7
2009	100	48.5	35.4	27.1	8.3	13.1	47.2	44.9	2.2	4.3
2010	100	48.2	34.9	27.0	7.9	13.2	48.1	45.6	2.5	3.7
2011	100	49.1	35.7	27.5	8.2	13.4	47.6	45.6	2.7	2.6
2012	100	49.5	36.0	28.0	8.0	13.5	47.9	45.7	2.1	2.8

注：表中数据根据国家统计局最新数据修订。
Note: Data are revised by National Bureau of Statistics of China.

按支出法计算的国内生产总值构成变化
Changes in the composition of GDP (based on expenditures)

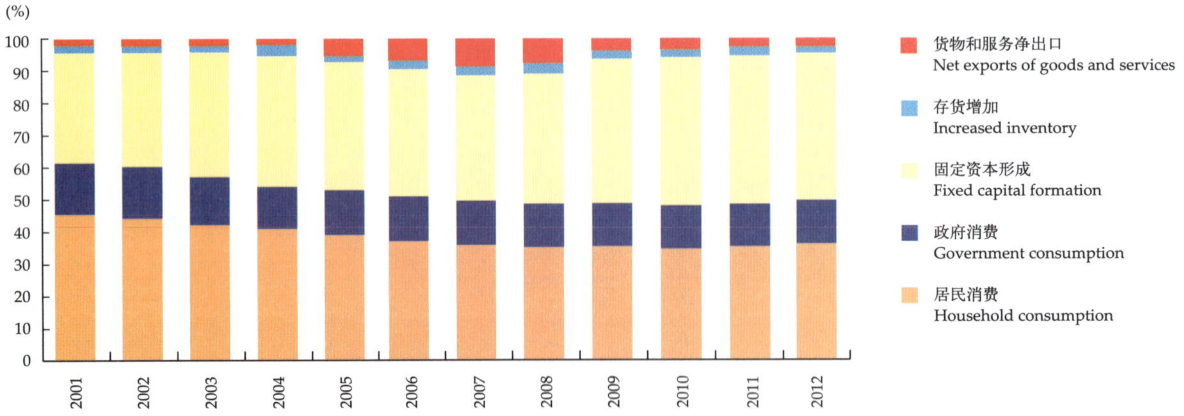

投资率和消费率
Investment ratio and consumption ratio

单位：%　Unit: %

年 Year	资本形成率(投资率) Capital formation ratio (investment ratio)	最终消费率(消费率) Final consumption ratio (consumption ratio)
1981	32.5	67.1
1982	31.9	66.5
1983	32.8	66.4
1984	34.2	65.8
1985	38.1	66.0
1986	37.5	64.9
1987	36.3	63.6
1988	37.0	63.9
1989	36.6	64.5
1990	34.9	62.5
1991	34.8	62.4
1992	36.6	62.4
1993	42.6	59.3
1994	40.5	58.2
1995	40.3	58.1
1996	38.8	59.2
1997	36.7	59.0
1998	36.2	59.6
1999	36.2	61.1
2000	35.3	62.3
2001	36.5	61.4
2002	37.8	59.6
2003	41.0	56.9
2004	43.0	54.4
2005	41.5	53.0
2006	41.7	50.8
2007	41.6	49.6
2008	43.8	48.6
2009	47.2	48.5
2010	48.1	48.2
2011	48.3	49.1
2012	48.1	49.2

注：表中数据根据国家统计局最新数据修订。
Note: Data are revised by National Bureau of Statistics of China.

生产法现价GDP与支出法现价GDP及其增长率比较
Comparison between production-based GDP and expenditure-based GDP at current price

年 Year	(1)生产法GDP Production-based GDP		(2)支出法GDP Expenditure-based GDP		(1)−(2)	
	绝对量(亿元) Absolute value (RMB100 million yuan)	现价增速(%) Growth rate at current price(%)	绝对量(亿元) Absolute value (RMB100 million yuan)	现价增速(%) Growth rate at current price(%)	绝对量(亿元) Absolute value (RMB100 million yuan)	现价增速(%) Growth rate at current price(%)
1981	4 892	7.6	5 009	9.1	-117	-1.45
1982	5 323	8.8	5 590	11.6	-267	-2.77
1983	5 963	12.0	6 216	11.2	-254	0.81
1984	7 208	20.9	7 363	18.4	-155	2.45
1985	9 016	25.1	9 077	23.3	-61	1.80
1986	10 275	14.0	10 509	15.8	-233	-1.80
1987	12 059	17.4	12 277	16.8	-219	0.53
1988	15 043	24.8	15 389	25.3	-346	-0.59
1989	16 992	13.0	17 311	12.5	-319	0.47
1990	18 668	9.9	19 348	11.8	-680	-1.90
1991	21 781	16.7	22 577	16.7	-796	-0.01
1992	26 923	23.6	27 565	22.1	-642	1.52
1993	35 334	31.2	36 938	34.0	-1 604	-2.76
1994	48 198	36.4	50 217	36.0	-2 020	0.46
1995	60 794	26.1	63 217	25.9	-2 423	0.24
1996	71 177	17.1	74 164	17.3	-2 987	-0.24
1997	78 973	11.0	81 659	10.1	-2 685	0.84
1998	84 402	6.9	86 532	6.0	-2 129	0.90
1999	89 677	6.2	91 125	5.3	-1 448	0.94
2000	99 215	10.6	98 749	8.4	466	2.27
2001	109 655	10.5	109 028	10.4	627	0.11
2002	120 333	9.7	120 476	10.5	-143	-0.76
2003	135 823	12.9	136 613	13.4	-791	-0.52
2004	159 878	17.7	160 957	17.8	-1 078	-0.11
2005	184 937	15.7	187 424	16.4	-2 486	-0.77
2006	216 314	17.0	222 713	18.8	-6 398	-1.86
2007	265 810	22.9	266 599	19.7	-789	3.18
2008	314 045	18.1	315 975	18.5	-1 929	-0.37
2009	340 903	8.6	348 775	10.4	-7 872	-1.83
2010	401 513	17.8	402 816	15.5	-1 304	2.28
2011	473 104	17.8	472 619	17.3	485	0.50
2012	518 942	9.7	529 238	12.0	-9 916	-2.21

注：表中数据根据国家统计局最新数据修订。
Note: Data are revised by National Bureau of Statistics of China.

投资率和消费率
Investment ratio and consumption ratio

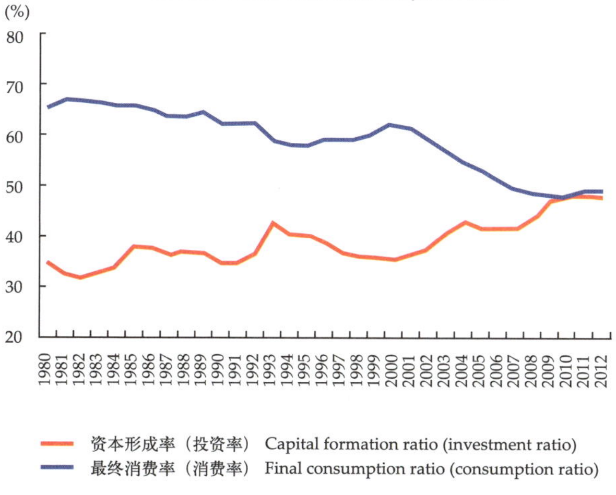

生产法现价GDP与支出法现价GDP增速比较
Comparison of growth rate at current prices between production-based GDP and expenditure-based GDP

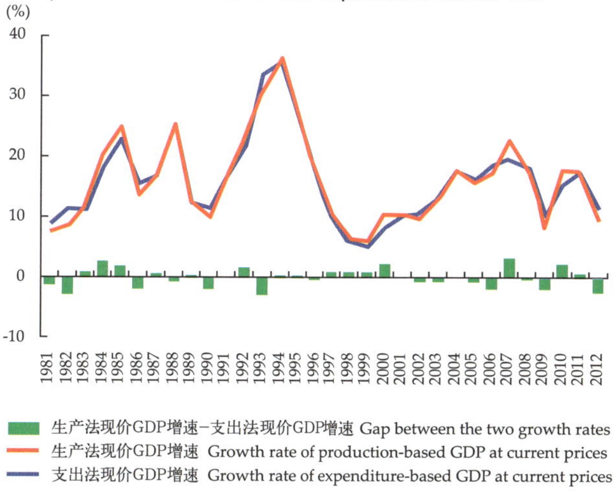

2.社会消费品零售额
(2) Retail sales of consumer goods

社会消费品零售总额
Retail sales of consumer goods

单位：亿元
Unit: RMB 100 million yuan

年/月 Year/Month	当月社会消费品零售总额 Monthly retail sales of consumer goods	当月同比增长率(%) Monthly growth rate (YOY)(%)	社会消费品零售总额累计 Accumulative retail sales of consumer goods	累计同比增长率(%) Accumulative growth rate (YOY)(%)
2012.01	—	—	—	—
2012.02	—	—	33 669	14.7
2012.03	15 650	15.2	49 319	14.8
2012.04	15 603	14.1	64 922	14.7
2012.05	16 715	13.8	81 637	14.5
2012.06	16 585	13.7	98 222	14.4
2012.07	16 315	13.1	114 537	14.2
2012.08	16 659	13.2	131 195	14.1
2012.09	18 227	14.2	149 422	14.1
2012.10	18 934	14.5	168 356	14.1
2012.11	18 477	14.9	186 833	14.2
2012.12	20 334	15.2	210 307	14.3
2013.01	—	—	—	—
2013.02	—	—	37 810	12.3
2013.03	17 641	12.6	55 451	12.4
2013.04	17 600	12.8	73 051	12.5
2013.05	18 886	12.9	91 938	12.6
2013.06	18 827	13.3	110 764	12.7
2013.07	18 513	13.2	129 278	12.8
2013.08	18 886	13.4	148 164	12.8
2013.09	20 653	13.3	168 817	12.9

注：为消除春节日期不固定因素带来的影响，增强数据的可比性，按照国家统计制度，历年1~2月数据一起调查、一起发布。
Note: In order to eliminate the impact of the different date of "Spring Festival" of each year,and enchance the comparability of data, in accordance with the national statistical system,the data in January and Februry was investigated and released together.

社会消费品零售总额与最终消费增长率的比较
Comparison of growth rate at current prices between retail sales of consumer goods and final consumption expenditure

单位：万亿元
Unit: RMB trillion yuan

年 Year	社会消费品零售总额 Retail sales of consumer goods	最终消费 Final consumption	社会消费品零售总额现价增长率(%) Growth rate at current prices of retail sales of consumer goods(%)	最终消费现价增长率(%) Growth rate at current prices of final consumption expenditure(%)
1991	0.94	1.41	13.4	16.6
1992	1.10	1.72	16.8	22.1
1993	1.43	2.19	29.8	27.3
1994	1.86	2.92	30.5	33.5
1995	2.36	3.67	26.8	25.7
1996	2.84	4.39	20.1	19.5
1997	3.13	4.81	10.2	9.6
1998	3.34	5.16	6.8	7.2
1999	3.56	5.56	6.8	7.8
2000	3.91	6.15	9.7	10.6
2001	4.31	6.69	10.1	8.8
2002	4.81	7.18	11.8	7.3
2003	5.25	7.77	9.1	8.2
2004	5.95	8.76	13.3	12.7
2005	6.84	9.94	14.9	13.5
2006	7.91	11.31	15.8	13.8
2007	9.36	13.22	18.2	16.9
2008	11.48	15.34	22.7	16.0
2009	13.27	16.93	15.5	10.3
2010	15.70	19.41	18.3	14.7
2011	18.39	22.86	17.1	17.7
2012	21.03	25.96	14.3	11.8

注：表中数据根据国家统计局最新数据修订。
Note: Data are revised by National Bureau of Statistics of China.

累计社会消费品零售总额及其增长率
Accumulative retail sales and growth rates of consumer goods

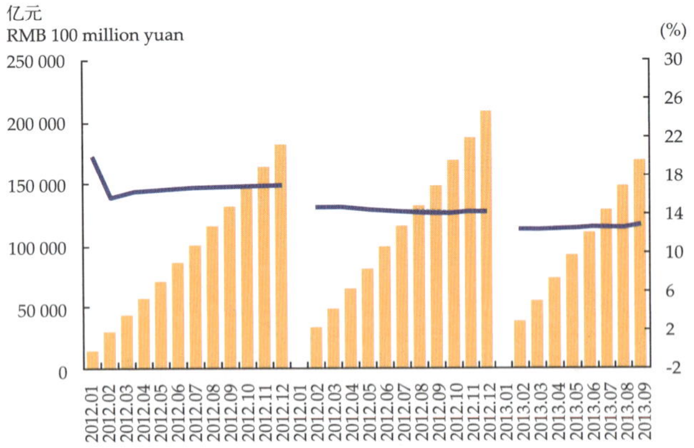

社会消费品零售总额累计（左坐标）
Accumulative retail sales of consumer goods (LHS)
累计同比增长率（右坐标）
Accumulative growth rates (YOY)(RHS)

社会消费品零售总额及最终消费增长趋势
Growth trend of retail sales of consumer goods and final consumption expenditure

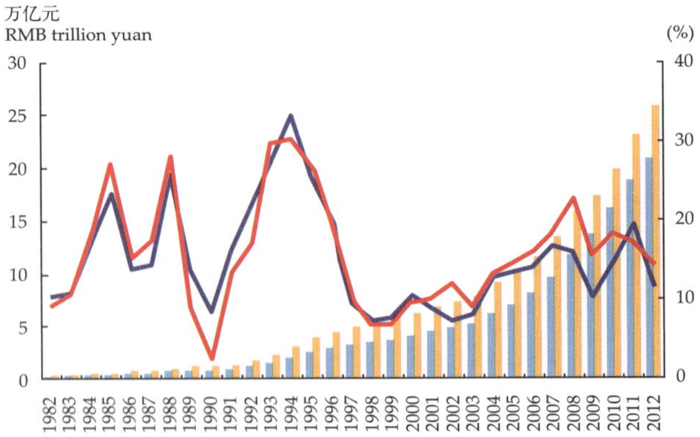

社会消费品零售总额（左坐标）Retail sales of consumer goods (LHS)
最终消费（左坐标）Final consumption (LHS)
社会消费品零售总额现价增长率（右坐标）
Growth rate at current prices of retail sales of consumer goods (RHS)
最终消费现价增长率（右坐标）
Growth rate at current prices of final consumption expenditure (RHS)

3.固定资产投资完成额
(3) Completed fixed-asset investment

固定资产投资（不含农户）完成额
Completed investment in fixed assets (excluding rural households)

单位：亿元
Unit: RMB 100 million yuan

年/月 Year/Month	投资完成额 Investment completed	增长率(%) Growth rate (%)
2011 1~7	152 419.9	25.4
1~8	180 607.6	25.0
1~9	212 274.0	24.9
1~10	241 365.1	24.9
1~11	269 452.1	24.5
1~12	301 932.8	23.8
	—	—
2012 1~2	21 188.8	21.5
1~3	47 865.4	20.9
1~4	75 591.6	20.2
1~5	108 924.2	20.1
1~6	150 710.1	20.4
1~7	184 311.8	20.4
1~8	217 958.1	20.2
1~9	256 932.9	20.5
1~10	292 542.0	20.7
1~11	326 236.2	20.7
1~12	364 835.1	20.6
	—	—
2013 1~2	25 675.9	21.2
1~3	58 092.3	20.9
1~4	91 319.2	20.6
1~5	131 210.6	20.4
1~6	181 317.6	20.1
1~7	221 722.2	20.1
1~8	262 578.1	20.3
1~9	309 207.6	20.2

注：自2011年起，投资项目统计起点标准由原来的50万元调整为500万元，“固定资产投资（不含农户）”等于原口径的城镇固定资产投资加上农村企事业组织项目投资。

Notes: Since 2011, investment indicators are calculated using new threshold criteria of RMB5 million yuan instead of RMB500 thousand yuan in the past."Investment in fixed assets (excluding rural households)" equals to "investment in fixed assets in urban area" under the old criteria plus "investment of rural enterprises and institutions".

固定资产投资（不含农户）完成额
Completed investment in fixed assets (excluding rural households)

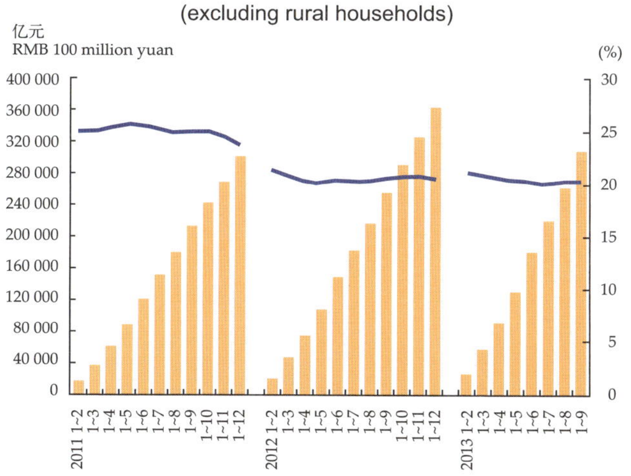

投资完成额（左坐标）
Investment completed (LHS)
比上年同比增长（右坐标）
YOY growth rate (RHS)

固定资产投资完成额和固定资本形成总额的比较
Comparison of completed fixed-asset investment and gross capital formation

单位：万亿元
Unit: RMB trillion yuan

年 Year	全社会固定资产投资完成额 Total completed fixed-asset investment	固定资本形成总额 Gross capital formation	全社会固定资产投资现价增长率(%) Growth rate of total fixed-asset investment at current prices(%)	固定资本形成总额现价增长率(%) Growth rate of gross capital formation at current prices(%)
1992	0.81	0.85	44.4	40.3
1993	1.31	1.33	61.8	56.3
1994	1.70	1.73	30.4	30.1
1995	2.00	2.09	17.5	20.6
1996	2.29	2.40	14.8	15.1
1997	2.49	2.60	8.8	8.0
1998	2.84	2.86	13.9	10.0
1999	2.99	3.30	5.1	6.9
2000	3.29	3.48	10.3	5.7
2001	3.72	3.98	13.0	14.1
2002	4.35	4.56	16.9	14.6
2003	5.56	5.60	27.7	22.8
2004	7.05	6.92	26.8	23.6
2005	8.88	7.79	26.0	12.6
2006	11.00	9.30	23.9	19.4
2007	13.73	11.09	24.8	19.4
2008	17.28	13.83	25.9	24.7
2009	22.46	16.45	30.0	18.9
2010	27.81	19.36	23.8	17.7
2011	31.10	22.50	11.8	16.2
2012	37.47	25.35	20.3	11.0

注：表中数据根据国家统计局最新数据修订。
Note: Data are revised by National Bureau of Statistics of China.

固定资产投资完成额和固定资本形成总额
Completed fixed-asset investment and gross capital formation

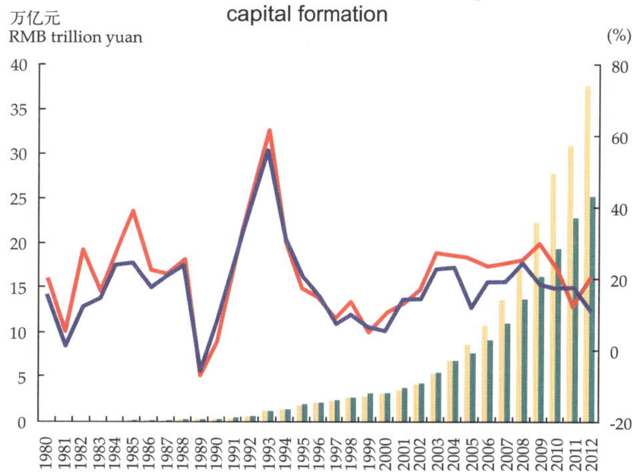

全社会固定资产投资完成额（左坐标）
Total completed fixed-asset investment (LHS)
固定资本形成总额（左坐标）
Gross capital formation (LHS)
全社会固定资产投资现价增长率（右坐标）
Growth rate of total fixed-asset investment at current prices (RHS)
固定资本形成总额现价增长率（右坐标）
Growth rate of gross capital formation at current prices (RHS)

按建设性质分固定资产投资（不含农户）累计完成额及增长率

Completed investment in fixed assets (excluding rural households) and growth rate by type of construction

年/月 Year/Month	绝对值(亿元) Absolute value (RMB 100 million yuan)			增长率(%) Growth rate (%)		
	新建 New construction	扩建 Expansion	改建 Transformation	新建 New construction	扩建 Expansion	改建 Transformation
	—	—	—	—	—	—
2011 1~2	8 460.4	2 248.8	1 875.0	29.8	12.6	14.4
1~3	19 059.2	5 388.8	4 657.0	29.7	11.9	16.5
1~4	30 687.5	8 652.1	7 655.2	29.8	11.8	20.2
1~5	44 231.4	12 671.8	11 166.0	29.0	14.0	23.1
1~6	60 275.5	17 410.0	15 760.2	29.1	14.6	23.2
1~7	73 498.9	21 484.5	19 503.9	28.2	14.2	22.8
1~8	87 052.0	25 617.4	23 081.0	28.1	14.9	21.2
1~9	102 195.4	29 994.5	27 287.1	28.0	14.9	20.7
1~10	115 613.0	34 045.0	31 826.7	27.4	15.6	22.1
1~11	128 538.4	37 929.5	36 036.5	26.5	16.6	22.0
1~12	143 794.4	42 169.6	41 081.2	26.5	16.3	21.2
	—	—	—	—	—	—
2012 1~2	9 934.5	2 658.9	2 352.5	17.4	18.2	25.5
1~3	22 992.2	6 224.5	6 003.3	20.6	15.5	28.9
1~4	37 176.2	10 005.0	9 519.2	21.1	15.6	24.3
1~5	53 873.9	14 582.0	13 846.7	21.8	15.1	24.0
1~6	74 541.8	20 177.2	19 160.7	23.7	15.9	21.6
1~7	91 403.7	24 761.0	23 663.4	24.4	15.3	21.3
1~8	107 585.5	29 242.9	28 244.4	23.6	14.2	22.4
1~9	127 349.1	34 191.9	33 447.0	24.6	14.0	22.6
1~10	144 885.7	38 975.4	38 466.1	25.3	14.5	20.9
1~11	160 501.6	43 420.2	43 302.6	24.9	14.5	20.2
1~12	177 665.5	48 742.0	52 086.0	23.6	15.6	26.8
	—	—	—	—	—	—
2013 1~2	12 190.2	2 914.0	2 993.5	22.7	9.6	27.2
1~3	28 180.7	7 017.4	7 574.4	22.6	12.7	26.2
1~4	45 180.4	11 542.3	11 986.5	21.2	15.4	25.9
1~5	65 777.9	16 612.3	17 051.5	21.9	13.9	23.1
1~6	91 035.7	22 674.7	23 816.6	22.1	12.4	24.3
1~7	111 718.5	27 824.4	29 439.2	22.2	12.4	24.4
1~8	132 199.0	33 232.0	34 998.7	22.9	13.6	23.9
1~9	155 768.3	39 080.6	41 297.7	22.3	14.3	23.5

注：按建设性质分组的投资不含房地产投资。
Note: Investment grouped by type of construction does not include real estate investment.

按建筑性质分固定资产投资（不含农户）完成额构成变化

Completed investment in fixed assets (excluding rural households) by type of construction

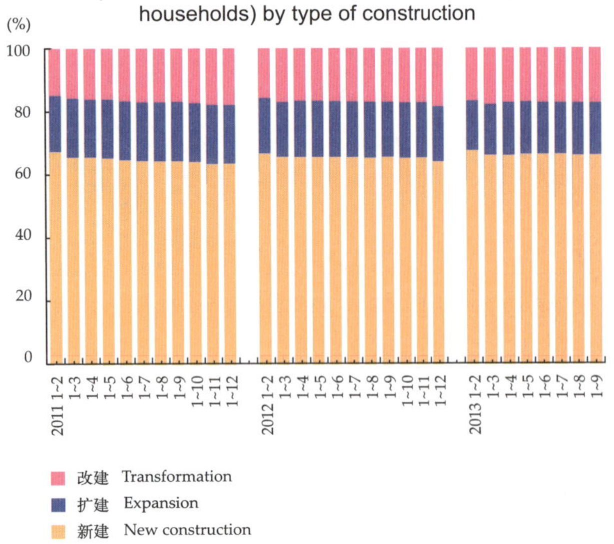

按建筑性质分固定资产投资（不含农户）完成额增长趋势

Growth of monthly accumulated completed investment in fixed assets (excluding rural households) by type of construction

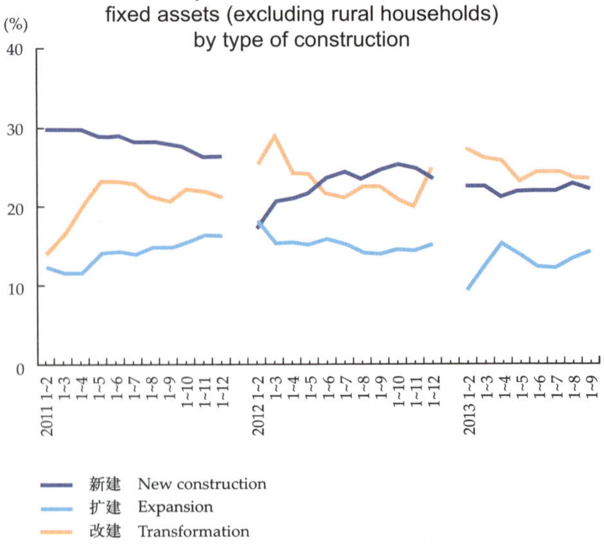

按隶属关系分固定资产投资（不含农户）累计完成额及增长率

Composition of monthly accumulated completed investment in fixed assets (excluding rural households) and growth rate by administrative relationship

年／月 Year/Month	绝对值(亿元) Absolute value (RMB 100 million yuan)		增长率(%) Growth rate (%)	
	中央项目 Central government projects	地方项目 Local government projects	中央项目 Central government projects	地方项目 Local government projects
	—	—	—	—
2011 1~2	1 385	16 060	6.3	26.9
1~3	2 540	36 925	3.0	26.8
1~4	4 124	58 593	2.6	27.4
1~5	5 670	84 584	0.3	28.0
1~6	7 360	117 207	-3.8	28.1
1~7	9 075	143 345	-4.7	28.0
1~8	10 722	169 885	-8.9	28.1
1~9	12 445	199 829	-7.5	27.7
1~10	14 260	227 105	-8.5	27.9
1~11	16 212	253 241	-8.5	27.5
1~12	20 209	281 724	-9.7	27.2
	—	—	—	—
2012 1~2	1 276	19 913	-7.9	24.0
1~3	2 393	45 473	-9.7	23.1
1~4	4 098	71 494	-4.1	22.0
1~5	5 605	103 319	-7.7	22.1
1~6	7 598	143 113	-4.1	22.1
1~7	9 387	174 925	-3.0	22.0
1~8	11 395	206 563	0.2	21.6
1~9	13 609	243 324	2.3	21.8
1~10	15 939	276 603	11.8	21.8
1~11	17 998	308 238	11.0	21.7
1~12	21 663	343 172	7.2	21.8
	—	—	—	—
2013 1~2	1 331	24 345	4.4	22.3
1~3	2 687	55 406	11.6	21.4
1~4	4 444	86 875	8.5	21.3
1~5	6 110	125 101	7.1	21.1
1~6	8 338	172 980	9.7	20.7
1~7	10 550	211 173	12.4	20.5
1~8	12 628	249 950	10.8	20.8
1~9	15 020	294 188	10.4	20.7

按隶属关系分固定资产投资（不含农户）完成额

Completed investment in fixed assets (excluding rural households) by administrative relationship

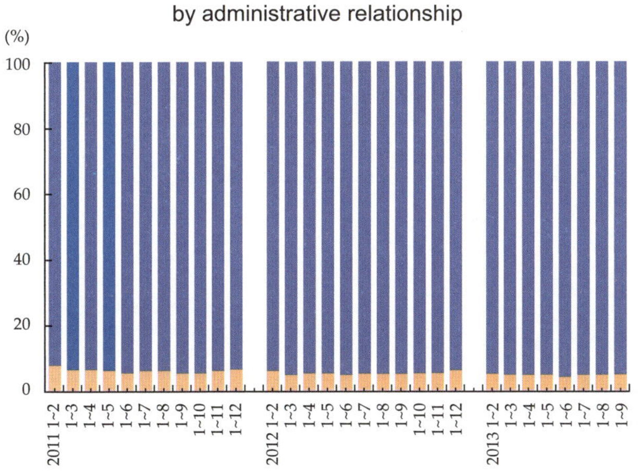

按隶属关系分固定资产投资（不含农户）完成额增长趋势

Growth of monthly accumulated completed investment in fixed assets (excluding rural households) by administrative relationship

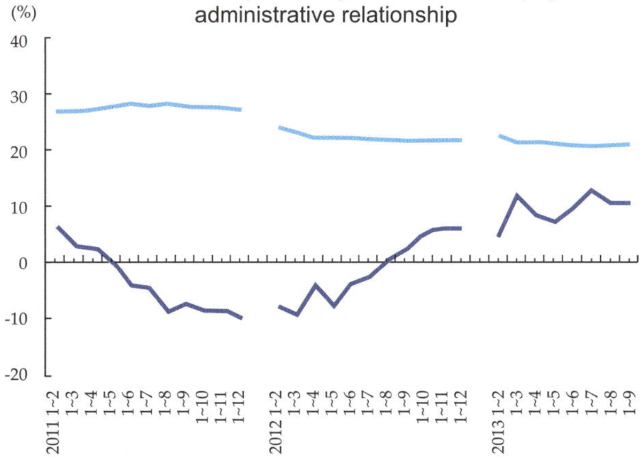

固定资产投资月度累计新开工项目数
Number of monthly accumulated urban newly started projects of fixed-asset investment

单位：万个 Unit: 10 000

	2009	2010	2011	2012	2013
1月 Jan.	—	—	—	—	—
2月 Feb.	1.85	1.85	1.72	2.16	2.43
3月 Mar.	5.29	5.88	5.33	6.18	6.77
4月 Apr.	8.64	8.52	8.73	9.87	10.74
5月 May	12.39	11.81	12.46	13.93	15.24
6月 Jun.	17.61	17.52	16.71	17.47	19.98
7月 Jul.	20.57	20.48	19.80	20.46	23.03
8月 Aug.	23.49	23.23	22.71	24.32	26.29
9月 Sept.	26.93	25.68	25.69	27.63	30.15
10月 Oct.	29.34	28.03	28.77	30.49	
11月 Nov.	31.70	30.19	31.37	33.12	
12月 Dec.	34.48	33.00	33.29	35.63	

注：自2011年起，固定资产投资等于原口径的城镇固定资产投资加上农村企事业组织项目投资（不含农户）。
Note: Since 2011, "investment in fixed assets" equals to "investment in fixed assets in urban area" under the old criteria plus "investment of rural enterprises and institutions(excluding rural households)".

固定资产投资月度累计施工项目数
Number of monthly accumulated urban under-construction projects of fixed-asset investment

单位：万个 Unit: 10 000

	2009	2010	2011	2012	2013
1月 Jan.	—	—	—	—	—
2月 Feb.	7.87	9.28	9.81	10.88	12.12
3月 Mar.	12.91	15.37	16.06	17.29	19.11
4月 Apr.	17.25	18.99	20.70	22.20	24.55
5月 May	21.64	23.48	25.21	27.08	29.89
6月 Jun.	27.53	29.93	30.17	31.26	35.27
7月 Jul.	30.89	33.78	33.64	34.55	38.58
8月 Aug.	33.98	36.27	36.80	38.38	42.05
9月 Sept.	37.65	38.95	39.98	41.95	46.15
10月 Oct.	40.22	41.52	43.33	45.03	
11月 Nov.	42.95	43.98	46.10	47.79	
12月 Dec.	46.15	47.19	48.32	50.54	

固定资产投资月度累计新开工项目数
Number of monthly accumulated newly started projects of fixed-asset investment

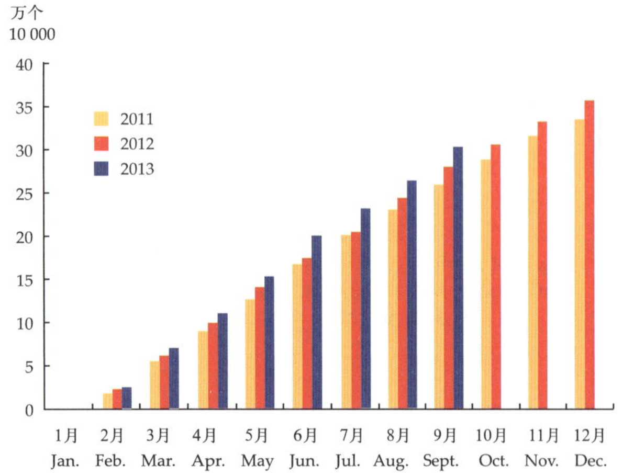

固定资产投资月度累计施工项目数
Number of monthly accumulated under-construction projects of fixed-asset investment

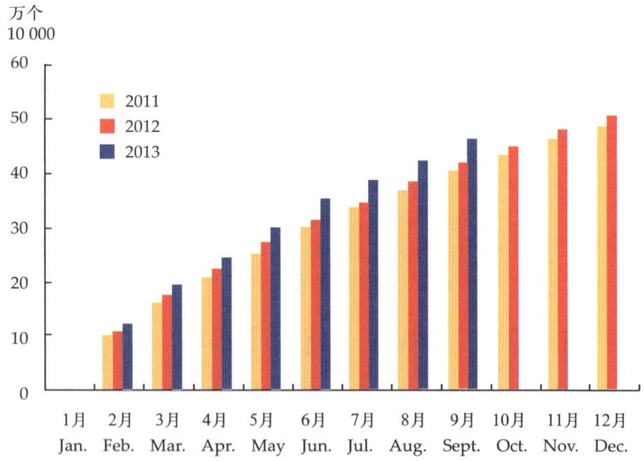

2013年前三个季度分省固定资产投资（不含农户）完成额及增长率
Accumulated completed investment in fixed assets (excluding rural households) and growth rate by province in the first three quarters of 2013

单位：亿元　Unit: RMB 100 million yuan

	固定资产投资（不含农户）累计完成额 Accumulated completed investment in fixed assets (excluding rural households)	增长率(%) Growth rate (%)
Tibet 西藏	624.2	33.3
Guizhou 贵州	4 296.2	29.6
Qinghai 青海	1 833.7	27.9
Yunnan 云南	6 636.1	27.7
Gansu 甘肃	5 016.2	27.3
Hainan 海南	1 734.4	27.1
Ningxia 宁夏	1 847.9	27.0
Heilongjiang 黑龙江	6 436.3	26.5
Shaanxi 陕西	6 721.2	25.7
Xinjiang 新疆	4 833.8	24.9
Zhejiang 浙江	14 770.5	24.7
Hubei 湖北	13 385.7	24.4
Shanxi 山西	10 257.1	24.3
Hunan 湖南	11 512.0	23.7
Henan 河南	17 776.2	23.5
Fujian 福建	10 620.8	22.6
Guangxi 广西	7 751.2	22.4
Anhui 安徽	13 202.3	21.5
Liaoning 辽宁	21 017.6	20.8
Sichuan 四川	14 635.3	20.2
Inner Mongolia 内蒙古	11 208.4	19.1
Chongqing 重庆	6 978.7	19.0
Hebei 河北	16 571.2	18.8
Guangdong 广东	14 225.9	18.3
Jiangsu 江苏	25 110.8	18.2
Tianjin 天津	7 337.7	16.4
Shandong 山东	25 092.1	15.9
Shanghai 上海	3 754.2	14.6
Jiangxi 江西	9 258.6	14.3
Jilin 吉林	8 507.7	11.9
Beijing 北京	4 410.6	9.1

2013年前三个季度分省固定资产投资完成额（不含农户）及增长率
Accumulated completed investment in fixed assets (excluding rural households) and growth rate by province in the first three quarters of 2013

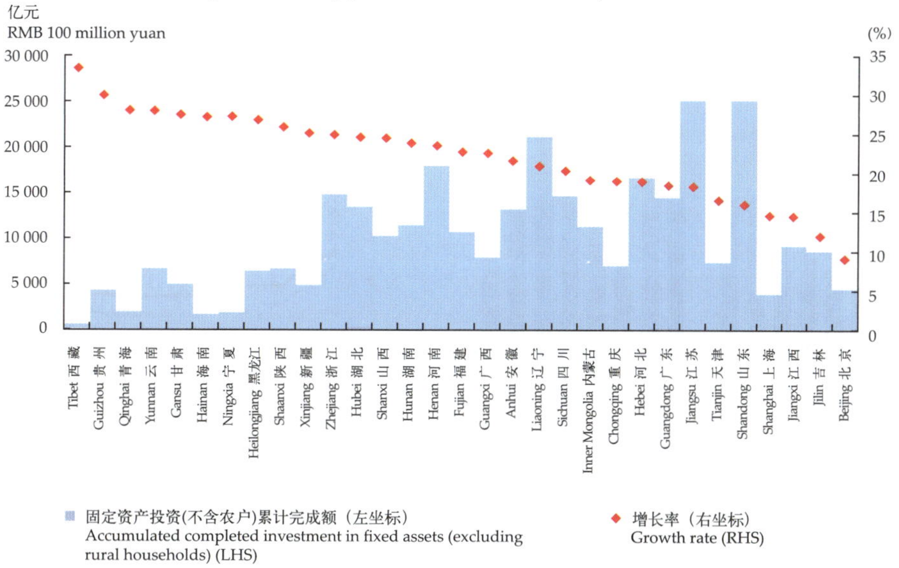

4.房地产
(4) Real estate development

房地产开发投资按工程用途分的完成额及增长率
Real estate development investment completed and growth rate by purpose of engineering

单位：亿元　Unit: RMB 100 million yuan

年/月 Year/Month	房地产开发投资完成额 Real estate development investment completed		按工程用途分 By purpose of engineering							
			住宅投资 Residential building investment		办公楼投资 Office building investment		商业用房投资 Commercial and business building investment		其他投资 Other investment	
	绝对值 Absolute value	增长率(%) Growth rate (%)	绝对值 Absolute value	增长率(%) Growth rate (%)	绝对值 Absolute value	增长率(%) Growth rate (%)	绝对值 Absolute value	增长率(%) Growth rate (%)	绝对值 Absolute value	增长率(%) Growth rate (%)
2012.01	—	—	—	—	—	—	—	—	—	—
2012.02	5 431	27.8	3 713	23.2	253	31.0	722	42.5	743	38.4
2012.03	10 927	23.5	7 443	19.0	518	43.4	1 420	34.2	1 546	31.7
2012.04	15 835	18.7	10 818	13.9	741	37.1	2 075	34.2	2 200	25.3
2012.05	22 213	18.5	15 098	13.6	1 082	44.7	2 887	31.6	3 146	25.6
2012.06	30 610	16.6	20 879	12.0	1 409	31.9	3 975	26.3	4 348	28.1
2012.07	36 774	15.4	25 226	10.7	1 721	33.8	4 707	23.6	5 120	28.3
2012.08	43 688	15.6	29 990	10.6	2 036	35.0	5 667	25.7	5 995	29.0
2012.09	51 046	15.4	35 126	10.5	2 371	36.1	6 589	25.3	6 959	28.0
2012.10	57 629	15.4	39 704	10.8	2 666	31.4	7 458	25.8	7 801	27.2
2012.11	64 772	16.7	44 606	11.9	3 024	32.7	8 417	27.3	8 725	29.6
2012.12	71 804	16.2	49 374	11.4	3 367	31.6	9 312	25.4	9 751	30.1
2013.01	—	—	—	—	—	—	—	—	—	—
2013.02	6 670	22.8	4 583	23.4	388	53.3	884	22.4	814	9.7
2013.03	13 133	20.2	9 013	21.1	747	44.1	1 721	21.2	1 652	6.9
2013.04	19 180	21.1	13 121	21.3	1 102	48.6	2 547	22.7	2 411	9.6
2013.05	26 798	20.6	18 363	21.6	1 526	41.0	3 582	24.1	3 326	5.7
2013.06	36 828	20.3	25 227	20.8	2 011	42.8	5 010	26.1	4 579	5.3
2013.07	44 302	20.5	30 318	20.2	2 412	40.2	6 094	29.5	5 478	7.0
2013.08	52 120	19.3	35 738	19.2	2 851	40.0	7 168	26.5	6 362	6.1
2013.09	61 120	19.7	41 979	19.5	3 262	37.6	8 425	27.9	7 453	7.1

房地产开发投资按工程用途分的构成变化
Change in composition of real estate development investment by purpose of engineering

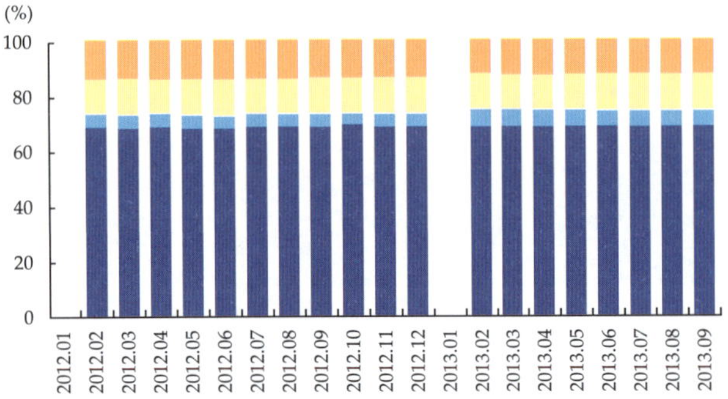

■ 其他投资　Other investment
■ 商业用房投资　Commercial and business building investment
■ 办公楼投资　Office building investment
■ 住宅投资　Residential building investment

房地产开发投资按工程用途分的增长趋势
Growth of composition of real estate development investment by purpose of engineering

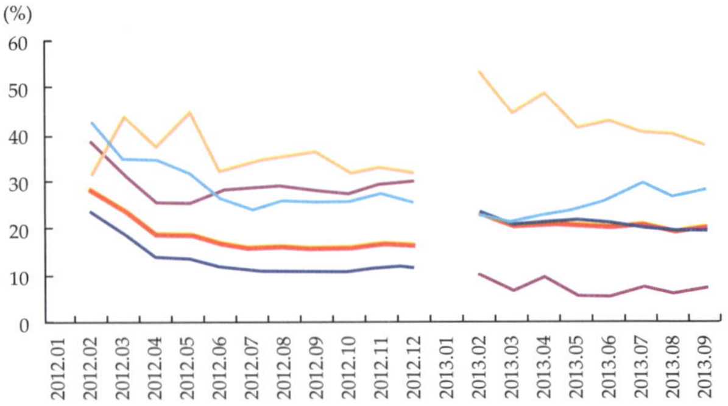

— 房地产开发投资完成额　Real estate development investment completed
— 住宅投资　Residential building investment
— 办公楼投资　Office building investment
— 商业用房投资　Commercial and business building investment
— 其他投资　Other investment

房地产开发投资按地区分的完成额及增长率
Real estate development investment completed and growth rate by region

单位：亿元　Unit: RMB 100 million yuan

年／月 Year/Month	东部地区投资 Investment in eastern area		中部地区投资 Investment in central area		西部地区投资 Investment in western area	
	绝对值 Absolute value	增长率(%) Growth rate (%)	绝对值 Absolute value	增长率(%) Growth rate (%)	绝对值 Absolute value	增长率(%) Growth rate (%)
2012.01	—	—	—	—	—	—
2012.02	3 327	26.0	996	29.4	1 108	31.9
2012.03	6 593	20.6	2 070	25.7	2 264	30.5
2012.04	9 354	15.2	3 159	24.5	3 323	23.8
2012.05	13 036	16.0	4 472	22.3	4 705	22.5
2012.06	17 809	15.4	6 328	16.9	6 473	19.9
2012.07	21 295	14.5	7 686	15.7	7 794	17.5
2012.08	25 116	14.9	9 313	16.9	9 259	16.3
2012.09	29 173	14.5	10 944	16.2	10 929	17.1
2012.10	32 823	14.3	12 395	16.4	12 410	17.5
2012.11	36 719	14.8	14 035	19.4	14 018	19.5
2012.12	40 541	13.9	15 763	19.4	15 500	19.8
2013.01	—	—	—	—	—	—
2013.02	4 024	20.9	1 241	24.6	1 405	26.8
2013.03	7 766	17.8	2 521	21.8	2 845	25.6
2013.04	11 241	20.2	3 804	20.4	4 136	24.5
2013.05	15 518	19.0	5 445	21.8	5 835	24.0
2013.06	21 140	18.7	7 645	20.8	8 043	24.3
2013.07	25 264	18.6	9 298	21.0	9 739	25.0
2013.08	29 498	17.4	11 116	19.4	11 505	24.3
2013.09	34 413	18.0	13 127	20.0	13 580	24.3

房地产开发投资按地区分的构成变化
Change in composition of real estate development investment by region

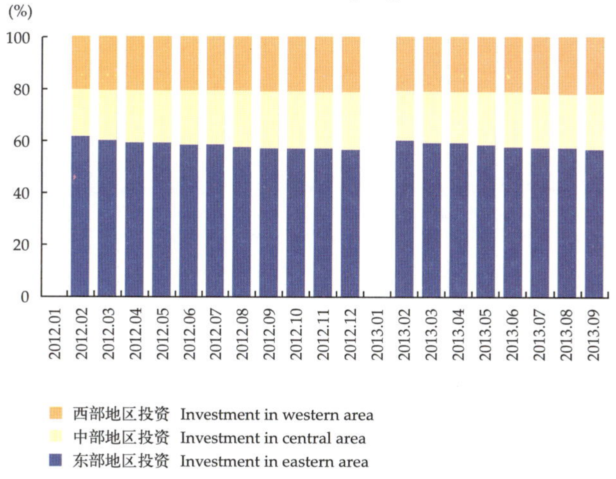

房地产开发投资按地区分的增长趋势
Growth of composition of real estate development investment by region

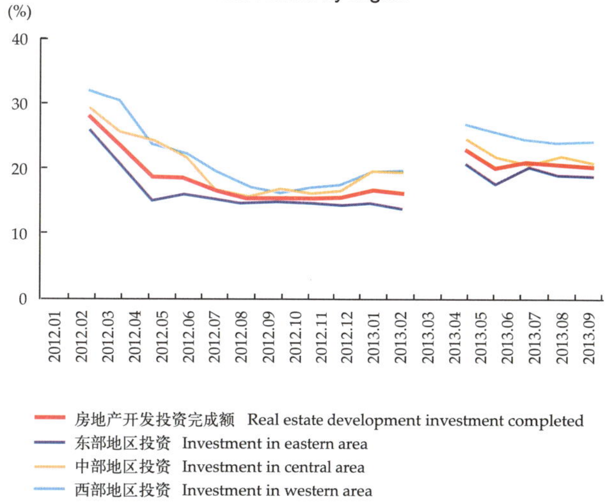

商品房建筑与销售
Construction and sales of commercial buildings

单位：亿平方米、亿元
Unit: 100 million square meters, RMB 100 million yuan

年/月 Year/Month	施工面积 Area under construction	同比增长(%) YOY growth(%)	竣工面积 Area completed	同比增长(%) YOY growth(%)	销售面积 Area sold	同比增长(%) YOY growth(%)	销售面积与竣工面积之比 Ratio of sold to completed areas	月度累计销售额 Monthly accumulated sales volume	增长率(%) Growth rate (%)
2012.07	48.9	15.3	3.9	19.0	4.9	-6.6	126	28 699	-0.5
2012.08	51.2	15.6	4.5	20.2	5.7	-4.1	129	34 011	2.2
2012.09	52.5	14.0	5.1	16.4	6.8	-4.0	135	40 354	2.7
2012.10	53.8	13.3	5.8	17.3	7.9	-1.1	135	46 301	5.6
2012.11	55.7	13.3	6.8	14.1	9.2	2.4	135	53 526	9.1
2012.12	57.3	12.9	9.9	11.4	11.1	1.2	112	64 456	9.0
2013.01	—	—	—	—	—	—	—	—	—
2013.02	45.5	15.3	1.4	34.0	1.0	49.5	77	7 361	77.6
2013.03	47.9	17.0	1.9	8.9	2.1	37.1	107	13 992	61.3
2013.04	50.1	17.2	2.4	6.6	3.0	38.0	125	19 847	59.8
2013.05	52.3	16.0	2.9	5.3	3.9	35.6	136	25 864	52.8
2013.06	54.9	15.5	3.5	6.3	5.1	28.7	146	33 376	43.2
2013.07	56.9	16.2	4.2	7.9	6.1	25.8	147	39 549	37.8
2013.08	58.6	14.4	4.7	4.6	7.1	23.4	152	45 724	34.4
2013.09	60.4	15.0	5.3	4.2	8.4	23.3	160	54 028	33.9

商品房施工面积、竣工面积与销售面积
Area of commercial housing under construction, completed, and sold

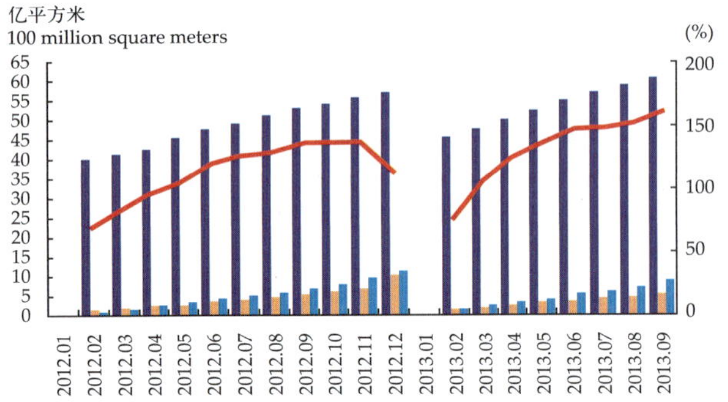

商品房施工面积、竣工面积与销售面积增长趋势
Growth of area of commercial housing under construction, completed, and sold

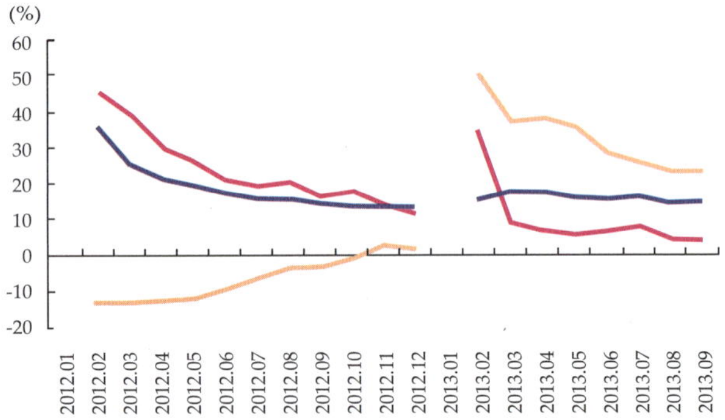

商品房销售额及其增长率
Sales volume of commercial housing and its growth rate

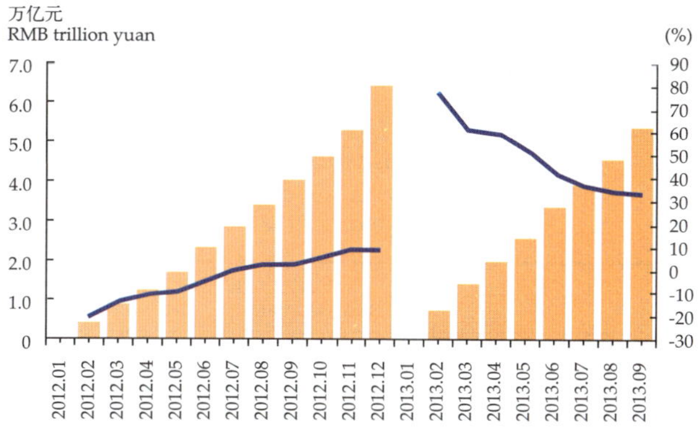

商品房月度累计销售额（左坐标）
Monthly accumulated sales volume (LHS)

增长率（右坐标）
Growth rate (RHS)

住宅在商品房施工面积、竣工面积与销售面积中所占的比重
Share of residences in commercial housing under construction, completed, and sold

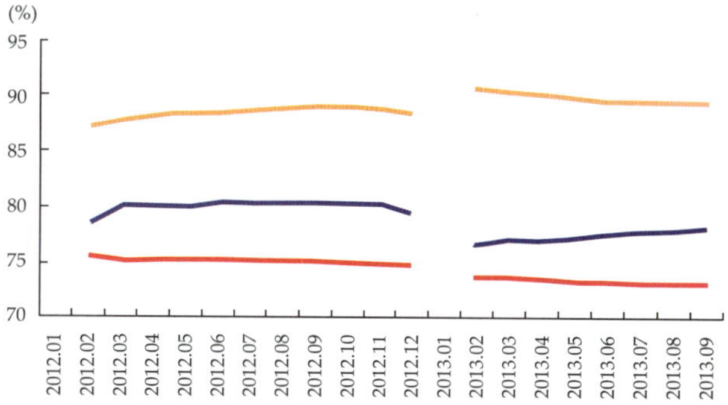

施工面积中住宅所占的比重
Share of residences in commercial housing under construction

竣工面积中住宅所占的比重
Share of residences in commercial housing completed

销售面积中住宅所占的比重
Share of residences in commercial housing sold

主要经济指标环比增速
MOM growth rates of main economic indicators

年/季 Year/Quarter	国内生产总值 Gross domestic product (%)	年/月 Year/Month		规模以上工业增加值 Value added of industry (%)	固定资产投资（不含农户） Completed investment in fixed assets (excluding rural households) (%)	社会消费品零售总额 Retail sales of consumer goods (%)
2011		2011	1	—	—	—
			2	0.93	-0.23	1.35
I	2.3		3	1.09	2.58	1.35
			4	0.91	1.71	1.33
			5	0.94	1.83	1.29
II	2.5		6	1.30	1.48	1.49
			7	0.76	1.55	1.33
			8	0.84	1.44	1.42
III	2.2		9	0.95	1.88	1.33
			10	0.76	1.75	1.47
			11	0.74	1.13	1.40
IV	1.8		12	0.96	1.47	1.52
2012		2012	1	0.50	1.24	0.19
			2	0.61	1.84	1.01
I	1.4		3	1.24	1.01	1.21
			4	0.36	1.21	0.97
			5	0.89	1.89	1.09
II	2.2		6	0.80	1.87	1.12
			7	0.69	1.32	1.09
			8	0.72	1.27	1.10
III	2		9	0.89	1.99	1.32
			10	0.79	1.56	1.16
			11	0.82	1.52	1.21
IV	1.9		12	0.84	1.59	1.25
2013		2013	1	0.62	1.81	0.19
			2	0.83	1.57	0.97
I	1.5		3	0.71	1.64	1.30
			4	0.93	1.59	1.26
			5	0.69	1.43	1.18
II	1.9		6	0.74	1.46	1.23
			7	0.88	1.55	1.25
			8	0.92	1.68	1.13
III	2.2		9	0.72	1.28	1.24

注：1. 自2011年4月起，国家统计局对外公布国内生产总值、规模以上工业增加值、固定资产投资（不含农户）、社会消费品零售总额四项统计指标的经季节调整的环比数据。
2. 表中数据根据国家统计局最新数据修订。

Notes:1. From April 2011, National Bureau of Statistics began to pubilsh four seasonally-adjusted MOM indices, namely: gross domestic product, value added of industry, completed investment in fixed assets (excluding rural households), retail sales of consumer goods.
2. Data are revised by National Bureau of Statistics of China.

五、对外部门
5. External Sector

1.外贸
(1)Foreign trade

据世界贸易组织统计，2012年，中国货物贸易出口总值为20 490亿美元，占世界货物贸易出口总值18.325万亿美元的11.2%，比2011年提高0.8个百分点，在全球货物贸易出口排名中位居第一。2012年，中国货物贸易进口总值为18 180亿美元，占世界货物贸易进口总值18.565万亿美元的9.8%，比2011年提高了0.3个百分点，在全球货物贸易进口中排名第二，位于美国之后。

According to WTO statistics, in 2012, China's export volume of goods totaled USD2,049 billion, accounting for 11.2 percent of the world total of USD18.325 trillion, 0.8 percentage point higher than that in 2011. And China's goods export also ranked 1st in the world. China's import volume of goods reached USD1,818 billion, accounting for 9.8 percent of the world total of USD18.565 trillion, 0.3 percentage point higher than that in 2011. China ranked 2nd in the world after the U.S. in terms of goods imports.

2012年世界货物贸易出口前十位排名

Top ten economies in the world in terms of goods exported in 2012

	出口(10亿美元) Exports (USD billion)	比重(%) Share (%)
世界 World total	**18 325**	**100.0**
1 中 国 China	**2 049**	**11.2**
2 美 国 U.S.	1 547	8.4
3 德 国 Germany	1 407	7.7
4 日 本 Japan	799	4.4
5 荷 兰 Netherlands	656	3.6
6 法 国 France	569	3.1
7 韩 国 Korea	548	3.0
8 俄罗斯 Russia	529	2.9
9 意大利 Italy	500	2.7
10 香 港 HK SAR of China	493	2.7

2012年世界货物贸易进口前十位排名

Top ten economies in the world in terms of goods imported in 2012

	进口(10亿美元) Imports (USD billion)	比重(%) Share (%)
世界 World total	**18 565**	**100.0**
1 美 国 U.S.	2 335	12.6
2 中 国 China	**1 818**	**9.8**
3 德 国 Germany	1 167	6.3
4 日 本 Japan	886	4.8
5 法 国 France	680	3.7
6 荷 兰 Netherlands	674	3.6
7 香 港 HK SAR of China	591	3.2
8 韩 国 Korea	554	3.0
9 印 度 India	520	2.8
10 意大利 Italy	489	2.6

年度进出口额及其增长率
Annual imports & exports and growth rates

单位：亿美元
Unit: USD 100 million

年 Year	进出口 Imports & Exports		出口 Exports		进口 Imports		进出口差额 Trade balance
	总额 Total value	增长率(%) Growth rate (%)	总额 Total value	增长率(%) Growth rate (%)	总额 Total value	增长率(%) Growth rate (%)	
1991	1 357	17.6	719	15.8	638	19.6	81
1992	1 655	22.0	849	18.1	806	26.3	44
1993	1 957	18.2	917	8.0	1 040	29.0	-122
1994	2 366	20.9	1 210	31.9	1 156	11.2	54
1995	2 809	18.7	1 488	23.0	1 321	14.2	167
1996	2 899	3.2	1 510	1.5	1 388	5.1	122
1997	3 252	12.2	1 828	21.0	1 424	2.5	404
1998	3 239	-0.4	1 837	0.5	1 402	-1.5	435
1999	3 606	11.3	1 949	6.1	1 657	18.2	292
2000	4 743	31.5	2 492	27.8	2 251	35.8	241
2001	5 097	7.5	2 661	6.8	2 436	8.2	225
2002	6 208	21.8	3 256	22.4	2 952	21.2	304
2003	8 510	37.1	4 382	34.6	4 128	39.8	255
2004	11 546	35.7	5 933	35.4	5 612	36.0	321
2005	14 219	23.2	7 620	28.4	6 600	17.6	1 020
2006	17 604	23.8	9 689	27.2	7 915	19.9	1 775
2007	21 766	23.6	12 205	25.9	9 561	20.8	2 643
2008	25 633	17.8	14 307	17.2	11 326	18.5	2 981
2009	22 075	-13.9	12 016	-16.0	10 059	-11.2	1 957
2010	29 740	34.7	15 778	31.3	13 962	38.8	1 815
2011	36 419	22.5	18 986	20.3	17 433	24.9	1 553
2012	38 669	6.2	20 488	7.9	18 181	4.3	2 307

注：表中数据根据海关总署最新数据修订。
Note: Data are revised by General Administration of Customs of the People's Republic of China.

出口总值与GDP之比
Total exports over GDP

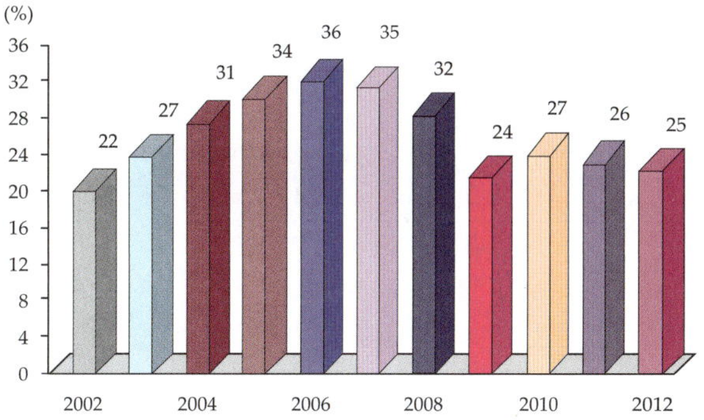

注：图中数据根据国家统计局最新数据修订。
Note: Data are revised by National Bureau of Statistics of China.

贸易差额
Trade balance

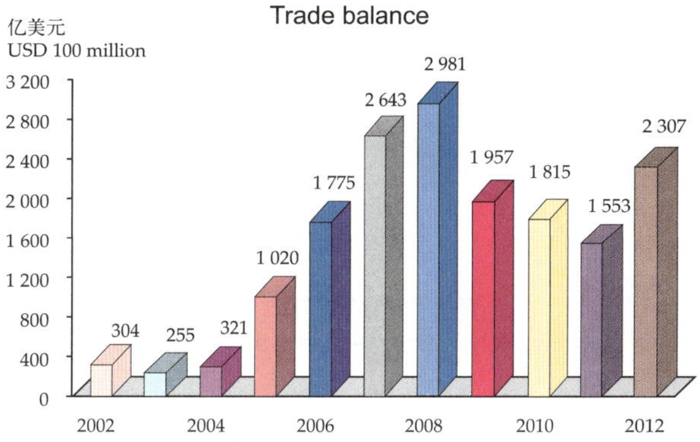

贸易总额及其增长趋势
Total trade volume and growth rates

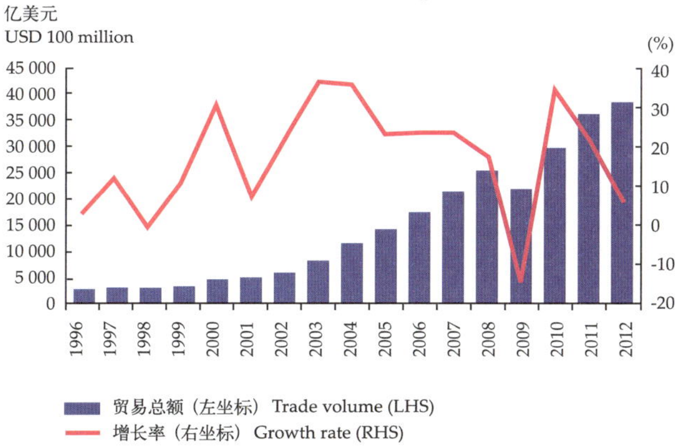

贸易总额与GDP之比
Total trade volume over GDP

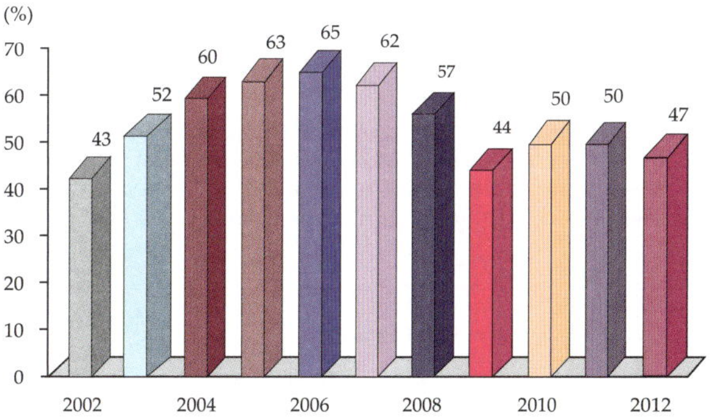

注：图中数据根据国家统计局最新数据修订。
Note: Data are revised by National Bureau of Statistics of China.

当月进出口总值及其增长率
Total monthly imports, exports, and growth rates

单位：亿美元
Unit: USD 100 million

年/月 Year/Month	出口总值 Total exports	进口总值 Total imports	出口同比增长率(%) Growth rate of exports (YOY)(%)	进口同比增长率(%) Growth rate of imports (YOY)(%)	当月差额 Monthly trade balance
2012.01	1 499	1 227	-0.5	-15.0	273
2012.02	1 145	1 460	18.3	40.3	-315
2012.03	1 657	1 603	8.8	5.4	53
2012.04	1 633	1 448	4.9	0.4	184
2012.05	1 811	1 624	15.3	12.7	187
2012.06	1 802	1 485	11.3	6.3	317
2012.07	1 769	1 518	1.0	5.7	251
2012.08	1 780	1 513	2.7	-2.7	267
2012.09	1 863	1 587	9.8	2.3	277
2012.10	1 756	1 435	11.5	2.2	320
2012.11	1 794	1 597	2.8	-0.1	196
2012.12	1 992	1 676	14.0	6.0	316
2013.01	1 874	1 582	25.0	29.0	291
2013.02	1 394	1 241	21.7	-14.9	152
2013.03	1 822	1 830	10.0	14.2	-8
2013.04	1 871	1 689	14.6	16.6	182
2013.05	1 828	1 623	0.9	-0.1	204
2013.06	1 743	1 472	-3.3	-0.9	271
2013.07	1 860	1 682	5.1	10.8	178
2013.08	1 906	1 621	7.1	7.1	285
2013.09	1 856	1 704	-0.4	7.4	152

月度累计进出口总值及其增长率
Total accumulated monthly imports,exports, and growth rates

单位：亿美元
Unit: USD 100 million

年/月 Year/Month	累计出口总值 Accumulated total exports	累计进口总值 Accumulated total imports	累计出口同比增长率(%) Growth rate of accumulated exports (YOY) (%)	累计进口同比增长率(%) Growth rate of accumulated imports (YOY) (%)	累计贸易差额 Accumulated trade balance
2012.01	1 499	1 227	-0.5	-15.0	270
2012.02	2 644	2 686	6.8	8.1	-49
2012.03	4 301	4 289	7.6	7.1	2
2012.04	5 931	5 739	6.8	5.3	188
2012.05	7 742	7 370	8.7	6.9	370
2012.06	9 544	8 855	9.2	6.8	686
2012.07	11 311	10 370	7.8	6.4	939
2012.08	13 090	11 884	7.1	5.2	1 203
2012.09	14 954	13 471	7.4	4.8	1 477
2012.10	16 703	14 905	7.8	4.6	1 798
2012.11	18 497	16 503	7.3	4.1	1 994
2012.12	20 488	18 181	7.9	4.3	2 307
2013.01	1 874	1 582	25.0	28.8	291
2013.02	3 266	2 829	23.6	5.1	437
2013.03	5 088	4 660	18.4	8.5	428
2013.04	6 957	6 354	17.3	10.7	603
2013.05	8 784	7 977	13.5	8.2	807
2013.06	10 527	9 448	10.4	6.7	1 079
2013.07	12 386	11 129	9.5	7.3	1 257
2013.08	14 292	12 751	9.2	7.3	1 541
2013.09	16 148	14 455	8.0	7.3	1 694

注：表中数据根据海关总署最新数据修订。
Note: Data are revised by General Administration of Customs of the People's Republic of China.

当月进出口总值及其增长率
Total monthly imports, exports, and growth rates

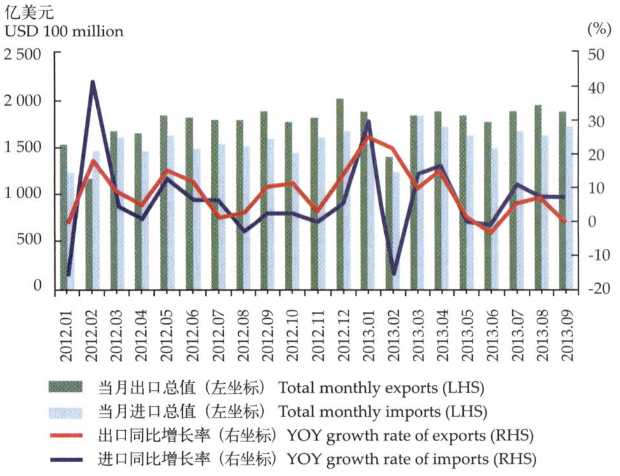

月度累计进出口总值及其增长率
Total accumulated monthly imports, exports, and growth rates

贸易差额月度变动趋势
Movement of monthly trade balance

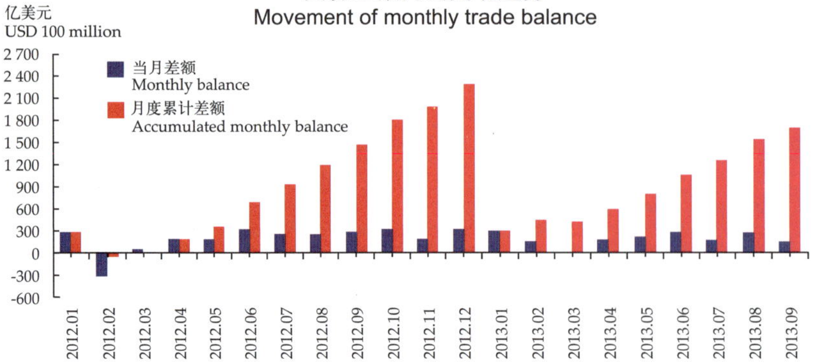

贸易差额构成
Composition of trade balance

单位：亿美元
Unit: USD 100 million

年 Year	贸易差额总计 Total trade balance	一般贸易 General trade	加工贸易 Processing trade	其他贸易 Other trade
1998	435	306	359	-230
1999	292	121	373	-202
2000	241	51	451	-261
2001	225	-16	535	-293
2002	304	71	577	-344
2003	255	-57	789	-477
2004	321	-46	1 063	-697
2005	1 020	354	1 425	-759
2006	1 775	831	1 889	-945
2007	2 643	1 098	2 491	-971
2008	2 981	899	2 968	-912
2009	1 957	-40	2 646	-646
2010	1 815	-473	3 229	-926
2011	1 553	-903	3 656	-1 200
2012	2 307	-338	3 816	-1 171

注：“贸易差额总计”根据《海关统计》月报修订。
Note: "Total trade balance" are revised by *China Monthly Exports and Imports*.

月度累计贸易差额按企业性质分
Accumulated monthly trade balance by enterprise

单位：亿美元
Unit: USD 100 million

年/月 Year/Month	国有企业 State-owned enterprises	外资企业 Foreign-funded enterprises	其他企业 Other enterprises
2012.01	-171	188	256
2012.02	-452	176	234
2012.03	-691	296	403
2012.04	-903	447	650
2012.05	-1 135	1 555	959
2012.06	-1 313	718	1 283
2012.07	-1 272	678	1 356
2012.08	-1 630	918	1 919
2012.09	-1 795	1 028	2 251
2012.10	-1 974	1 179	2 598
2012.11	-2 181	1 330	2 846
2012.12	-2 391	1 515	3 188
2013.01	-206	160	338
2013.02	-386	297	530
2013.03	-617	433	615
2013.04	-842	558	894
2013.05	-1 038	673	1 174
2013.06	-1 220	823	1 477
2013.07	-1 446	923	1 781
2013.08	-1 631	1 064	2 111
2013.09	-1 817	1 180	2 349

贸易差额构成
Composition of trade balance

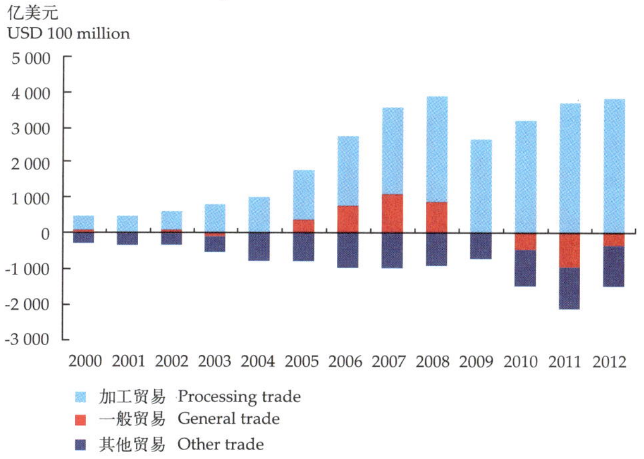

月度累计贸易差额按企业性质分
Accumulated monthly trade balance by enterprise

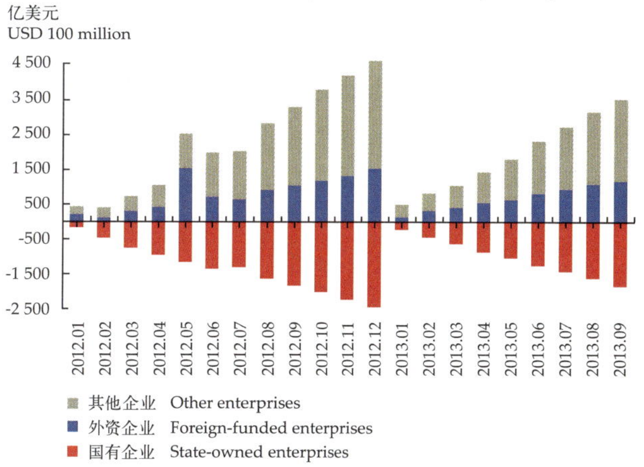

一般贸易累计进出口及其增长率
Accumulated imports and exports under general trade and growth rates

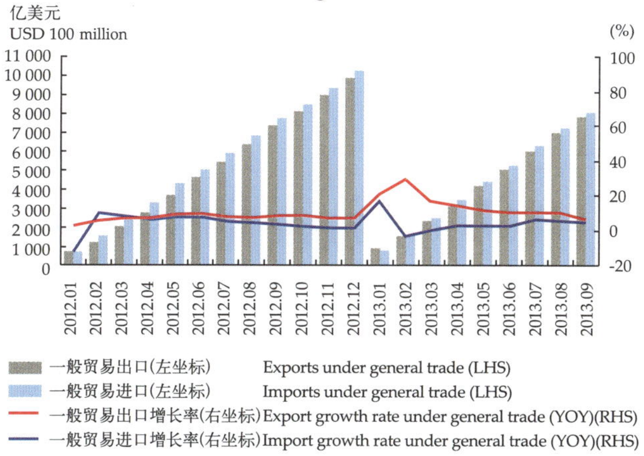

加工贸易累计进出口及其增长率
Accumulated imports and exports under processing trade and growth rates

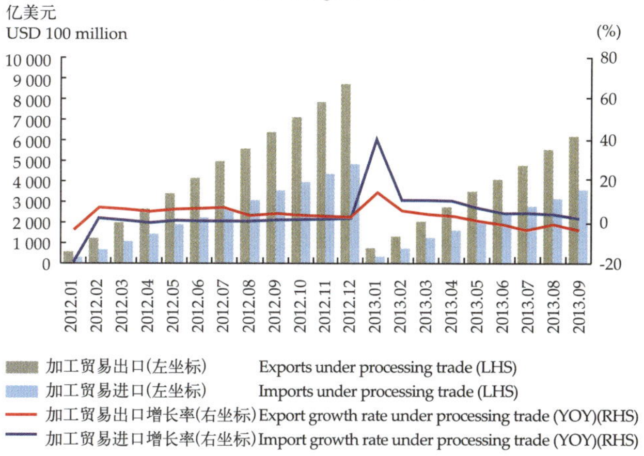

中国大陆对美国进出口及其增长趋势

Mainland China's imports from and exports to the U.S. and their growth

中国大陆对美国贸易总额和贸易差额

Mainland China's trade volume and trade balance with the U.S.

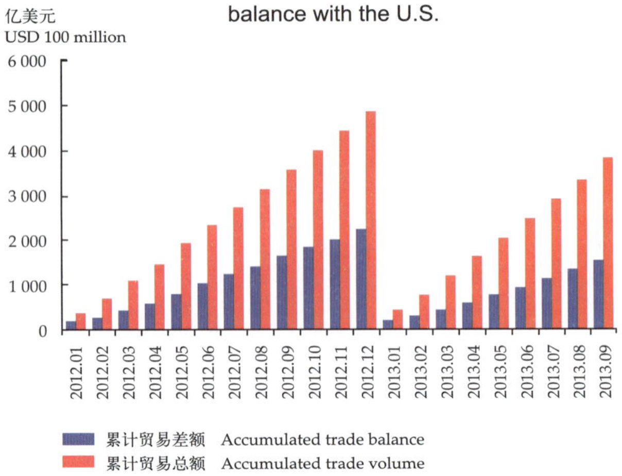

中国大陆对欧盟进出口及其增长趋势

Mainland China's imports from and exports to the EU and their growth

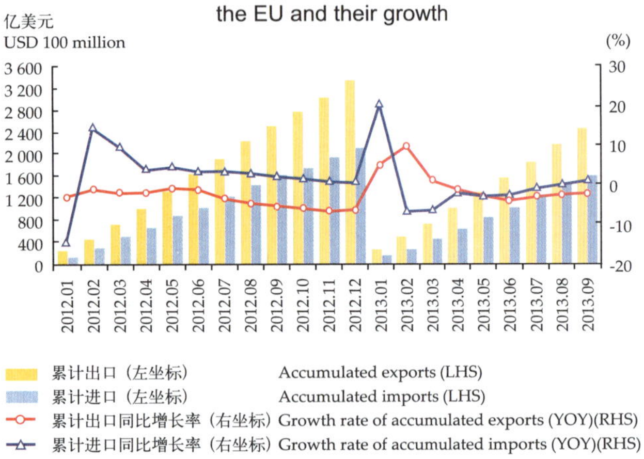

中国大陆对欧盟贸易总额和贸易差额

Mainland China's trade volume and trade balance with the EU

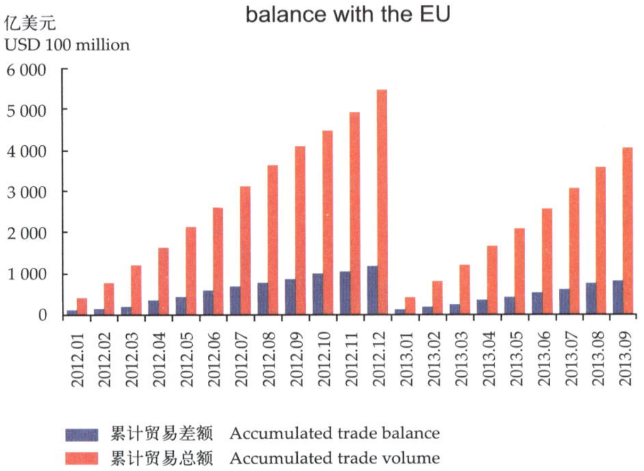

中国大陆对日本进出口及其增长趋势

Mainland China's imports from and exports to Japan and their growth

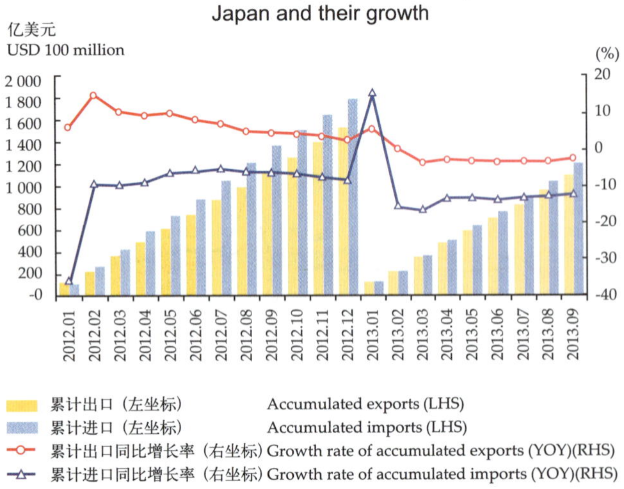

中国大陆对日本贸易总额和贸易差额

Mainland China's trade volume and trade balance with Japan

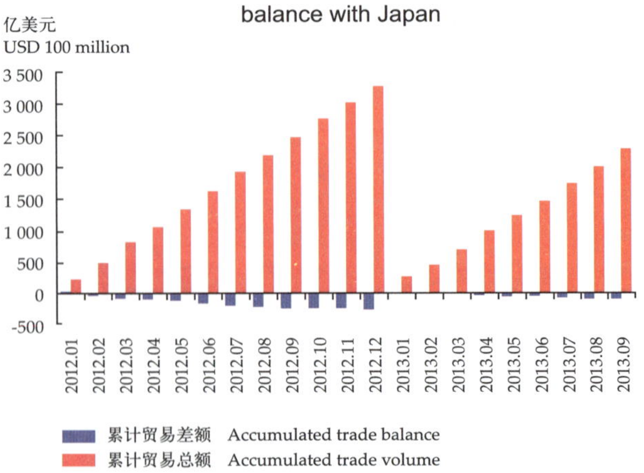

中国大陆对东盟进出口及其增长趋势
Mainland China's imports from and exports to ASEAN and their growth

中国大陆对东盟贸易总额和贸易差额
Mainland China's trade volume and trade balance with ASEAN

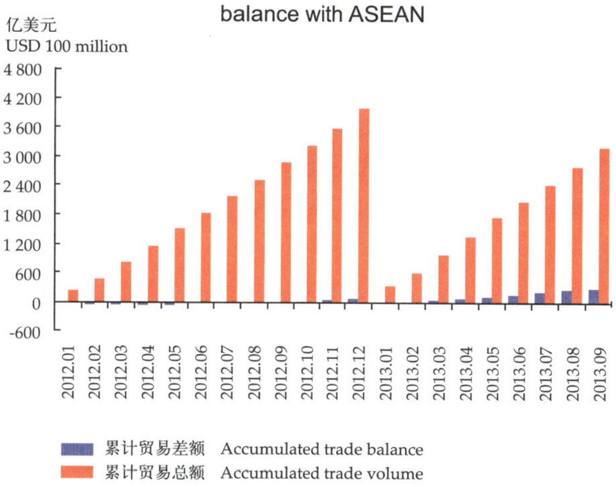

中国大陆对中国香港地区进出口及其增长趋势
Mainland China's imports from and exports to Hong Kong SAR of China and their growth

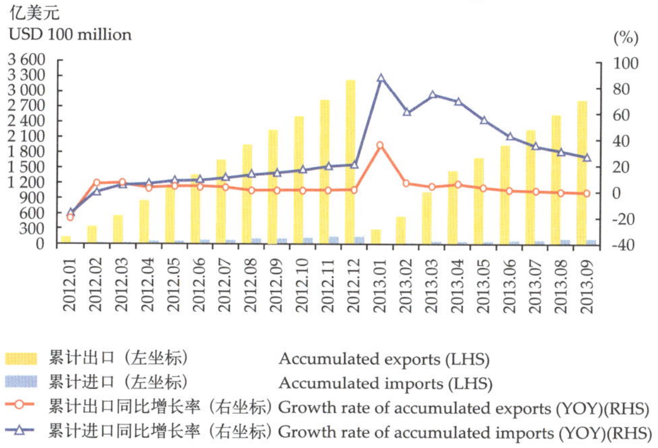

中国大陆对中国香港地区贸易总额和贸易差额
Mainland China's trade volume and trade balance with Hong Kong SAR of China

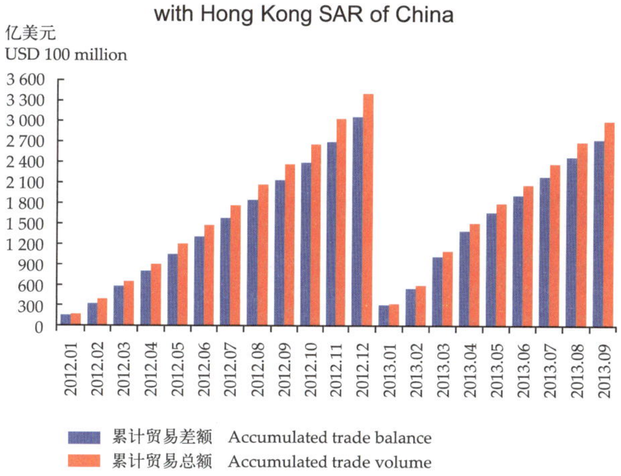

中国大陆对中国台湾地区进出口及其增长趋势
Mainland China's imports from and exports to China Taiwan and their growth

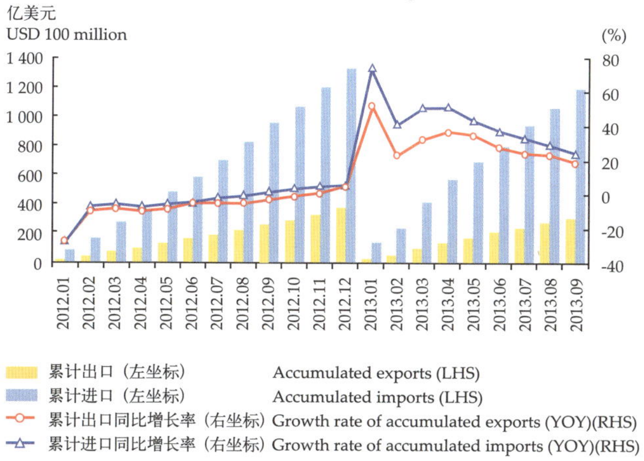

中国大陆对中国台湾地区贸易总额和贸易差额
Mainland China's trade volume and trade balance with China Taiwan

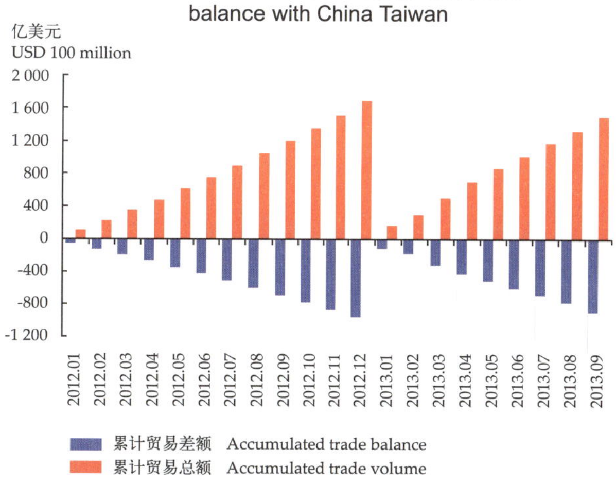

2.外资

(2) Foreign investment

据联合国贸易与发展会议2013年6月发布的《2013年世界投资报告》，中国以1 210亿美元流入量成为2012年全球发展中国家中第一大外国直接投资接受国，报告指出：2012年全球外国直接投资流入量为1.35万亿美元，较上年下降18%。

另据商务部统计，2012年，新批设立外商投资企业24 925家，实际使用外资金额1 117.2亿美元。

According to the UNCTAD's *World Investment Report 2013* published in June 2013, China became the world's No.1 recipient of foreign direct investment (FDI) among developing countries in 2012, with capital inflows of USD121 billion. It is pointed out in the report that global FDI inflows decreased by 18% to USD1.35 trillion in 2012.

According to statistics of the Ministry of Commerce, in 2012, 24,925 foreign-invested enterprises were approved for incorporation in China, with actual utilized FDI reaching USD111.72 billion.

实际利用外商直接投资及其增长趋势
Actual utilized foreign direct investments and growth rates

单位：亿美元
Unit: USD 100 million

年 Year	绝对值 Absolute value	增长率(%) Growth rates (%)
1991	43.7	28.7
1992	110.1	152.1
1993	275.2	150.0
1994	337.7	22.7
1995	375.2	11.1
1996	417.3	11.2
1997	452.6	8.5
1998	454.6	0.5
1999	403.2	-11.3
2000	407.2	1.0
2001	468.5	14.9
2002	527.4	12.6
2003	535.1	1.4
2004	606.3	13.3
2005	603.3	-0.5
2006	630.2	4.5
2007	747.7	13.6
2008	924.0	23.6
2009	900.3	-2.6
2010	1 057.0	17.4
2011	1 160.1	9.7
2012	1 117.2	-3.7

实际利用外商直接投资及其增长率
Actual utilized foreign direct investments and growth rates

月度累计实际外商直接投资
Accumulated utilized FDI on a monthly basis

单位：亿美元
Unit: USD 100 million

年/月 Year/Month	实际外商直接投资累计金额 Accumulated utilized FDI	实际外商直接投资累计同比增长率(%) Growth rate of accumulated utilized FDI (%)
2012.01	100	-0.3
2012.02	177	-0.6
2012.03	295	-2.8
2012.04	379	-2.4
2012.05	471	-1.9
2012.06	591	-2.9
2012.07	667	-3.6
2012.08	750	-3.4
2012.09	834	-3.7
2012.10	918	-3.4
2012.11	1 001	-3.6
2012.12	1 117	-3.7
2013.01	93	-7.3
2013.02	175	-1.4
2013.03	299	1.4
2013.04	383	1.2
2013.05	476	1.0
2013.06	620	4.9
2013.07	714	7.0
2013.08	798	6.3
2013.09	886	6.2

月度累计实际外商直接投资
Accumulated utilized FDI on a monthly basis

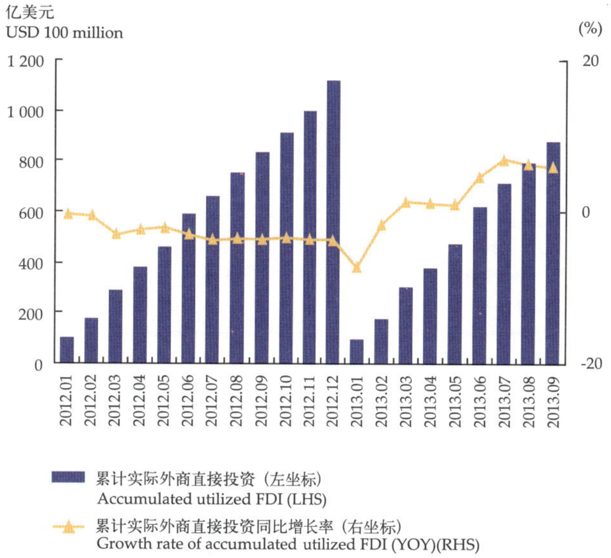

3. 国际收支
(3) Balance of payments (BOP)

中国国际收支变化趋势
Movement of China's balance of payments

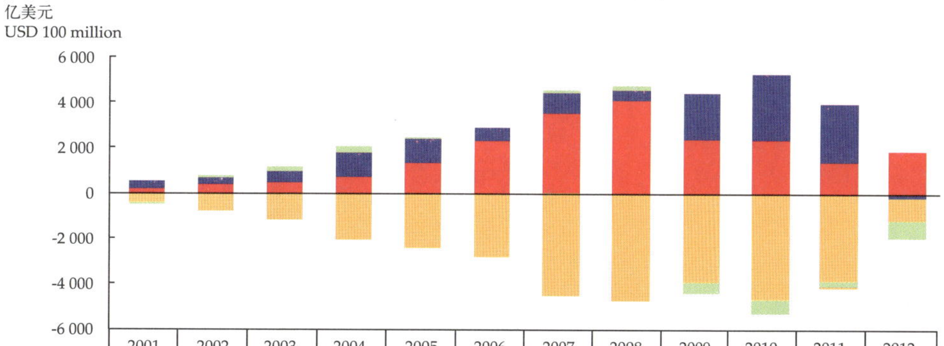

	2001	2002	2003	2004	2005	2006	2007	2008	2009	2010	2011	2012
净误差与遗漏差额 Balance of errors and omissions (net)	-49	78	184	270	155	37	133	188	-434	-530	-138	-798
储备资产差额 Balance of reserve assets	-473	-755	-1 170	-2 064	-2 506	-2 848	-4 607	-4 795	-3 984	-4 717	-3 878	-966
资本和金融项目差额 Balance of capital and financial accounts	348	323	527	1 107	1 010	439	942	401	1 985	2 869	2 655	-168
经常项目差额 Balance of current account	174	354	459	687	1 341	2 318	3 532	4 206	2 433	2 378	1 361	1 931

注：1. 储备资产的增加用负值表示，储备资产的减少用正值表示。
2. 图中数据根据国家统计局最新数据修订。

Notes: 1. The increase in the reserve assets is expressed in a negative figure and the decresae in the reserve assets is expressed in a positive figure.
2. Data are revised by State Administration of Foregn Exchange.

2013年上半年国际收支平衡表简表
BOP sheet in the first half of 2013

单位：亿美元
Unit: USD 100 million

项　目	Items	差额 Balance	贷方 Credit	借方 Debit
一、经常项目	**Current account**	984	12 788	11 804
A．货物和服务	Goods and services	1 024	11 544	10 520
a.货物	Goods	1 576	10 577	9 001
b.服务	Services	-551	967	1 519
B．收益	Yields	-2	991	993
C．经常转移	Current transfers	-38	254	292
二、资本和金融项目	**Capital and financial accounts**	1 187	6 877	5 690
A．资本项目	Capital account	24	27	3
B．金融项目	Financial account	1 162	6 850	5 687
1.直接投资	Direct investment	775	1 475	699
1.1 我国在外直接投资	FDI outflow	-370	147	517
1.2 外国在华直接投资	FDI inflow	1 145	1 328	183
2.证券投资	Portfolio investment	241	454	213
2.1 资产	Assets	-78	97	175
2.2 负债	Liabilities	319	357	39
3.其他投资	Other investment	146	4 921	4 774
三、储备资产	**Reserve assets**	-2 036	6	2 041
3.1 货币黄金	Monetary gold	0	0	0
3.2 特别提款权	SDRs	1	1	0
3.3 在国际货币基金组织的储备头寸	Reserve position in IMF	5	5	0
3.4 外汇	Foreign exchange	-2 041	0	2 041
3.5 其他债权	Other claims	0	0	0
四、净误差与遗漏	**Errors and omissions (net)**	-135	0	135

4.外汇储备
(4) Foreign exchange reserves

外汇储备及其增长率
Foreign exchange reserves and growth rates

单位：亿美元
Unit: USD 100 million

年/月 Year/Month	外汇储备 Foreign exchange reserves	同比增长(%) Growth rate (YOY)(%)
2012.01	32 536	11.0
2012.02	33 097	10.6
2012.03	33 050	8.5
2012.04	32 989	4.9
2012.05	32 062	1.3
2012.06	32 400	1.3
2012.07	32 400	-0.2
2012.08	32 729	0.3
2012.09	32 851	2.6
2012.10	32 874	0.4
2012.11	32 977	2.4
2012.12	33 116	4.1
2013.01	34 101	4.8
2013.02	33 954	2.6
2013.03	34 426	4.2
2013.04	35 345	7.1
2013.05	35 148	9.6
2013.06	34 967	7.9
2013.07	35 478	9.5
2013.08	35 530	8.6
2013.09	36 627	11.5

外汇储备及其增长率
Foreign exchange reserves and growth rates

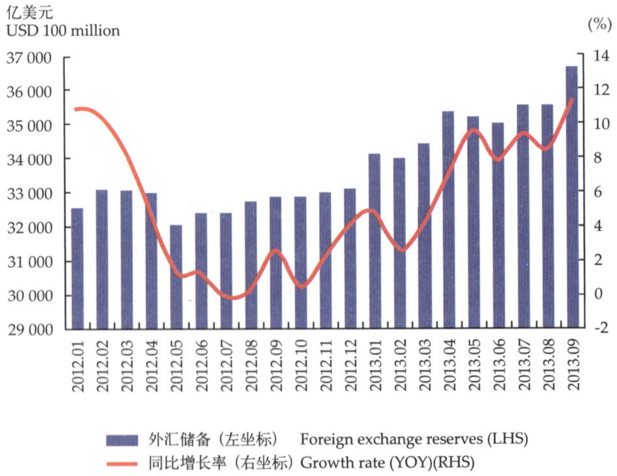

5.外债
(5) External debt

外债余额与外债债务率
Balance and ratio of external debt to foreign exchange income

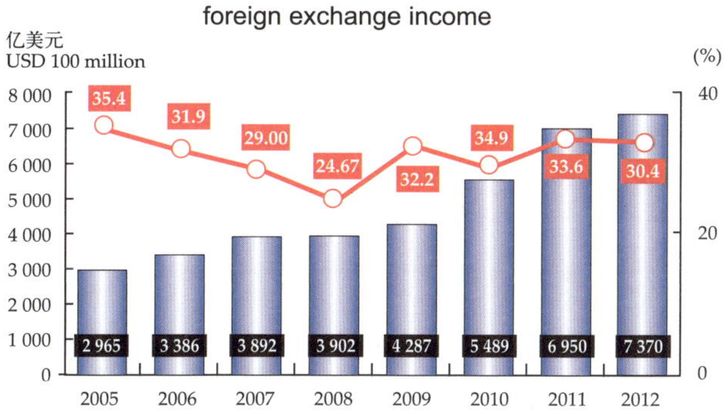

外债余额（左坐标）Balance (LHS)
债务率（外债债务余额/外汇收入）（右坐标）
Ratio (external debt balance/foreign exchange income)(RHS)

外债余额与外债负债率
Balance and ratio of external debt to GDP

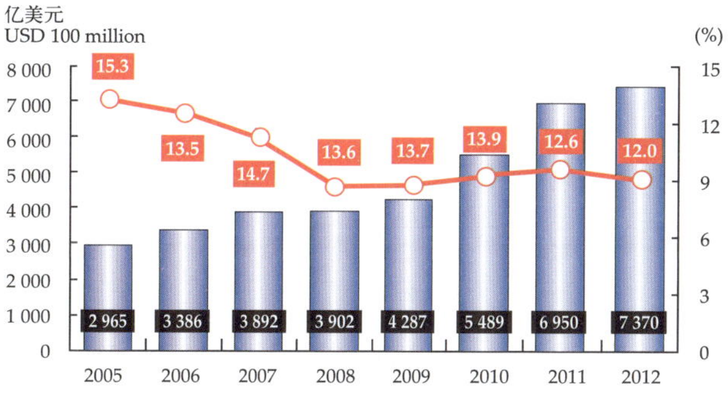

外债余额（左坐标）Balance (LHS)
负债率（外债债务余额/GDP）（右坐标）
Ratio (external debt balance/GDP)(RHS)

注：图中数据根据国家外汇管理局最新数据修订。
Note: Data are revised by State Administration of Foreign Exchange.

2013年6月末外债数据
External debt balance at the end of June of 2013

单位：亿美元
Unit: USD 100 million

	登记外债 Registered external debt	中资金融机构 Chinese financial institutions	外商投资企业 Foreign investment enterprises	境内外资金融机构 Domestic foreign financial institutions	贸易信贷 Trade credit	合计 Total
外债余额 Debt balance	4 624.5	2 274.48	1 370.01	565.47	3 095.00	7 719.50
比重(%) Share (%)	100	49.18	29.63	12.23	—	—

注：2013年上半年，中国新借入中长期外债245.69亿美元，还本166.05亿美元，付息16.9亿美元。
Note: In the first half of 2013, China borrowed medium and long-term external debts totaling USD24.569 billion, repaid principal in the amount of USD16.605 billion and interest in the amount of USD1.69 billion.

2013年6月末外债结构
External debt structure at the end of June of 2013

短期外债余额占比为77.55%
Balance of short-term external debt accounted for 77.55 percent

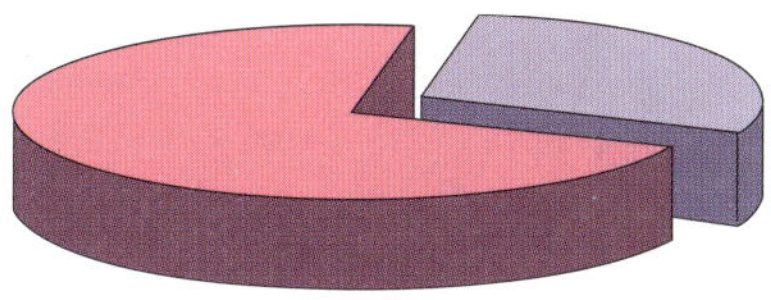

中长期外债余额占比为22.45%
Balance of medium- and long-term external debt accounted for 22.45 percent

2013年6月末，中国外债余额为7 719.5亿美元，其中，中长期外债余额为1 733.23亿美元，占外债余额的22.45%，短期外债余额为5 986.27亿美元，占外债余额的77.55%。
China's outstanding balance of external debt was USD771.95 billion at the end of June of 2013, among which USD173.323 billion or 22.45 percent was medium- and long-term external debt, and USD598.627 billion or 77.55 percent was short-term debt.

六、财政收支与债务
6. Fiscal Revenue, Expenditure and Debt

年度财政收入、财政支出及其增长趋势
Annual budgetary revenue, budgetary expenditure, and their growth

单位：亿元
Unit: RMB 100 million yuan

年 Year	财政收入 Budgetary revenue	财政支出 Budgetary expenditure	财政收入同比增长率(%) Growth rate of budgetary revenue (YOY) (%)	财政支出同比增长率(%) Growth rate of budgetary expenditure (YOY)(%)
1993	4 349	4 642	24.8	24.1
1994	5 218	5 793	20.0	24.8
1995	6 242	6 824	19.6	17.8
1996	7 408	7 938	18.7	16.3
1997	8 651	9 234	16.8	16.3
1998	9 876	10 798	14.2	16.9
1999	11 444	13 188	15.9	22.1
2000	13 395	15 887	17.0	20.5
2001	16 386	18 903	22.3	19.0
2002	18 904	22 053	15.4	16.7
2003	21 715	24 650	14.9	11.8
2004	26 396	28 487	21.6	15.6
2005	31 649	33 930	19.9	19.1
2006	38 760	40 423	22.5	19.1
2007	51 322	49 781	32.4	23.2
2008	61 330	62 593	19.5	25.4
2009	68 518	76 300	11.7	21.9
2010	83 080	89 575	21.3	17.4
2011	103 740	108 930	24.8	21.2
2012	117 210	125 712	12.8	15.1

注：表中数据根据财政部最新数据修订。
Note: Data are revised by Ministry of Finance People's Republic of China.

月度累计财政收支增长率与收支差额
Monthly growth rate and balance of accumulated fiscal revenue and expenditure

单位：亿元
Unit: RMB 100 million yuan

年/月 Year/Month	财政收入累计同比增长率(%) Growth rate of accumulated fiscal revenue(YOY)(%)	财政支出累计同比增长率(%) Growth rate of accumulated fiscal expenditure(YOY)(%)	累计财政收支总量差额 Balance of accumulated fiscal revenue and expenditure
2012.01	12.3	9.6	5 886
2012.02	13.1	32.8	6 994
2012.03	14.7	33.6	5 858
2012.04	12.5	26.2	8 746
2012.05	12.7	22.4	11 586
2012.06	12.2	21.3	9 902
2012.07	11.6	23.4	11 046
2012.08	10.8	21.8	9 890
2012.09	10.9	21.1	6 469
2012.10	11.2	19.6	8 296
2012.11	11.9	17.9	4 008
2012.12	13.0	15.4	-8 000
2013.01	5.8	19.1	5 289
2013.02	7.2	15.7	6 321
2013.03	6.9	12.1	4 997
2013.04	6.7	13.6	7 120
2013.05	6.6	13.2	9 603
2013.06	7.5	10.8	8 877
2013.07	8.0	8.9	11 371
2013.08	8.1	8.6	10 351
2013.09	8.6	8.8	6 857

注：表中数据根据财政部最新数据修订。
Note: Data are revised by Ministry of Finance People's Republic of China.

年度财政收入、财政支出及其增长趋势
Annual budgetary revenue, budgetary expenditure, and their growth

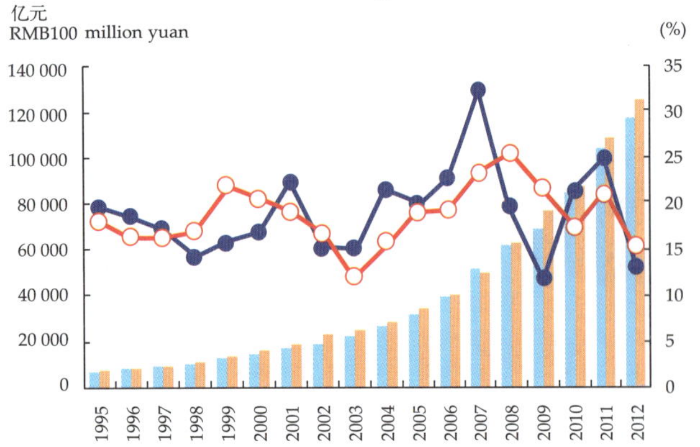

财政收入(左坐标) Budgetary revenue (LHS)
财政支出(左坐标) Budgetary expenditure (LHS)
财政收入同比增长率(右坐标) Growth rate of budgetary revenue (YOY)(RHS)
财政支出同比增长率(右坐标) Growth rate of budgetary expenditure (YOY)(RHS)

月度累计财政收支增长率与收支差额
Monthly growth rate and balance of accumulated fiscal revenue and expenditure

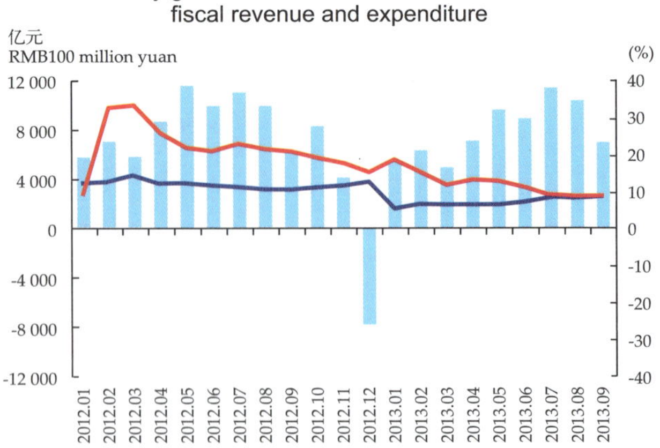

累计财政收支差额（左坐标）
Balance of accumulated fiscal revenue and expenditure (LHS)
财政收入累计同比增长率（右坐标）
Growth rate of accumulated fiscal revenue (YOY)(RHS)
财政支出累计同比增长率（右坐标）
Growth rate of accumulated fiscal expenditure (YOY)(RHS)

中央财政收支在全部财政收支中所占的比重
Ratio of revenues and expenditures of the central government to total fiscal revenues and expenditures

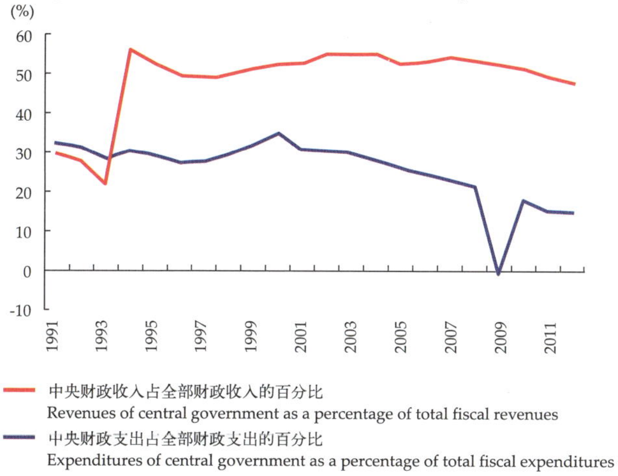

财政风险
Fiscal risks

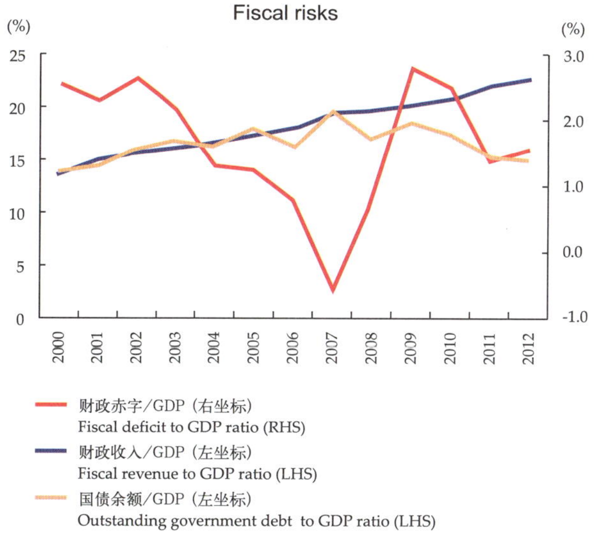

2013年主要预算指标：

2013年，中央财政预算收入为60 060亿元，比2012年执行数（下同）增长7%。从中央预算稳定调节基金中调入1 000亿元。合计收入总量为61 060亿元。中央财政预算支出总量为69 560亿元，增长8.4%。中央财政收支总量相抵，赤字为8 500亿元，比上年预算数增加3 000亿元。中央财政国债余额限额为91 208.35亿元。

汇总中央预算和地方预算安排，2013年全国财政收入为126 630亿元，增长8%，加上从中央预算稳定调节基金调入1 000亿元，可安排的收入总量为127 630亿元；全国财政支出为138 246亿元，增长10%。全国财政收支差额为12 000亿元。

Budgetary targets for 2013:

In 2013 Revenue in the central budget will reach RMB6.006 trillion yuan, 7% over the figure for 2012 (here and below). The central budget stabilization fund will contribute RMB100 billion yuan, bringing total revenue to RMB6.106 trillion yuan. Expenditures in the central budget will reach RMB6.956 trillion yuan, an increase of 8.4%. Expenditures in the central budget will exceed revenue, resulting in a deficit of RMB850 billion yuan, an increase of RMB300 billion yuan than previous year's budget. The limit for the outstanding balance of government bonds issued by the central government will be RMB9.120835 trillion yuan.

Total combined revenue of central and local governments is budgeted at RMB12.663 trillion yuan, an increase of 8%. Adding RMB100 billion yuan from the central budget stabilizing fund, total national revenue is projected to reach RMB12.763 trillion yuan. Total national expenditures are budgeted at RMB13.8246 trillion yuan, up 10%. Total expenditures will exceed total revenue by RMB1.2 trillion yuan.

七、货币银行
7. Money and Banking

1.货币供应量
(1) Money supply

年度M0、M1、M2及其变化趋势
Annual M0, M1, and M2 and their changes

单位：万亿元
Unit: RMB trillion yuan

年 Year	M0	M1	M2	M0同比增长率(%) Growth rate of M0 (YOY)(%)	M1同比增长率(%) Growth rate of M1 (YOY)(%)	M2同比增长率(%) Growth rate of M2 (YOY)(%)
1999	1.4	4.6	12.0	20.1	17.7	14.7
2000	1.5	5.3	13.5	8.9	16.0	12.3
2001	1.6	6.0	15.8	7.1	12.7	14.4
2002	1.7	7.1	18.5	10.1	16.8	16.8
2003	2.0	8.4	22.1	14.3	18.7	19.6
2004	2.2	9.6	25.4	8.7	13.6	14.7
2005	2.4	10.7	29.9	11.9	11.8	17.6
2006	2.7	12.6	34.6	12.7	17.5	16.9
2007	3.0	15.3	40.3	12.1	21.0	16.7
2008	3.4	16.6	47.5	12.7	9.1	17.8
2009	3.8	22.0	60.6	11.8	32.4	27.7
2010	4.5	26.7	72.6	16.7	21.2	19.7
2011	5.1	29.0	85.2	13.8	7.9	13.6
2012	5.5	30.9	97.4	7.7	6.5	13.8

月度M0、M1、M2及其变化趋势
Monthly M0, M1, and M2 and their changes

单位：万亿元
Unit: RMB trillion yuan

年/月 Year/Month	M0	M1	M2	M0同比增长率(%) Growth rate of M0 (YOY)(%)	M1同比增长率(%) Growth rate of M1 (YOY)(%)	M2同比增长率(%) Growth rate of M2 (YOY)(%)
2011.01	5.8	26.3	73.4	42.5	13.6	17.2
2011.02	4.7	25.9	73.6	10.3	14.5	15.7
2011.03	4.5	26.6	75.8	14.8	15.0	16.6
2011.04	4.5	26.7	75.7	14.7	12.9	15.3
2011.05	4.5	26.9	76.3	15.4	12.7	15.1
2011.06	4.4	27.5	78.1	14.4	13.1	15.9
2011.07	4.5	27.1	77.3	14.3	11.6	14.7
2011.08	4.6	27.3	78.1	14.7	11.2	13.5
2011.09	4.7	26.7	78.7	12.7	8.9	13.0
2011.10	4.7	27.7	81.7	11.9	8.4	12.9
2011.11	4.7	28.1	82.6	12.0	7.8	12.7
2011.12	5.1	29.0	85.2	13.8	7.9	13.6
2012.01	6.0	27.0	85.6	3.0	3.1	12.4
2012.02	5.1	27.0	86.7	8.8	4.3	13.0
2012.03	5.0	27.8	89.6	10.6	4.4	13.4
2012.04	5.0	27.5	89.0	10.4	3.1	12.8
2012.05	4.9	27.9	90.0	10.0	3.5	13.2
2012.06	4.9	28.8	92.5	10.8	4.7	13.6
2012.07	5.0	28.3	91.9	10.0	4.6	13.9
2012.08	5.0	28.6	92.5	9.7	4.5	13.5
2012.09	5.3	28.7	94.4	13.3	7.3	14.8
2012.10	5.1	29.3	93.6	10.5	6.1	14.1
2012.11	5.2	29.7	94.5	10.7	5.5	13.9
2012.12	5.5	30.9	97.4	7.7	6.5	13.8
2013.01	6.2	31.1	99.2	4.4	15.3	15.9
2013.02	6.0	29.6	99.9	17.2	9.5	15.2
2013.03	5.5	31.1	103.6	12.4	11.9	15.7
2013.04	5.6	30.8	103.3	10.8	11.9	16.1
2013.05	5.4	31.0	104.2	10.8	11.3	15.8
2013.06	5.4	31.4	105.4	9.9	9.1	14.0
2013.07	5.4	31.1	105.2	9.5	9.7	14.5
2013.08	5.5	31.4	106.1	9.3	9.9	14.7
2013.09	5.6	31.2	107.7	5.7	8.9	14.2

货币供应量与货币流动性
Money supply and monetary liquidity

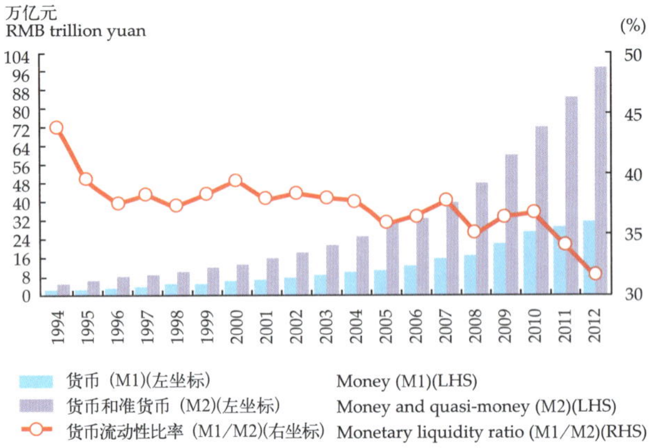

年度M0、M1、M2及其变化趋势
Annual M0, M1 and M2 and their changes

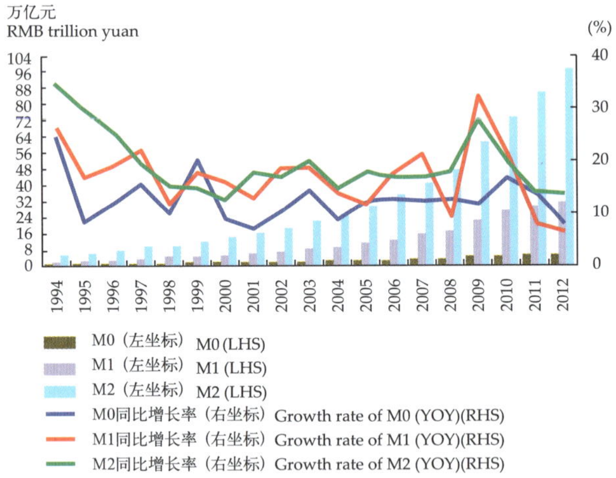

月度M0、M1、M2及其变化趋势
Monthly M0, M1 and M2 and their changes

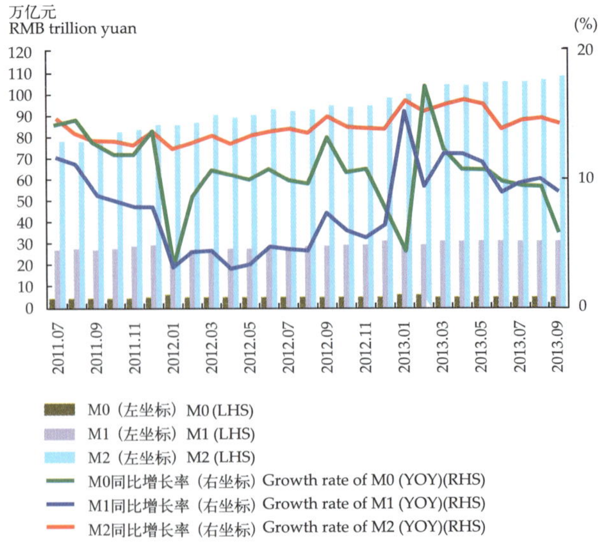

货币供应量构成
Composition of money supply

单位：亿元
Unit: RMB 100 million yuan

年／月 Year/Month	货币和准货币 Money & quasi-money M2	货币 Money M1	流通中货币 Currency in circulation M0	单位活期存款 Coporate demand deposits	准货币 Quasi-money	单位定期存款 Coporate time deposits	个人存款 Personal deposits	其他存款 Other deposits
2011.07	772 924	270 546	45 183	225 363	502 378	160 322	331 071	10 984
2011.08	780 852	273 394	45 775	227 618	507 459	163 846	331 418	12 194
2011.09	787 406	267 193	47 145	220 048	520 213	171 105	341 792	7 315
2011.10	816 829	276 553	46 579	229 973	540 277	162 366	334 498	43 412
2011.11	825 494	281 416	47 317	234 099	544 078	162 640	336 627	44 810
2011.12	851 591	289 848	50 748	239 099	561 743	166 616	352 797	42 330
2012.01	855 899	270 010	59 821	210 190	585 888	165 955	370 564	49 370
2012.02	867 171	270 312	51 449	218 863	596 859	168 851	372 271	55 737
2012.03	895 566	277 998	49 596	228 402	617 567	177 917	385 443	54 207
2012.04	889 604	274 984	50 199	224 785	614 620	179 841	378 926	55 853
2012.05	900 049	278 656	49 040	229 617	621 392	181 670	381 242	58 480
2012.06	924 991	287 526	49 285	238 242	637 465	186 606	396 300	54 560
2012.07	919 072	283 091	49 706	233 385	635 982	188 282	390 815	56 884
2012.08	924 895	285 739	50 235	235 504	639 155	190 002	391 897	57 256
2012.09	943 689	286 788	53 433	233 355	656 901	200 657	403 175	53 069
2012.10	936 404	293 310	51 468	241 842	643 094	191 727	396 448	54 920
2012.11	944 832	296 883	52 392	244 491	647 949	192 174	398 962	56 813
2012.12	974 149	308 664	54 660	254 004	665 485	195 940	411 363	58 182
2013.01	992 129	311 229	62 450	248 779	680 901	202 559	419 143	59 198
2013.02	998 601	296 103	60 314	235 790	702 498	204 965	436 912	60 621
2013.03	1 035 858	310 898	55 461	255 438	724 960	215 733	449 007	60 220
2013.04	1 032 552	307 648	55 607	252 041	724 903	223 900	439 471	61 532
2013.05	1 042 169	310 204	54 431	255 773	731 965	227 155	442 270	62 539
2013.06	1 054 404	313 500	54 064	259 436	740 904	228 029	453 411	59 464
2013.07	1 052 212	310 596	54 413	256 184	741 616	226 039	449 302	66 275
2013.08	1 061 256	314 086	54 925	259 161	747 171	229 496	450 214	67 461
2013.09	1 077 379	312 330	56 493	255 838	765 049	239 080	461 958	64 010

注：1. 自2006年起，此表中“非金融公司保证金存款”不再包含在“其他存款”的项目下，而被调整到“定期存款”项目下。2006年及以后各期数据与历史数据不完全可比。
2. 自2011年起，此表中准货币项下的“储蓄存款”改为“个人存款”。

Note: 1. Beginning in 2006, "non-financial corporation margin deposits"are not included in the item "other deposits", which are included under "time deposites". Therefore,form 2006 the data of these two items are not fully comparable with the historical statistics;
2. Beginning in 2011, "saving deposits" is replaced by "personal deposits". Therefore, form 2011 the datas of this item are not fully comparable with the historical statistics.

广义货币供应量M2变动
Changes in the composition of broad money M2

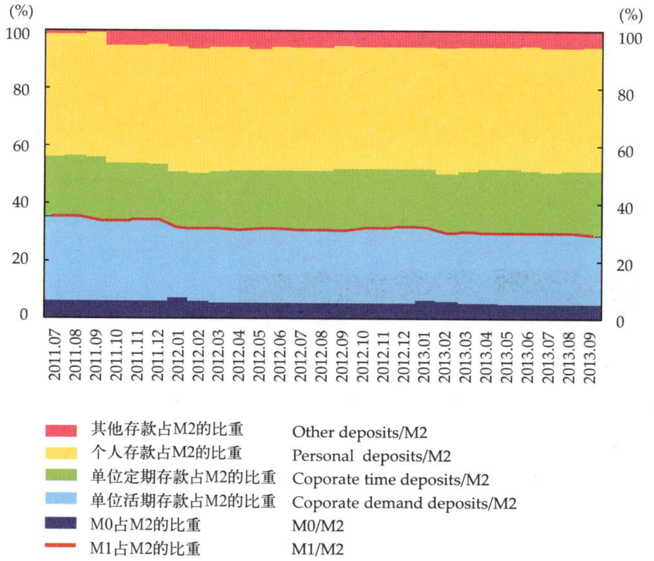

2013年9月末货币供应量构成
Composition of money supply at the end of September, 2013

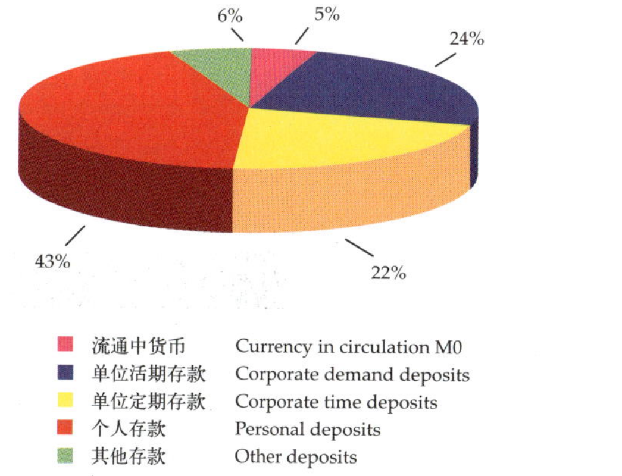

存款性公司概览
Depository corporations survey

单位：万亿元
Unit: RMB trillion yuan

年/月 Year/Month	国外净资产 Net foreign assets	国内信贷 Domestic credit	对政府债权(净) Claims on government (net)	对非金融部门债权 Claims on non-financial sectors	对其他金融部门债权 Claims on other financial sectors	其他 Others	货币和准货币 Money & quasi-money M2
2011.01	22.97	59.42	3.24	53.03	3.15	-9.00	73.39
2011.02	23.15	59.92	2.96	53.62	3.34	-9.46	73.61
2011.03	23.53	61.11	3.19	54.23	3.69	-8.82	75.81
2011.04	23.71	61.09	2.80	55.04	3.25	-9.06	75.74
2011.05	23.97	61.59	2.60	55.67	3.32	-9.22	76.34
2011.06	24.35	63.05	2.66	56.28	4.10	-9.32	78.08
2011.07	24.57	62.67	2.38	56.85	3.44	-9.94	77.29
2011.08	24.73	63.61	2.40	57.45	3.77	-10.25	78.09
2011.09	24.87	64.76	2.79	57.94	4.03	-10.89	78.74
2011.10	25.00	65.01	2.52	58.69	3.80	-8.33	81.68
2011.11	25.04	66.36	3.02	59.35	3.99	-8.85	82.55
2011.12	25.16	68.80	4.24	60.06	4.50	-8.80	85.16
2012.01	25.37	69.12	3.95	60.90	4.28	-8.90	85.59
2012.02	25.55	70.03	3.85	61.72	4.46	-8.87	86.72
2012.03	25.81	72.20	4.21	62.90	5.09	-8.45	89.56
2012.04	25.90	71.89	3.84	63.48	4.57	-8.83	88.96
2012.05	25.98	72.52	3.60	64.34	4.58	-8.49	90.00
2012.06	26.13	74.65	3.89	65.36	5.40	-8.28	92.50
2012.07	26.23	74.32	3.63	65.98	4.71	-8.64	91.91
2012.08	26.24	75.19	3.84	66.70	4.64	-8.93	92.49
2012.09	26.19	77.26	4.21	67.51	5.55	-9.08	94.37
2012.10	26.11	77.02	3.76	68.13	5.14	-9.49	93.64
2012.11	25.97	77.89	3.91	68.77	5.21	-9.38	94.48
2012.12	25.89	80.56	5.07	69.44	6.06	-9.03	97.41
2013.01	26.49	81.43	4.75	70.76	5.93	-8.71	99.21
2013.02	26.69	82.00	4.67	71.54	5.79	-8.83	99.86
2013.03	26.95	84.64	4.86	72.95	6.84	-8.01	103.59
2013.04	27.18	84.53	4.48	73.95	6.10	-8.46	103.26
2013.05	27.22	85.12	4.13	74.60	6.39	-8.13	104.22
2013.06	27.27	86.80	4.16	75.38	7.26	-8.63	105.44
2013.07	27.17	86.98	3.80	76.19	6.99	-8.93	105.22
2013.08	27.20	87.90	3.85	76.92	7.13	-8.97	106.13
2013.09	27.27	89.92	4.16	78.04	7.72	-9.46	107.74

国外净资产及国内信贷对广义货币的影响
The impact of net foreign assets and domestic credit on broad money M2

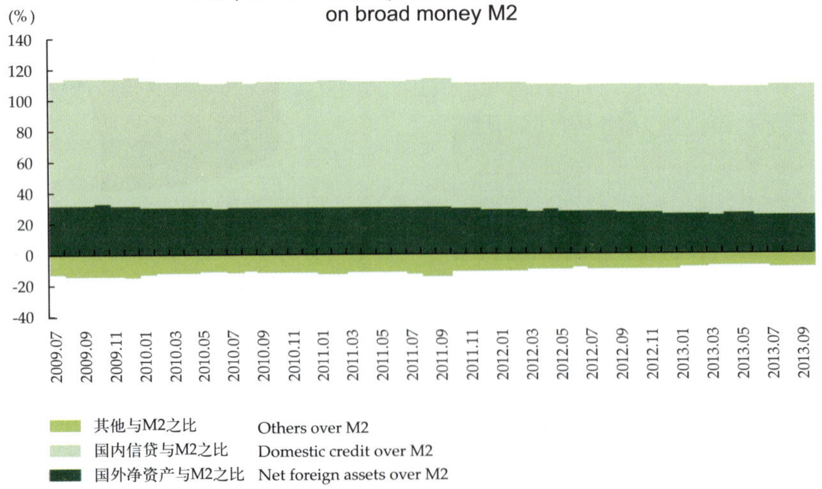

2.存贷款

(2) Deposits and loans

金融机构人民币各项存贷款余额及其增长趋势

Outstanding amounts of total deposits & loans and their growth in financial institutions

单位：万亿元
Unit: RMB trillion yuan

年/月 Year/Month	各项存款 Total deposits	各项贷款 Total loans	各项存款同比增长率(%) Growth rate of deposits (YOY)(%)	各项贷款同比增长率(%) Growth rate of loans (YOY)(%)
2011.04	75.6	50.2	17.3	17.5
2011.05	76.7	50.8	17.1	17.1
2011.06	78.6	51.4	17.6	16.9
2011.07	78.0	51.9	16.3	16.6
2011.08	78.7	52.4	15.5	16.4
2011.09	79.4	52.9	14.2	15.9
2011.10	79.2	53.5	13.6	15.8
2011.11	79.5	54.1	13.1	15.6
2011.12	80.9	54.8	13.5	15.8
2012.01	80.1	55.5	12.4	15.0
2012.02	81.7	56.2	12.6	15.2
2012.03	84.7	57.2	12.5	15.7
2012.04	84.2	57.9	11.4	15.4
2012.05	85.4	58.7	11.4	15.7
2012.06	88.3	59.6	12.3	16.0
2012.07	87.8	60.2	12.6	16.0
2012.08	88.3	60.9	12.2	16.1
2012.09	90.0	61.5	13.3	16.3
2012.10	89.7	62.0	13.3	15.9
2012.11	90.2	62.5	13.4	15.7
2012.12	91.7	63.0	13.3	15.0
2013.01	92.9	64.1	16.0	15.4
2013.02	93.7	64.7	14.6	15.0
2013.03	97.9	65.8	15.6	14.9
2013.04	97.8	66.6	16.2	14.9
2013.05	99.3	67.2	16.2	14.5
2013.06	100.9	68.1	14.3	14.2
2013.07	100.7	68.8	14.6	14.3
2013.08	101.5	69.5	14.9	14.1
2013.09	103.1	70.3	14.6	14.3

金融机构人民币各项存贷款余额及其增长趋势

Outstanding amounts of total deposits & loans and their growth in financial institutions

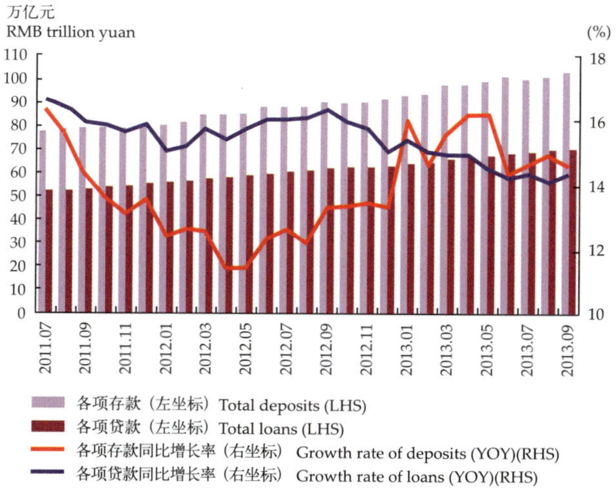

金融机构当年累计新增人民币存款

Accumulated new RMB deposits in financial institutions

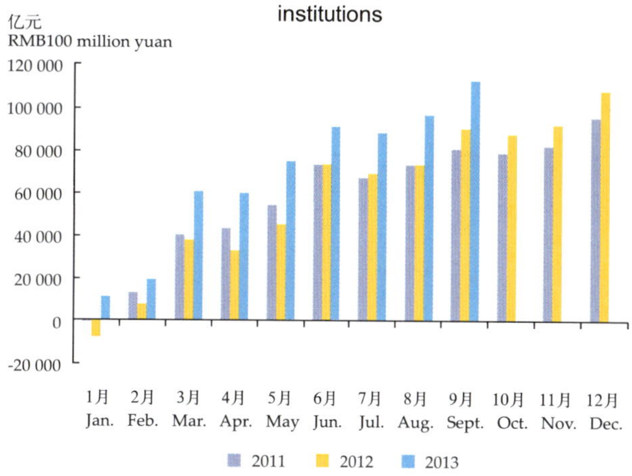

金融机构当月新增人民币存款

New RMB deposits in financial institutions by month

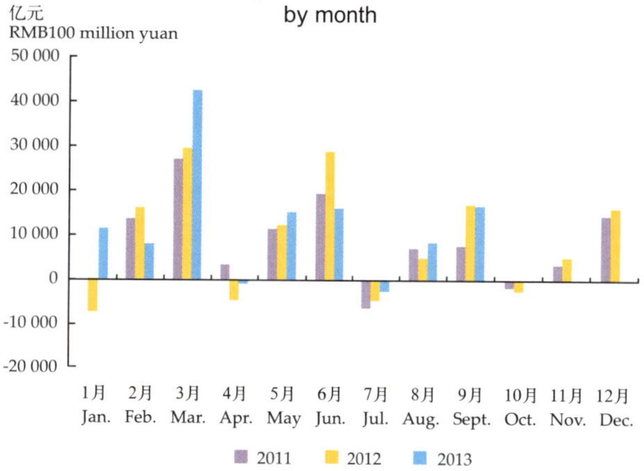

2013年9月末人民币存款余额

Outstanding amounts of RMB deposits at the end of September, 2013

单位：亿元
Unit: RMB 100 million yuan

		余额 Outstanding amount
各项存款	Total deposits	1 030 892
单位存款	Corporate deposits	504 186
个人存款	Personal deposits	461 443
财政性存款	Fiscal deposits	38 965
临时性存款	Temporary deposits	1 511
委托存款	Designated deposits	216
其他存款	Other deposits	24 570

住户存款和非金融企业存款余额
Outstanding amounts of household deposits and non-financial corporate deposits

单位：亿元
Unit: RMB 100 million yuan

年／月 Year/Month	住户存款 Deposits of households	活期及临时性存款 Demand & temporary deposits	定期及保证性存款 Time & marginal deposits	非金融企业存款 Deposits of non-financial enterprises	活期及临时性存款 Demand & temporary deposits	定期及保证性存款 Time & marginal deposits
2011.07	327 022	125 303	201 719	290 163	130 546	159 617
2011.08	327 287	126 403	200 884	293 972	130 802	163 169
2011.09	337 212	130 682	206 531	290 919	124 967	165 952
2011.10	329 940	126 192	203 748	291 820	132 232	159 587
2011.11	332 043	127 532	204 512	295 560	134 062	161 498
2011.12	348 046	137 576	210 469	303 504	139 323	164 182
2012.01	365 910	143 134	222 776	276 304	116 854	159 450
2012.02	367 554	139 418	228 136	285 251	121 224	164 028
2012.03	380 498	145 084	235 415	299 253	125 784	173 469
2012.04	374 119	138 798	235 321	296 285	123 413	172 872
2012.05	376 379	140 041	236 338	301 806	126 675	175 131
2012.06	391 186	148 865	242 321	311 167	130 445	180 722
2012.07	385 846	144 160	241 686	307 197	126 854	180 343
2012.08	386 878	145 937	240 941	309 161	127 474	181 687
2012.09	398 070	150 833	247 237	313 960	125 826	188 134
2012.10	391 431	147 279	244 152	312 800	131 052	181 747
2012.11	393 947	149 874	244 073	316 049	133 099	182 950
2012.12	406 181	158 265	247 916	327 445	140 900	186 544
2013.01	413 958	162 592	251 366	327 904	135 453	192 452
2013.02	431 656	167 187	264 469	318 498	127 440	191 059
2013.03	443 408	173 557	269 851	342 606	137 114	205 492
2013.04	434 067	163 516	270 551	345 752	134 317	211 435
2013.05	436 833	164 319	272 514	349 577	135 071	214 507
2013.06	447 772	169 141	278 632	349 741	135 326	214 415
2013.07	443 837	165 060	278 777	343 816	133 247	210 569
2013.08	444 717	166 378	278 338	347 263	133 646	213 618
2013.09	456 348	171 760	284 589	350 387	131 108	219 279

住户存款和非金融企业存款余额
Outstanding amounts of household deposits and non-financial enterprises deposits

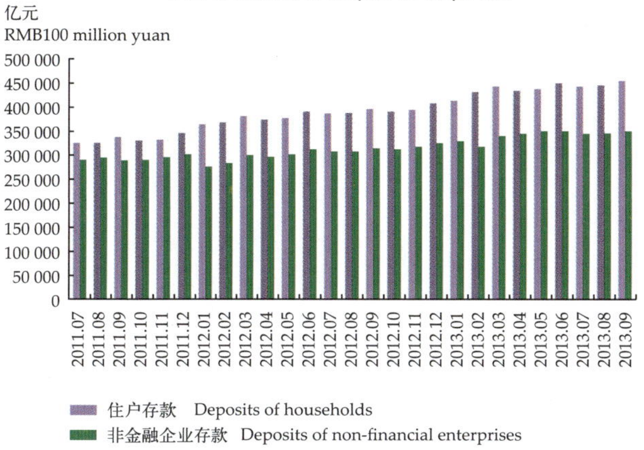

住户存款构成
Composition of households deposits

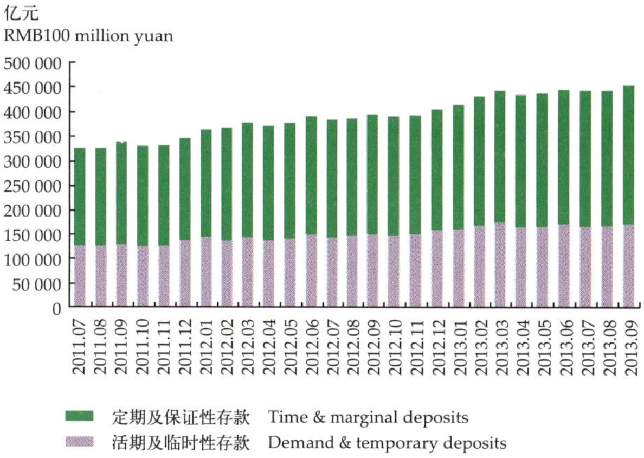

非金融企业存款构成
Composition of non-financial enterprise deposits

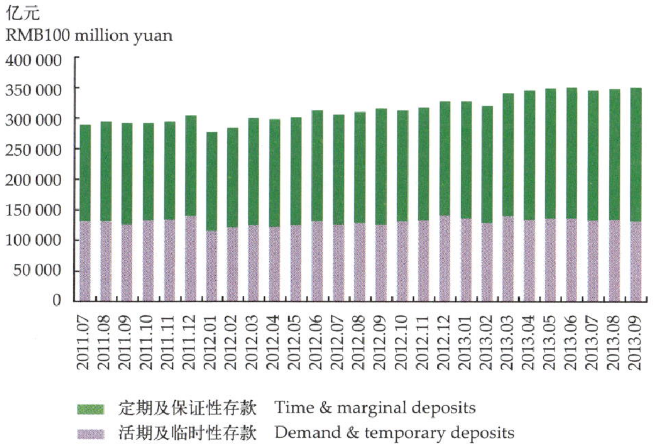

2013年9月末人民币存款余额构成
Composition of outstanding amounts of RMB deposits at the end of September, 2013

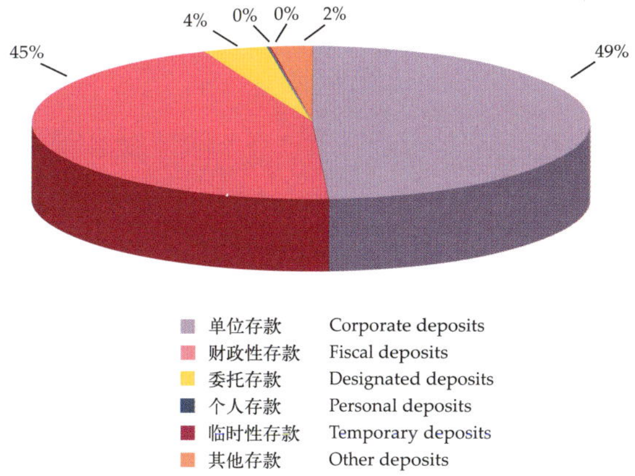

2013年9月末人民币贷款按部门分类
RMB loans issued at the end of September 2013 by sectors

单位：亿元
Unit: RMB 100 million yuan

	余额 Outstanding amounts	比年初增加 Increase over the beginning of the year
住户贷款 Loans to households	192 093	30 715
消费性贷款 Consumer loans	124 304	19 984
短期消费性贷款 Short-term consumer loans	24 964	5 604
中长期消费性贷款 Medium- and long-term consumer loans	99 340	14 380
经营性贷款 Business loans	67 788	10 731
短期经营性贷款 Short-term business loans	43 260	7 120
中长期经营性贷款 Medium- and long-term business loans	24 529	3 610
非金融性企业及其他部门贷款 Loans to non-financial enterprises and other sectors	508 888	42 030
短期贷款及票据融资 Short-term loans and bill financing	232 865	19 621
中长期贷款 Medium- and long-term loans	267 951	20 827
其他贷款 Other loans	8 072	1 581

金融机构当年累计新增人民币贷款
Accumulated new RMB loans in financial institutions

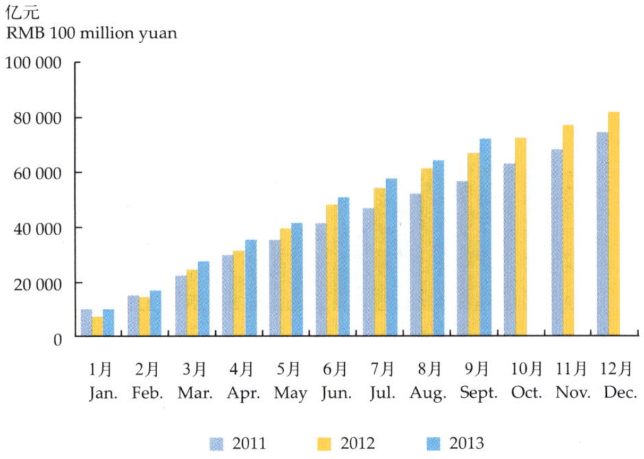

金融机构当月新增人民币贷款
New RMB loans in financial institutions by month

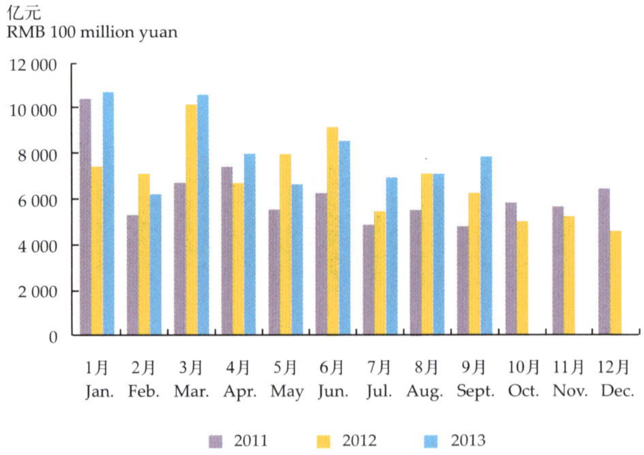

2013年前三个季度金融机构新增人民币贷款构成
Composition of new RMB loans of financial institutions in the first three quarters of 2013

单位：亿元
Unit: RMB 100 million yuan

		2013年前三个季度 First three quarters of 2013		2012年前三个季度 First three quarters of 2012	
		比年初增加 Increase over the beginning of the year	比重(%) Share (%)	比年初增加 Increase over the beginning of the year	比重(%) Share (%)
各项贷款	**Total loans**	72 787	100	67 217	100
短期贷款	Short-term loans	32 242	44.3	33 269	49.5
中长期贷款	Medium- and long-term loans	38 818	53.3	23 561	35.1
票据融资	Bill financing	103	0.1	8 313	12.4
其他贷款	Other loans	1 624	2.2	2 075	3.1

当年累计新增住户贷款
Accumulated new loans to households

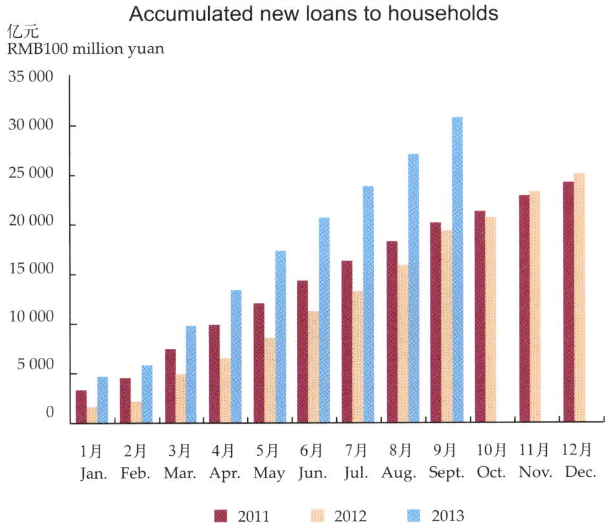

当月新增住户贷款
New loans to households by month

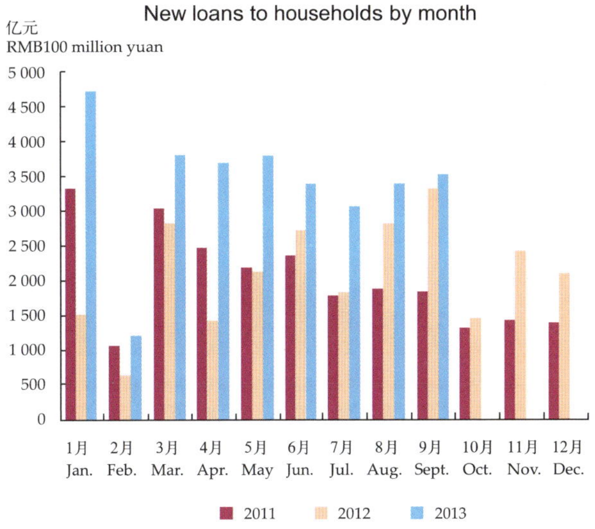

当年累计新增非金融企业及其他部门贷款
Accumulated new loans to non-financial insititutions and other sectors

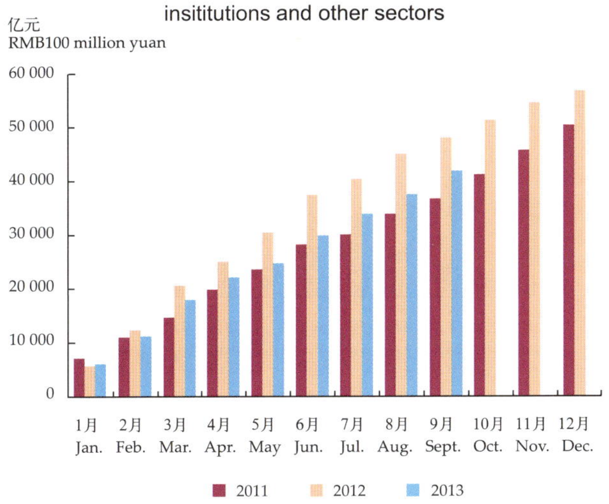

当月新增非金融企业及其他部门贷款
New loans to non-financial institutions and other sectors by month

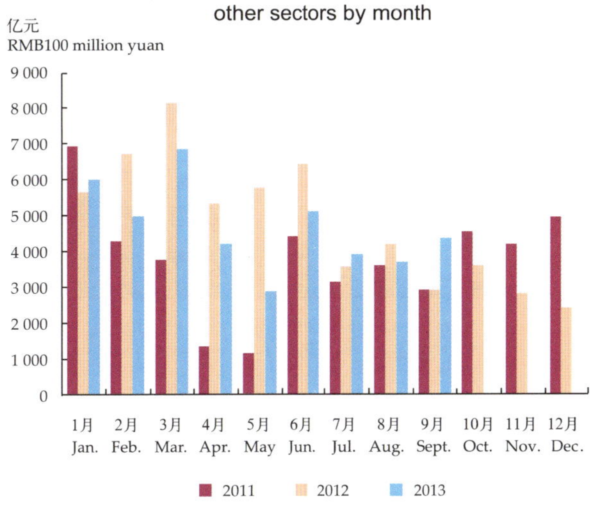

2013年9月末个人消费贷款构成
Composition of consumer loans at the end of September, 2013

单位：亿元
Unit: RMB 100 million yuan

	余额 Outstanding amounts	同比增长率(%) Growth rate (YOY)(%)	比年初增加 Increase over the beginning of the year	比上年同期 Change compared with the same period of last year
个人消费贷款 Consumer loans	**124 304**	**24.7**	**19 984**	**9 006**
个人住房贷款 Individual housing mortgage loans	86 508	21.7	12 488	6 604
个人汽车消费贷款 Individual auto loans	3 132	20.7	467	485
助学贷款 Student loans	443	11.5	- 64	- 17
其他贷款 Other loans	34 222	33.5	7 093	1 933

2013年9月末个人消费贷款构成
Composition of consumer loans at the end of September, 2013

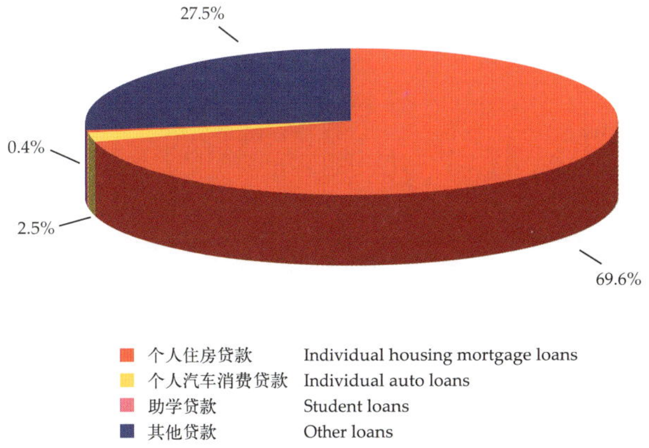

当年累计新增个人消费贷款
Accumulated new consumer loans

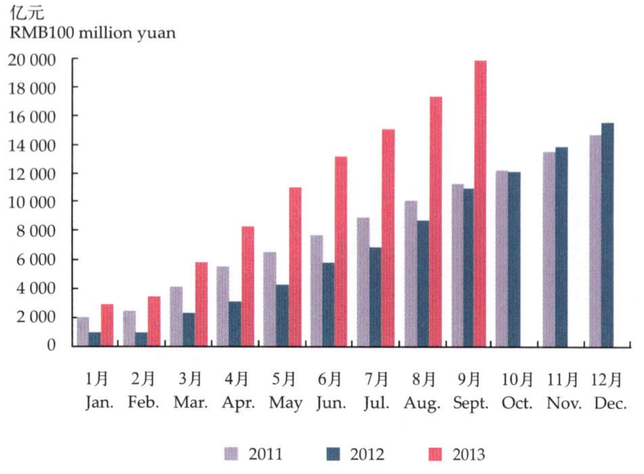

当月新增个人消费贷款
New consumer loans by month

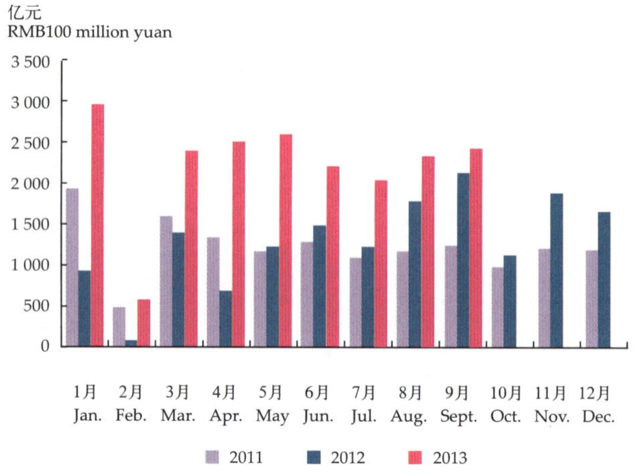

当年累计新增个人住房贷款
Accumulated new housing mortgage loans

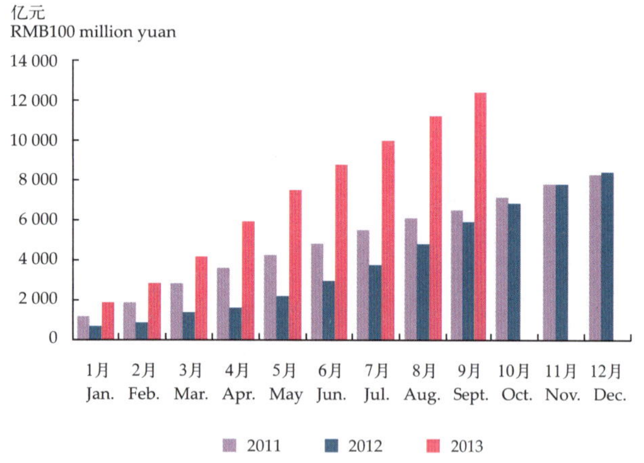

当月新增个人住房贷款
New housing mortgage loans by month

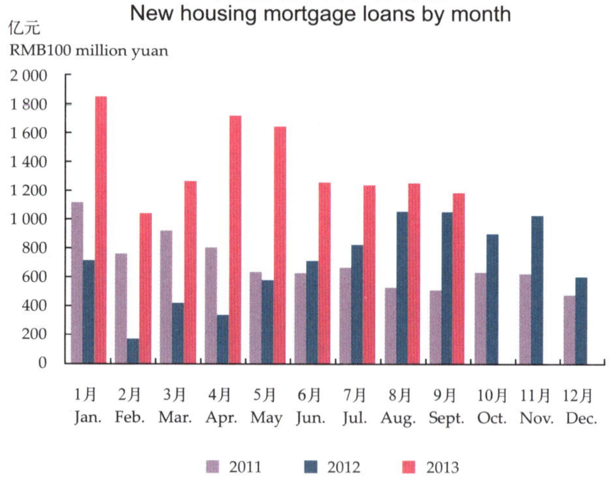

个人消费贷款余额及其增长趋势
Consumer loans and their growth

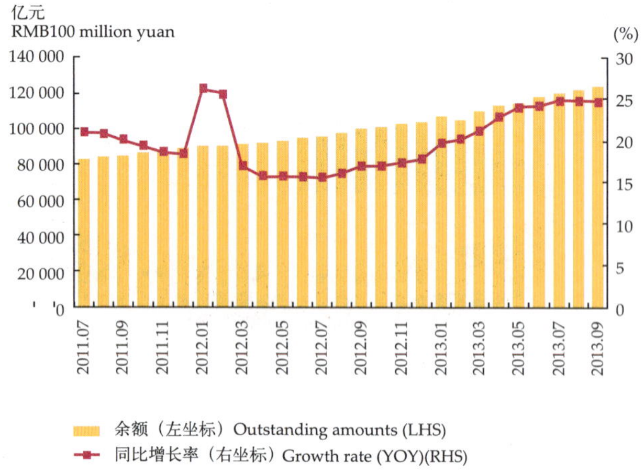

个人住房贷款余额及其增长趋势
Individual housing mortgage loans and their growth

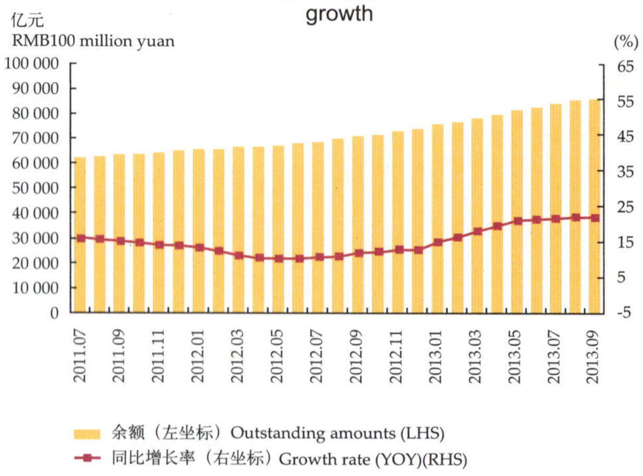

个人汽车消费贷款余额及其增长趋势
Individual auto loans and their growth

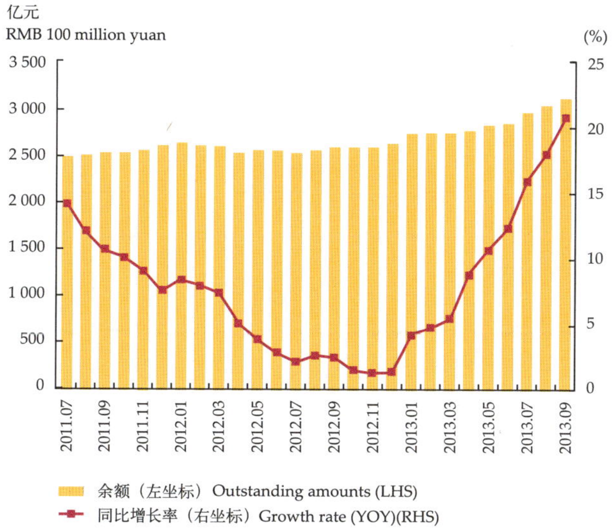

3.基础货币
(3) Monetary base

基础货币余额及其增长趋势
Monetary base and its growth

单位：万亿元
Unit: RMB trillion yuan

年/月 Year/Month	余额 Outstanding amounts	同比增长率(%) Growth rate (YOY) (%)
2011.07	20.25	32.0
2011.08	20.51	33.9
2011.09	21.22	32.8
2011.10	21.28	29.9
2011.11	21.66	28.2
2011.12	22.46	23.2
2012.01	23.74	22.3
2012.02	22.33	16.8
2012.03	22.67	17.7
2012.04	22.44	16.1
2012.05	22.20	13.1
2012.06	22.81	12.1
2012.07	22.55	11.4
2012.08	22.85	11.4
2012.09	23.60	11.2
2012.10	23.45	10.2
2012.11	23.49	8.4
2012.12	25.21	12.2
2013.01	25.29	6.5
2013.02	25.20	12.8
2013.03	25.37	11.9
2013.04	25.15	12.1
2013.05	24.95	12.4
2013.06	25.78	13.0
2013.07	25.44	12.8
2013.08	25.73	11.4
2013.09	26.31	11.5

助学贷款余额及其增长趋势
Student loans and their growth

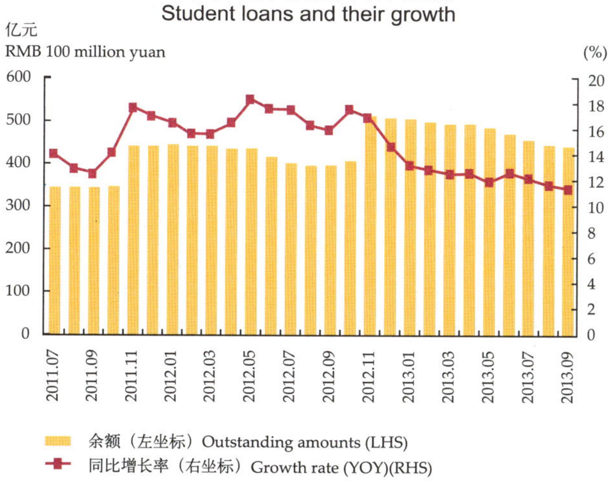

基础货币余额及其增长趋势
Monetary base and its growth

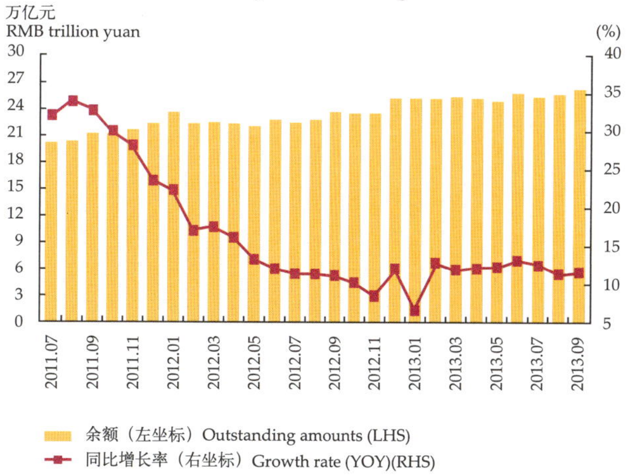

基础货币构成
Composition of monetary base

单位：亿元
Unit: RMB 100 million yuan

年/季 Year/Quarter	货币发行 Currency issue	金融性公司存款 Deposits of financial corporations	其他存款性公司存款 Deposits of other depository corporations	其他金融性公司存款 Deposits of other financial corporations
2009Q1	36 854	87 423	87 319	104
2009Q2	36 721	87 209	87 121	88
2009Q3	40 505	92 902	92 798	104
2009Q4	41 556	102 429	102 281	104
2010Q1	42 836	107 197	107 058	139
2010Q2	42 567	111 668	111 506	161
2010Q3	46 220	115 101	114 946	155
2010Q4	48 646	136 665	136 481	184
2011Q1	49 273	143 293	143 293	—
2011Q2	48 816	154 654	154 654	—
2011Q3	52 203	160 001	160 001	—
2011Q4	55 850	168 792	168 792	—
2012Q1	54 379	172 306	172 306	—
2012Q2	54 294	173 757	173 757	—
2012Q3	59 178	176 855	176 855	—
2012Q4	60 646	191 699	191 699	—
2013Q1	61 331	192 319	192 319	
2013Q2	59 831	197 945	197 945	—
2013Q3	63 041	200 097	200 097	—

注：2011年1月起，中国人民银行采用国际货币基金组织关于储备货币的定义，不再将其他金融性公司在货币当局的存款计入储备货币。
Note: Since January 2011, the PBC used the definition of reserve money defined by IMF, deposits of other financial corporation are no longer included in reserve money.

基础货币构成
Composition of monetary base

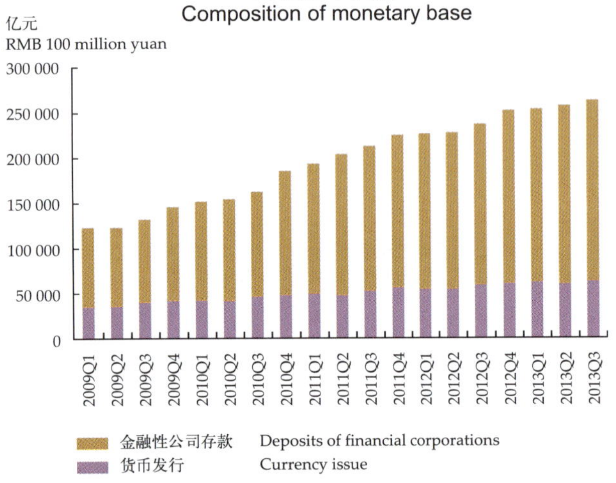

金融机构准备金和超额准备金率
Reserves and excess reserve ratio of financial institutions

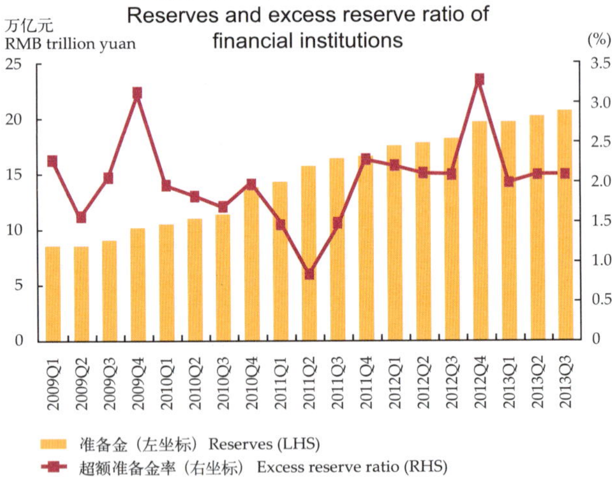

金融机构法定人民币存款准备金率
Official RMB reserve requirement ratios of financial institutions

单位：%
Unit: %

日期 Date	中资全国性大型银行① Chinese-funded large banks operating nationwide[1]	中小金融机构② Medium- and small-sized financial institutions[2]	农村合作银行 Rural cooperative banks	城市信用社 Urban credit cooperatives	农村信用社 Rural credit cooperatives
2003.09.21	7.0	7.0	—	6.0	6.0
2004.04.25	7.5	7.5	7.5	6.0	6.0
2006.07.05	8.0	8.0	7.5	6.5	6.0
2006.08.15	8.5	8.5	7.5	7.0	6.0
2006.11.15	9.0	9.0	8.0	7.5	6.5
2007.01.15	9.5	9.5	8.5	8.0	7.0
2007.02.25	10.0	10.0	9.0	8.5	7.5
2007.04.16	10.5	10.5	9.5	9.0	8.0
2007.05.15	11.0	11.0	10.0	9.5	8.5
2007.06.05	11.5	11.5	10.5	10.0	9.0
2007.08.15	12.0	12.0	11.0	10.5	9.5
2007.09.25	12.5	12.5	11.5	11.0	10.0
2007.10.25	13.0	13.0	12.0	11.5	10.5
2007.11.26	13.5	13.5	12.5	12.0	11.0
2007.12.25	14.5	14.5	13.5	13.0	12.0
2008.01.25	15.0	15.0	14.0	13.5	12.5
2008.03.25	15.5	15.5	14.5	14.0	13.0
2008.04.25	16.0	16.0	15.0	14.5	13.5
2008.05.20	16.5	16.5	15.5	15.0	14.0
2008.06.15	17.0	17.0	16.0	15.5	14.5
2008.06.25	17.5	17.5	16.5	16.0	15.0
2008.09.25	17.5	16.5	15.5	15.0	14.0
2008.10.15	17.0	16.0	15.0	14.5	13.5
2008.12.05	16.0	14.0	13.0	11.5	11.5
2008.12.25	15.5	13.5	11.0	11.0	11.0
2010.01.18	16.0	14.0	11.0	11.0	11.0
2010.02.25	16.5	14.5	11.0	11.0	11.0
2010.05.10	17.0	15.0	11.5	11.5	11.0
2010.11.16	17.5	15.5	12.0	12.0	11.5
2010.11.29	18.0	16.0	12.5	12.5	12.0
2010.12.20	18.5	16.5	13.0	13.0	12.5
2011.01.20	19.0	17.0	13.5	13.5	13.0
2011.02.24	19.5	17.5	14.0	14.0	13.5
2011.03.25	20.0	18.0	14.5	14.5	14.0
2011.04.21	20.5	18.5	15.0	15.0	14.5
2011.05.18	21.0	19.0	15.5	15.5	15.0
2011.06.20	21.5	19.5	16.0	16.0	15.5
2011.12.05	21.0	19.0	15.5	15.5	15.0
2012.02.24	20.5	18.5	15.0	15.0	14.5
2012.05.18	20.0	18.0	14.5	14.5	14.0

注：①包括中国工商银行、中国农业银行、中国银行、中国建设银行、交通银行和中国邮政储蓄银行。
　　②包括中国农业发展银行、股份制商业银行、城市商业银行、农村商业银行、有关外资金融机构。

Notes: 1. Including Industrial and Commercial Bank of China, Agricultural Bank of China, Bank of China, China Construction Bank, Bank of Communication, Postal Savings Bank of China.

2. Including Agricultural Development Bank of China, joint-stock commercial banks, city commercial banks, rural commercial banks and foreign-funded financial institutions.

4. 社会融资规模

(4) All-system financing aggregate

社会融资规模统计表

Statistics of all-system financing aggregate

单位：亿元人民币
Unit: RMB100 million yuan

日期 Date	社会融资规模 All-system financing aggregate	其中 Of which						
		人民币贷款 RMB bank loans	外币贷款(折合人民币) Foreign currency bank loans (converted into RMB)	委托贷款 Entrusted loans	信托贷款 Trust loans	未贴现的银行承兑汇票 Undiscounted bankers' acceptences	企业债券 Net financing of corporate bonds	非金融企业境内股票融资 Equity financing on the domestic stock market by non-financial enterprises
2011.01	17 560	10 263	862	1 272	- 98	3 157	1 012	731
2011.02	6 468	5 377	347	419	141	-1 176	877	270
2011.03	18 212	6 794	572	1 513	47	5 631	2 682	557
2011.04	13 673	7 430	492	1 407	501	2 332	761	448
2011.05	10 854	5 516	842	1 216	180	1 695	721	351
2011.06	10 873	6 339	245	1 202	141	1 630	536	320
2011.07	5 393	4 916	9	1 232	- 28	-1 726	422	252
2011.08	10 741	5 484	376	1 409	176	1 652	898	350
2011.09	4 279	4 693	1 025	1 008	- 223	-3 361	520	236
2011.10	7 908	5 868	415	518	90	-1 186	1 639	244
2011.11	9 581	5 629	49	595	716	- 227	2 077	268
2011.12	12 744	6 406	478	1 173	389	1 851	1 514	350
2012.01	9 754	7 381	- 148	1 646	247	- 214	442	81
2012.02	10 431	7 107	526	394	522	- 284	1 544	229
2012.03	18 703	10 114	950	770	1 018	2 821	1 974	565
2012.04	9 637	6 818	96	1 015	37	279	887	190
2012.05	11 432	7 932	302	215	557	380	1 441	184
2012.06	17 802	9 198	1 040	789	988	3 113	1 982	246
2012.07	10 522	5 401	70	1 279	384	218	2 486	316
2012.08	12 475	7 039	743	1 046	1 238	- 846	2 579	208
2012.09	16 462	6 226	1 764	1 449	2 012	2 155	2 278	158
2012.10	12 906	5 054	1 290	941	1 444	729	2 992	88
2012.11	11 225	5 220	1 045	1 218	1 802	- 489	1 820	107
2012.12	16 282	4 546	1 486	2 079	2 598	2 637	2 126	135
2013.01	25 446	10 721	1 795	2 061	2 108	5 798	2 248	244
2013.02	10 704	6 200	1 149	1 426	1 825	-1 823	1 453	165
2013.03	25 502	10 625	1 509	1 748	4 312	2 731	3 869	208
2013.04	17 624	7 923	847	1 926	1 942	2 218	2 033	274
2013.05	11 860	6 694	357	1 967	971	-1 141	2 219	231
2013.06	10 375	8 605	133	1 990	1 162	-2 620	410	126
2013.07	8 189	6 997	-1 157	1 927	1 151	-1 777	474	128
2013.08	15 833	7 128	- 360	2 938	1 209	3 049	1 232	136
2013.09	14 049	7 870	891	2 217	1 116	- 82	1 415	113

注：1. 社会融资规模是指一定时期内实体经济从金融体系获得的资金总额，是增量概念。
2. 当期数据为初步统计数。
3. 表中的人民币贷款为历史公布数。
数据来源：中国人民银行、国家发展和改革委员会、中国证券监督管理委员会、中国保险监督管理委员会、中央国债登记结算有限责任公司和银行间市场交易商协会等部门。

Notes: 1. All-system financing aggregate refers to the total value of funds provided by the financial system to the real economy in a certain period of time. It is a flow.
2. Data for the current period is preliminary.
3. Data for RMB loans in the table are the historical numbers released in the past.

Sources: The People's Bank of China, National Development and Reform Commission, China Securities Regulatory Commission, China Insurance Regulatory Commission, China Government Securities Depository Trust and Clearing Co., Ltd., National Association of Financial Market Institutional Investors, and etc..

5. 利率
(5) Interest rates

中央银行基准利率
Central bank benchmark interest rates

单位：年利率%
Unit: annual interest rate%

日期 Date	法定存款准备金 Required reserves	超额存款准备金 Excess reserves	对金融机构贷款 Lending to financial institutions				再贴现 Rediscount
			1年期 1-year	6个月以内 6-month and less	3个月以内 3-month and less	20天以内 20 days and less	
1996.05.01	8.82	8.82	10.98	10.17	10.08	9.00	*
1996.08.23	8.28	7.92	10.62	—	9.72	—	*
1997.10.23	7.56	7.02	9.36	9.09	8.82	8.55	*
1998.03.25	5.22	—	7.92	7.02	6.84	6.39	6.03
1998.07.01	3.51	—	5.67	5.58	5.49	5.22	4.32
1998.12.07	3.24	—	5.13	5.04	4.86	4.59	3.96
1999.06.10	2.07	—	3.78	3.69	3.51	3.24	2.16
2001.09.11	—	—	—	—	—	—	2.97
2002.02.21	1.89	—	3.24	3.15	2.97	2.70	2.97
2003.12.20	—	1.62	—	—	—	—	—
2004.03.25	—	—	3.87	3.78	3.60	3.33	3.24
2005.03.17	—	0.99	—	—	—	—	—
2008.01.01	—	—	4.68	4.59	4.41	4.14	4.32
2008.11.27	1.62	0.72	3.60	3.51	3.33	3.06	2.97
2008.12.23	—	—	3.33	3.24	3.06	2.79	1.80
2010.12.26	—	—	3.85	3.75	3.55	3.25	2.25

注：1. 1998年3月法定准备金和超额准备金两个账户合并为准备金账户。
　　2. *按同档次中央银行贷款利率下浮5%～10%。

Notes: 1. The required reserves account and excess reserves account were merged into the reserves account in March 1998.
　　2. *The interest rate is 5%~10% below that of the central bank lending rate of the same tranche.

法定存款准备金利率和再贴现利率
Required reserves interest rates and rediscount interest rates

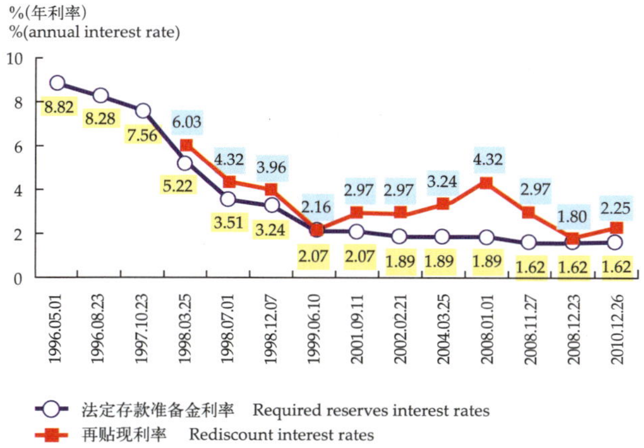

对金融机构贷款利率
Interest rates of central bank lending to financial institutions

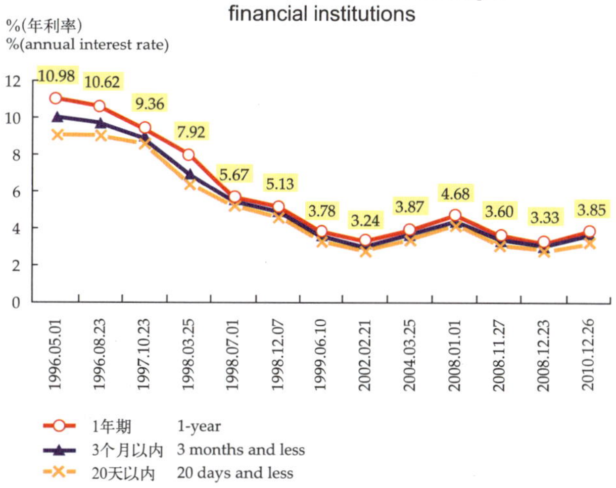

金融机构人民币存款基准利率
RMB deposit benchmark interest rates in financial institutions

单位：年利率%
Unit: annual interest rate %

日期 Date	活期 Demand deposits	定期 Time deposits					
		3个月 3-month	6个月 6-month	1年 1-year	2年 2-year	3年 3-year	5年 5-year
1990.04.15	2.88	6.30	7.74	10.08	10.98	11.88	13.68
1990.08.21	2.16	4.32	6.48	8.64	9.36	10.08	11.52
1991.04.21	1.80	3.24	5.40	7.56	7.92	8.28	9.00
1993.05.15	2.16	4.86	7.20	9.18	9.90	10.80	12.06
1993.07.11	3.15	6.66	9.00	10.98	11.70	12.24	13.86
1996.05.01	2.97	4.86	7.20	9.18	9.90	10.80	12.06
1996.08.23	1.98	3.33	5.40	7.47	7.92	8.28	9.00
1997.10.23	1.71	2.88	4.14	5.67	5.94	6.21	6.66
1998.03.25	1.71	2.88	4.14	5.22	5.58	6.21	6.66
1998.07.01	1.44	2.79	3.96	4.77	4.86	4.95	5.22
1998.12.07	1.44	2.79	3.33	3.78	3.96	4.14	4.50
1999.06.10	0.99	1.98	2.16	2.25	2.43	2.70	2.88
2002.02.21	0.72	1.71	1.89	1.98	2.25	2.52	2.79
2004.10.29	0.72	1.71	2.07	2.25	2.70	3.24	3.60
2006.08.19	0.72	1.80	2.25	2.52	3.06	3.69	4.14
2007.03.18	0.72	1.98	2.43	2.79	3.33	3.96	4.41
2007.05.19	0.72	2.07	2.61	3.06	3.69	4.41	4.95
2007.07.21	0.81	2.34	2.88	3.33	3.96	4.68	5.22
2007.08.22	0.81	2.61	3.15	3.60	4.23	4.95	5.49
2007.09.15	0.81	2.88	3.42	3.87	4.50	5.22	5.76
2007.12.21	0.72	3.33	3.78	4.14	4.68	5.40	5.85
2008.10.09	0.72	3.15	3.51	3.87	4.41	5.13	5.58
2008.10.30	0.72	2.88	3.24	3.60	4.14	4.77	5.13
2008.11.27	0.36	1.98	2.25	2.52	3.06	3.60	3.87
2008.12.23	0.36	1.71	1.98	2.25	2.79	3.33	3.60
2010.10.20	0.36	1.91	2.20	2.50	3.25	3.85	4.20
2010.12.26	0.36	2.25	2.50	2.75	3.55	4.15	4.55
2011.02.09	0.40	2.60	2.80	3.00	3.90	4.50	5.00
2011.04.06	0.50	2.85	3.05	3.25	4.15	4.75	5.25
2011.07.07	0.50	3.10	3.30	3.50	4.40	5.00	5.50
2012.06.08	0.40	2.85	3.05	3.25	4.10	4.65	5.10
2012.07.06	0.35	2.60	2.80	3.00	3.75	4.25	4.75

人民币存款基准利率
RMB deposit benchmark interest rates

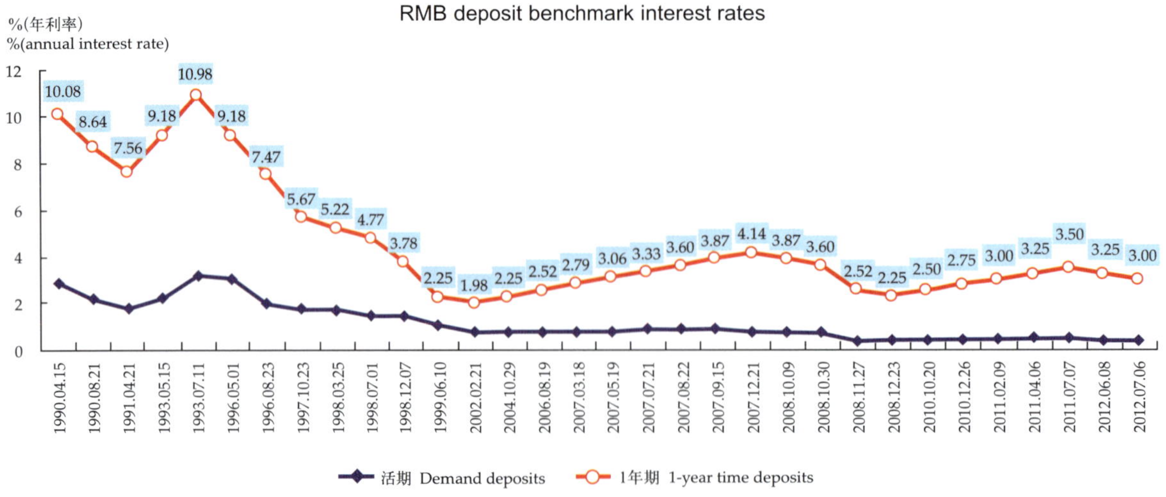

金融机构人民币贷款基准利率
RMB lending benchmark interest rates in financial institutions

单位：年利率%
Unit: annual interest rate %

日期 Date	短期贷款 Short-term loans		中长期贷款 Medium- and long-term loans		
	6个月以内(含6个月) 6-month and less (including 6-month)	6个月至1年(含1年) 6-month to 1-year (including 1-year)	1～3年(含3年) 1 to 3-year (including 3-year)	3～5年(含5年) 3 to 5-year (including 5-year)	5年以上 More than 5-year
1991.04.21	8.10	8.64	9.00	9.54	9.72
1993.05.15	8.82	9.36	10.80	12.06	12.24
1993.07.11	9.00	10.98	12.24	13.86	14.04
1995.01.01	9.00	10.98	12.96	14.58	14.76
1995.07.01	10.08	12.06	13.50	15.12	15.30
1996.05.01	9.72	10.98	13.14	14.94	15.12
1996.08.23	9.18	10.08	10.98	11.70	12.42
1997.10.23	7.65	8.64	9.36	9.90	10.53
1998.03.25	7.02	7.92	9.00	9.72	10.35
1998.07.01	6.57	6.93	7.11	7.65	8.01
1998.12.07	6.12	6.39	6.66	7.20	7.56
1999.06.10	5.58	5.85	5.94	6.03	6.21
2002.02.21	5.04	5.31	5.49	5.58	5.76
2004.10.29	5.22	5.58	5.76	5.85	6.12
2006.04.28	5.40	5.85	6.03	6.12	6.39
2006.08.19	5.58	6.12	6.30	6.48	6.84
2007.03.18	5.67	6.39	6.57	6.75	7.11
2007.05.19	5.85	6.57	6.75	6.93	7.20
2007.07.21	6.03	6.84	7.02	7.20	7.38
2007.08.22	6.21	7.02	7.20	7.38	7.56
2007.09.15	6.48	7.29	7.47	7.65	7.83
2007.12.21	6.57	7.47	7.56	7.74	7.83
2008.09.16	6.21	7.20	7.29	7.56	7.74
2008.10.09	6.12	6.93	7.02	7.29	7.47
2008.10.30	6.03	6.66	6.75	7.02	7.20
2008.11.27	5.04	5.58	5.67	5.94	6.12
2008.12.23	4.86	5.31	5.40	5.76	5.94
2010.10.20	5.10	5.56	5.60	5.96	6.14
2010.12.26	5.35	5.81	5.85	6.22	6.40
2011.02.09	5.60	6.06	6.10	6.45	6.60
2011.04.06	5.85	6.31	6.40	6.65	6.80
2011.07.07	6.10	6.56	6.65	6.90	7.05
2012.06.08	5.85	6.31	6.40	6.65	6.80
2012.07.06	5.60	6.00	6.15	6.40	6.55

人民币贷款基准利率
RMB lending benchmark interest rates

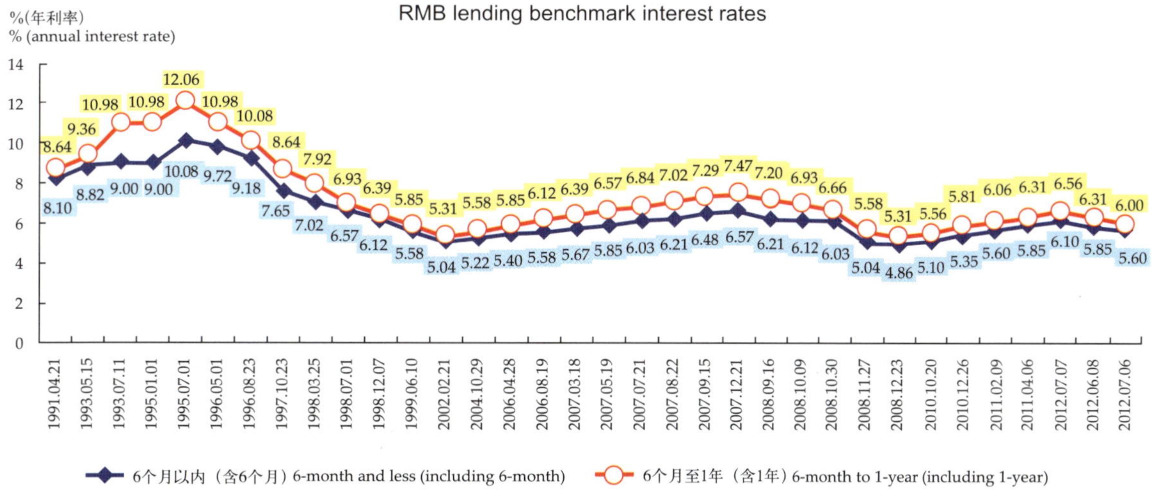

金融机构人民币贷款各利率区间占比表
Share of loans with floating rates in various ranges

单位：% Unit: %

日期 Date	下浮 Floating downward	基准 At benchmark	上浮 Floating upward					
			小计 Subtotal	(1.0, 1.1]	(1.1, 1.3]	(1.3, 1.5]	(1.5, 2.0]	2.0以上Above 2.0
2011.01	21.35	29.45	49.20	15.97	15.01	6.08	8.67	3.48
2011.02	19.94	31.80	48.26	17.91	14.55	5.61	7.29	2.90
2011.03	13.96	30.22	55.82	18.25	17.76	6.96	9.24	3.60
2011.04	12.54	28.43	59.04	18.72	20.56	7.39	9.14	3.22
2011.05	11.18	27.96	60.87	20.81	21.34	7.29	8.69	2.74
2011.06	9.94	28.91	61.15	20.56	22.70	7.22	8.08	2.60
2011.07	8.53	26.72	64.74	20.75	23.98	8.14	8.99	2.89
2011.08	6.05	25.27	68.67	22.40	25.80	8.42	9.06	3.00
2011.09	6.96	25.86	67.19	21.62	25.47	8.29	8.89	2.91
2011.10	5.06	29.96	64.99	21.54	25.02	7.81	7.87	2.75
2011.11	7.00	26.90	66.10	21.16	25.25	8.20	8.34	3.14
2011.12	7.02	26.96	66.02	21.51	24.20	8.26	8.98	3.08
2012.01	4.79	26.22	68.99	22.33	25.51	8.76	9.22	3.17
2012.02	5.53	27.59	66.88	23.12	23.76	7.98	8.61	3.40
2012.03	4.62	24.95	70.43	21.12	26.99	9.48	9.41	3.43
2012.04	5.03	23.06	71.91	20.76	28.92	10.10	8.98	3.16
2012.05	5.35	24.08	70.57	20.51	28.90	9.73	8.31	3.12
2012.06	7.92	25.08	66.99	19.94	27.87	8.90	7.66	2.63
2012.07	9.51	24.38	66.11	19.74	26.78	9.13	7.61	2.85
2012.08	11.61	22.66	65.73	19.64	26.45	8.30	8.33	3.01
2012.09	11.31	24.57	64.12	20.16	25.18	8.13	7.67	2.98
2012.10	10.88	26.80	62.32	20.15	24.30	7.28	7.53	3.06
2012.11	11.70	25.74	62.56	19.43	24.52	7.64	7.71	3.26
2012.12	14.16	26.10	59.74	18.41	22.87	7.58	7.84	3.04
2013.01	10.62	25.08	64.30	19.84	25.23	7.87	8.29	3.07
2013.02	11.69	25.05	63.26	19.57	23.96	7.88	8.83	3.02
2013.03	11.44	23.79	64.77	19.55	24.71	8.15	9.27	3.09
2013.04	10.56	23.53	65.91	18.96	25.52	8.96	9.23	3.24
2013.05	11.89	22.45	65.66	19.65	25.92	8.84	8.46	2.79
2013.06	12.55	24.52	62.93	19.47	24.95	7.95	8.04	2.52
2013.07	10.54	23.32	66.14	19.99	27.07	8.61	7.96	2.51
2013.08	10.23	21.95	67.82	19.70	27.33	9.46	8.60	2.73
2013.09	10.70	23.31	65.99	19.59	26.58	9.33	8.03	2.46

2013年第三季度金融机构人民币贷款各利率区间占比表
Share of loans with rates floating at various ranges in the third quarter of 2013

单位：%　Unit: %

	下浮 Floating downward	基准 At benchmark	上浮 Floating upward					
			小计 Subtotal	(1.0, 1.1]	(1.1, 1.3]	(1.3, 1.5]	(1.5, 2.0]	2.0以上 Above 2.0
四大国有商业银行 Four state-owned commercial banks	14.95	30.36	54.69	27.81	23.92	2.68	0.24	0.04
股份制商业银行 Joint-stock commercial banks	8.18	17.50	74.32	23.63	40.47	7.96	1.01	1.25
外资商业银行 Foreign commercial banks	34.52	18.62	46.86	20.45	20.08	5.28	0.83	0.22
城市商业银行 City commercial banks	4.39	15.96	79.65	13.84	34.97	17.75	10.43	2.66
城乡信用社 Urban and rural credit cooperatives	2.69	6.52	90.79	6.25	19.80	20.66	34.18	9.90
政策性银行 Policy banks	15.98	71.36	12.66	10.07	2.50	0.09	0.00	0.00
合计 Total	10.16	23.18	66.66	19.96	27.26	8.94	7.98	2.52

大额美元存款与美元贷款平均利率表
Average interest rates of large-value dollar deposits and loans

单位：%　Unit: %

日期 Date	大额存款 Large-value deposits						贷款 Loans				
	活期 Demand	3个月以内 Within 3 months	3(含)～6个月 3~6 months (including 3 months)	6(含)～12个月 6~12 months (including 6 months)	1年 1 year	1年以上 Above 1 year	3个月以内 Within 3 months	3(含)～6个月 3~6 months (including 3 months)	6(含)～12个月 6~12 months (including 6 months)	1年 1 year	1年以上 Above 1 year
2011.07	0.33	2.68	2.98	3.39	2.78	5.47	3.30	3.58	4.23	3.90	3.78
2011.08	0.31	2.95	3.47	3.44	3.58	5.36	3.34	3.69	4.03	3.97	3.58
2011.09	0.35	2.99	3.81	3.15	3.86	5.61	3.37	3.75	4.37	3.70	3.76
2011.10	0.34	2.98	3.48	3.48	1.74	5.03	3.72	4.17	4.76	3.72	4.92
2011.11	0.30	3.36	3.85	4.48	3.84	2.52	3.76	4.29	4.78	4.37	3.74
2011.12	0.31	3.29	3.97	4.08	2.82	3.37	3.85	4.31	4.57	3.89	4.26
2012.01	0.34	3.29	4.24	4.73	5.46	5.87	3.78	4.35	4.81	4.47	4.27
2012.02	0.29	3.16	3.93	4.34	4.64	4.50	3.51	4.08	4.35	4.28	4.29
2012.03	0.27	2.91	3.61	4.34	4.76	5.35	3.56	4.00	4.36	4.03	3.53
2012.04	0.21	2.69	3.54	3.97	4.40	3.32	3.54	3.96	4.44	4.07	3.99
2012.05	0.26	2.37	3.33	3.92	4.12	4.16	3.50	4.11	4.27	4.21	3.90
2012.06	0.26	2.07	2.93	3.39	4.07	4.36	3.38	3.74	3.72	4.02	4.10
2012.07	0.19	2.80	2.57	3.06	3.78	2.13	3.01	3.29	3.54	3.00	3.76
2012.08	0.20	0.96	2.08	2.43	3.21	1.59	2.48	2.70	3.11	2.44	4.04
2012.09	0.17	0.63	1.45	1.65	2.13	1.88	2.05	2.09	2.24	2.15	3.36
2012.10	0.14	0.71	1.30	1.50	2.14	2.17	2.01	2.01	2.05	2.00	3.60
2012.11	0.13	0.60	1.19	1.27	1.86	1.98	1.99	1.89	2.21	2.34	3.73
2012.12	0.17	0.51	1.01	1.52	1.76	1.67	2.02	1.96	1.97	2.73	3.42
2013.01	0.11	0.90	1.35	1.75	1.90	2.45	1.74	2.04	1.87	2.00	3.25
2013.02	0.12	0.84	1.42	1.75	2.04	2.12	2.18	1.91	1.82	2.14	4.08
2013.03	0.11	0.92	1.57	1.91	2.44	1.54	1.97	2.16	2.07	2.35	3.03
2013.04	0.10	0.82	1.36	2.04	2.36	1.27	1.99	2.13	2.22	2.30	3.26
2013.05	0.12	0.80	1.39	1.89	2.31	1.20	2.00	2.11	2.34	2.38	3.02
2013.06	0.12	1.07	1.69	1.86	2.50	1.14	2.23	2.34	2.40	2.78	3.33
2013.07	0.13	1.14	1.97	2.15	2.57	1.79	2.25	2.58	2.69	2.77	3.13
2013.08	0.12	1.17	1.84	2.05	2.68	2.39	2.29	2.41	2.57	2.63	3.23
2013.09	0.19	1.58	2.37	2.06	3.43	2.22	2.28	2.80	2.63	2.49	3.18

八、金融市场
8. Financial Market

1.货币市场
(1) Money market

银行间市场交易量
Transaction volume in the inter-bank market

单位：万亿元
Unit: RMB trillion yuan

年 Year	债券回购 Repurchasing	同业拆借 Inter-bank borrowing	现券买卖 Outright transactions
2000	1.6	0.7	0.1
2001	4.0	0.8	0.1
2002	10.2	1.2	0.4
2003	11.7	2.4	3.1
2004	9.4	1.5	2.5
2005	15.9	1.3	6.0
2006	26.6	2.2	10.2
2007	44.8	10.6	15.6
2008	58.1	15.0	37.1
2009	70.3	19.4	47.3
2010	87.6	27.9	64.0
2011	99.5	33.4	63.6
2012	141.7	46.7	75.2

银行间市场月加权平均利率
Monthly weighted average interest rates in the inter-bank market

单位：% Unit: %

年/月 Year/Month	同业拆借市场 Inter-bank borrowing market	质押式债券回购 Bond-pledged repurchasing
2011.10	3.75	3.75
2011.11	3.49	3.52
2011.12	3.33	3.37
2012.01	4.37	4.68
2012.02	3.38	3.58
2012.03	2.58	2.66
2012.04	3.25	3.29
2012.05	2.19	2.23
2012.06	2.72	2.81
2012.07	2.78	2.85
2012.08	2.84	2.87
2012.09	2.93	3.01
2012.10	2.87	2.82
2012.11	2.57	2.55
2012.12	2.61	2.62
2013.01	2.27	2.25
2013.02	2.77	2.89
2013.03	2.47	2.46
2013.04	2.50	2.55
2013.05	2.92	3.01
2013.06	6.58	6.82
2013.07	3.54	3.60
2013.08	3.44	3.45
2013.09	3.47	3.49

银行间市场交易量
Transaction volume in the inter-bank market

单位：万亿元
Unit: RMB trillion yuan

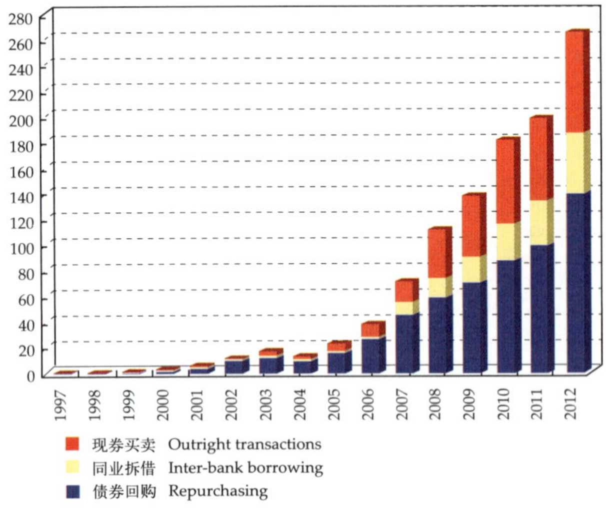

银行间市场月加权平均利率
Monthly weighted average interest rates in the inter-bank market

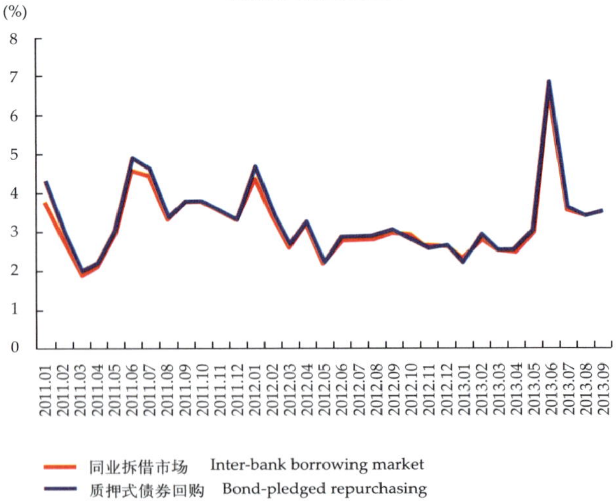

各品种Shibor走势图
Movements of the Shibor

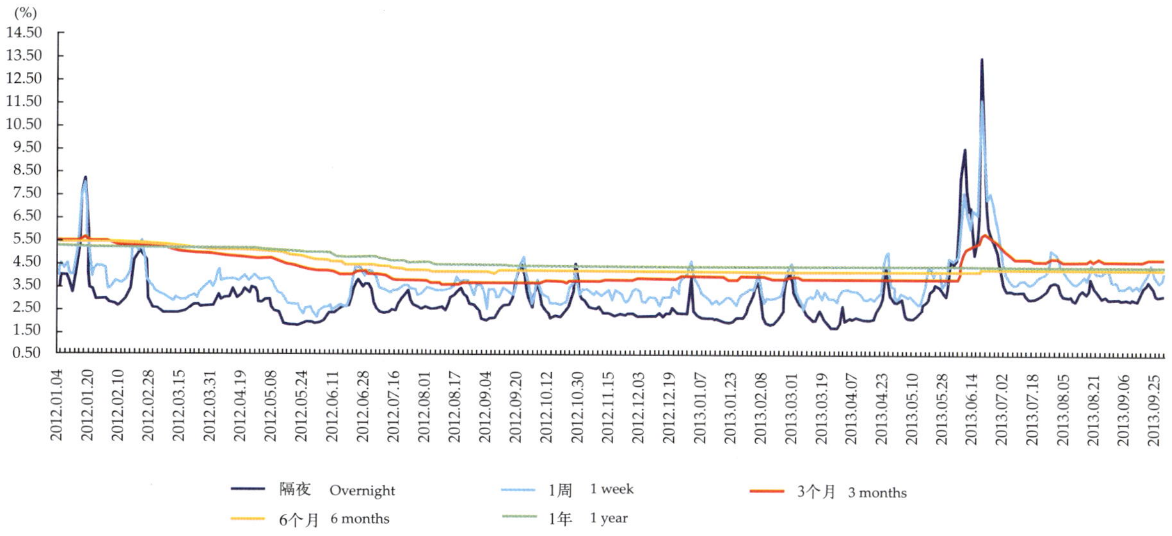

全国银行间同业拆借各期限当月交易量及月加权平均利率
Monthly transaction volume and monthly weighted average interest rates of inter-bank borrowing with different maturities

单位：亿元、%
Unit: RMB 100 million yuan, %

年/月 Year/Month	1天 1 day		7天 7 days		14天 14 days		21天 21 days		1个月 1 month		2个月 2 months		3个月 3 months		4个月 4 months		6个月 6 months		9个月 9 months		1年 1 year	
	交易量 Volume	利率 Rate	交易量 Volume	利率 Rate	交易量 Volume	利率 Rate	交易量 Volume	利率 Rate	交易量 Volume	利率 Rate	交易量 Volume	利率 Rate	交易量 Volume	利率 Rate	交易量 Volume	利率 Rate	交易量 Volume	利率 Rate	交易量 Volume	利率 Rate	交易量 Volume	利率 Rate
2011.10	20 832	3.61	4 850	3.92	1 397	4.23	115	4.90	222	5.42	32	5.81	187	5.70	87	5.86	78	5.83	1	5.90	1	5.60
2011.11	25 440	3.34	5 475	3.78	1 332	4.08	202	3.92	400	5.01	158	5.14	99	5.84	46	5.73	26	5.80	0	—	2	6.51
2011.12	26 132	3.04	5 809	3.94	1 531	4.63	698	4.41	322	4.81	212	5.14	49	5.65	42	5.77	63	5.75	0	—	10	5.55
2012.01	15 741	4.21	3 305	4.55	956	5.64	85	6.01	303	6.04	59	6.08	14	5.76	0	-	25	5.81	0	—	0	—
2012.02	27 771	3.22	3 543	4.06	664	4.38	37	4.67	390	5.03	209	5.14	130	5.32	1	5.40	17	5.09	0	—	0	—
2012.03	42 524	2.47	4 191	3.20	922	3.70	198	4.08	204	4.21	26	4.29	60	4.92	3	4.2	87	4.75	12	4.69	5	4.95
2012.04	37 186	3.18	2 986	3.86	563	3.89	121	4.07	448	4.05	39	4.30	24	5.70	2	5.35	23	4.67	0	—	20	4.67
2012.05	50 007	2.13	2 276	2.98	702	3.15	48	3.34	81	3.58	27	4.00	79	4.47	10	3.27	27	4.05	0	4.20	6	4.67
2012.06	36 646	2.65	3 573	3.26	591	3.14	112	3.36	305	3.15	14	3.90	40	4.76	3	4.21	17	3.68	0	4.70	5	4.45
2012.07	42 053	2.68	3 840	3.52	731	3.76	228	3.58	322	3.93	94	3.21	50	4.19	1	3.20	19	3.50	2	3.60	4	3.95
2012.08	34 303	2.72	3 631	3.54	797	3.79	152	3.78	546	3.64	158	3.67	121	3.84	0	—	6	3.78	0	—	10	4.24
2012.09	30 994	2.79	3 538	3.54	2 022	3.67	361	3.48	422	4.03	62	4.11	91	4.10	0	4.50	11	4.47	3	4.40	20	4.35
2012.10	22 345	2.73	3 658	3.17	1 362	3.59	209	3.76	546	3.88	160	3.71	249	3.78	0	—	98	4.12	0	—	1	4.60
2012.11	32 078	2.41	3 502	3.26	1 112	3.40	228	3.70	430	3.77	500	3.77	186	4.07	42	4.37	32	4.46	7	4.80	15	5.00
2012.12	31 167	2.36	3 891	3.50	1 646	3.77	592	3.99	481	4.09	279	4.27	126	4.62	20	4.2	18	4.48	5	4.25	12	5.08
2013.01	33 896	2.13	3 047	3.27	719	3.14	91	3.68	234	3.89	69	4.17	222	4.11	17	3.86	41	4.16	0	—	9	4.48
2013.02	23 010	2.59	3 102	3.44	1 140	3.67	195	4.00	337	4.16	70	3.75	34	4.03	11	4.48	1	4.40	0	—	6	4.42
2013.03	30 720	2.31	4 302	3.22	564	3.47	98	3.32	767	3.41	38	3.87	112	4.24	1	3.88	2	4.30	0	—	3	4.33
2013.04	37 911	2.38	3 160	3.37	738	3.50	345	3.32	588	3.66	53	3.52	116	3.88	2	4.20	5	4.01	0	—	1	4.00
2013.05	38 622	2.80	3 953	3.71	864	3.69	67	3.34	748	3.88	69	3.57	53	4.26	2	4.03	0	—	0	—	1	4.33
2013.06	11 324	6.43	3 125	6.98	805	7.07	32	7.13	161	6.79	57	6.44	86	5.92	3	5.00	23	5.91	0	—	11	3.97
2013.07	18 775	3.34	3 759	4.10	807	4.24	101	4.58	352	5.23	52	5.07	152	5.08	3	4.43	6	5.01	0	4.80	8	5.23
2013.08	19 592	3.23	3 911	4.10	675	4.52	97	4.83	255	4.67	55	5.27	84	5.24	2	5.80	14	4.98	0	—	15	5.49
2013.09	22 371	3.22	3 892	3.87	1 911	4.64	473	4.57	447	5.18	83	5.41	125	5.46	6	4.57	0	—	2	5.09	18	5.51

全国银行间同业拆借各期限月加权平均利率
Monthly weighted average interest rates of inter-bank borrowing with different maturities

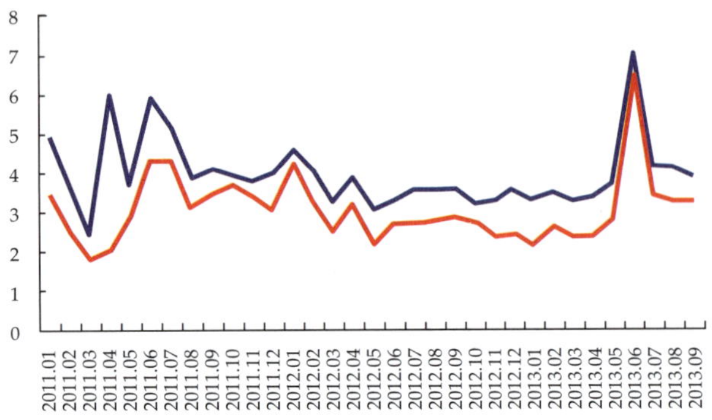

全国银行间同业拆借各期限当月交易量
Monthly transaction volume of inter-bank borrowing with different maturities

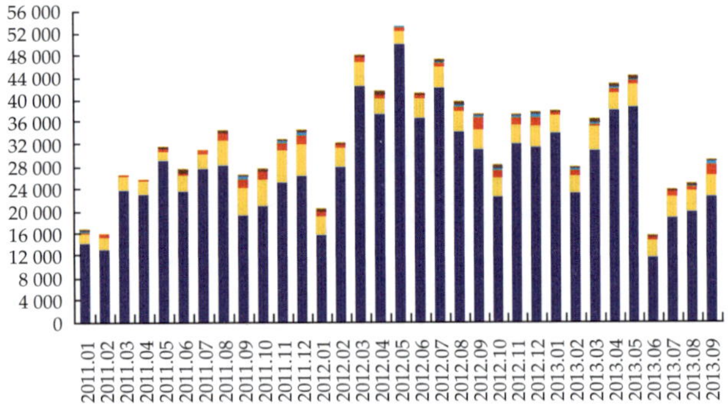

2. 债券市场
(2) Bond market

债券回购交易成交金额
Turnover of repurchasing

单位：亿元
Unit: RMB 100 million yuan

年／月 Year/Month	银行间债券市场 Inter-bank bond market	交易所 Stock exchanges
2011.10	73 894	17 848
2011.11	93 163	24 326
2011.12	109 010	25 073
2012.01	70 275	18 498
2012.02	100 057	27 788
2012.03	136 220	26 753
2012.04	114 046	23 840
2012.05	143 590	31 965
2012.06	137 805	32 413
2012.07	133 956	38 150
2012.08	127 722	40 642
2012.09	114 132	34 931
2012.10	100 780	34 774
2012.11	120 104	42 016
2012.12	118 454	41 144
2013.01	138 841	40 964
2013.02	101 705	30 824
2013.03	137 814	45 877
2013.04	147 431	40 396
2013.05	147 189	56 130
2013.06	122 313	50 127
2013.07	127 290	70 623
2013.08	127 709	67 660
2013.09	125 937	55 901

债券现券交易成交金额
Turnover of outright transactions

单位：亿元
Unit: RMB 100 million yuan

年/月 Year/Month	银行间债券市场 Inter-bank bond market	交易所* Stock exchanges *
2011.10	40 051	99
2011.11	54 411	102
2011.12	64 338	63
2012.01	30 850	62
2012.02	51 154	79
2012.03	66 472	89
2012.04	54 518	62
2012.05	70 698	113
2012.06	62 691	72
2012.07	69 011	90
2012.08	75 199	75
2012.09	67 099	54
2012.10	57 997	62
2012.11	72 851	74
2012.12	73 416	55
2013.01	80 027	73
2013.02	51 930	62
2013.03	84 974	70
2013.04	67 927	77
2013.05	26 892	58
2013.06	11 839	69
2013.07	12 852	82
2013.08	13 688	46
2013.09	14 058	52

注：*仅包含政府债券。
Note: * Only including government bonds.

债券回购交易成交金额
Turnover of repurchasing

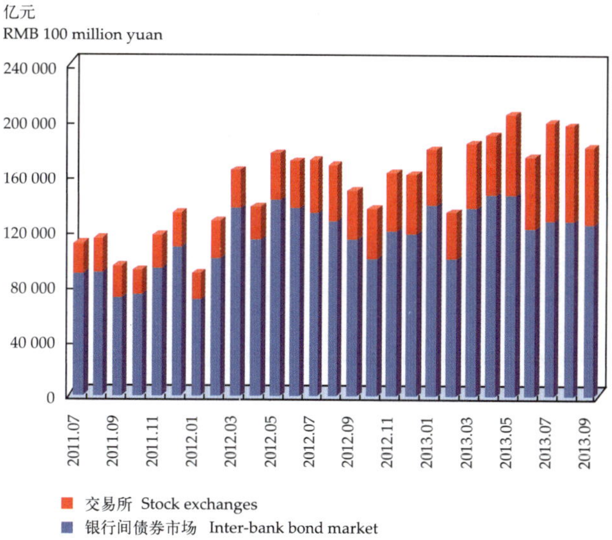

债券现券交易成交金额
Turnover of outright transactions

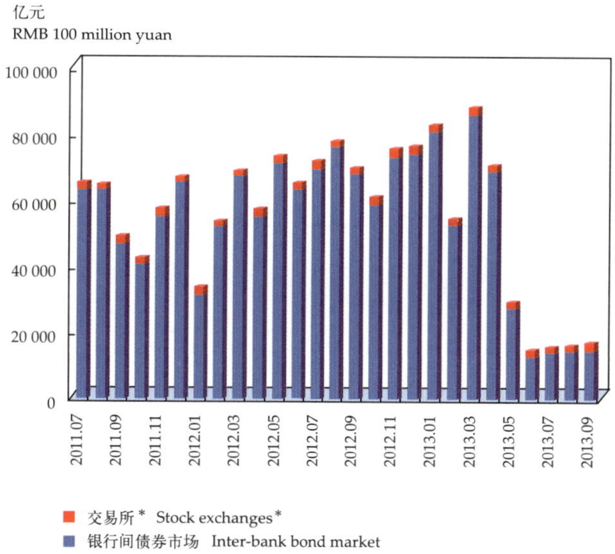

注：*仅包含政府债券。
Note: * Only including government bonds.

国债发行、兑付、期末余额
Issue and redemption values and end-period balance of government bonds

单位：亿元
Unit: RMB 100 million yuan

年/月 Year/Month	发行额 Issue value	兑付额 Redemption value	期末余额 End-period balance
2011.10	1 252	783	73 232
2011.11	1 271	1 192	73 310
2011.12	560	44	73 827
2012.01	280	681	73 426
2012.02	840	642	73 624
2012.03	1 059	1 975	72 708
2012.04	1 369	2 181	71 896
2012.05	1 414	1 620	71 689
2012.06	1 858	2 799	70 749
2012.07	2 262	1 564	71 447
2012.08	2 243	4 463	69 227
2012.09	1 992	857	70 362
2012.10	1 147	464	71 045
2012.11	1 118	676	71 487
2012.12	572	66	71 994
2013.01	1 120	881	84 253
2013.02	780	1 063	84 026
2013.03	733	726	84 262
2013.04	2 231	687	85 668
2013.05	2 310	506	87 161
2013.06	1 537	927	88 092
2013.07	2 281	432	89 697
2013.08	2 585	1 193	91 278
2013.09	2 062	830	92 601

国债发行与兑付
Issue and redemption values of government bonds

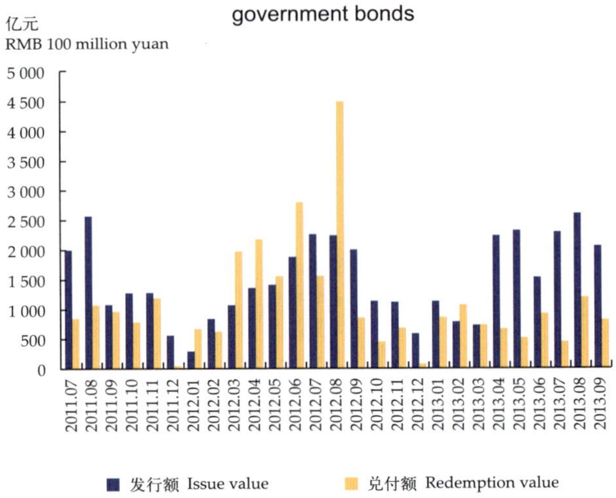

国债期末余额
Outstanding amounts of government bonds at end-period

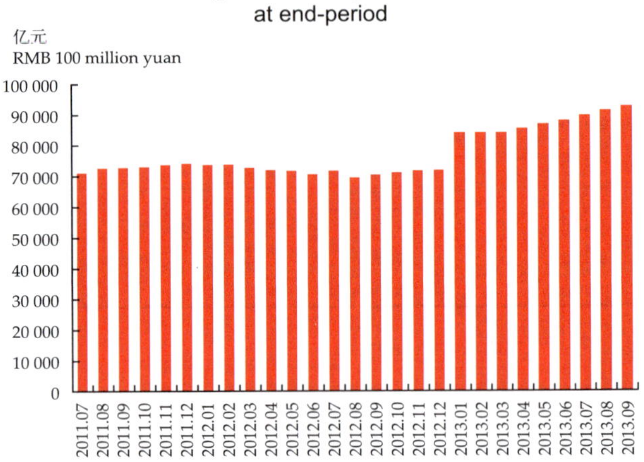

3. 股票市场
(3) Stock market

股票成交、发行筹资额
Turnover of stock trading and funds raised in the stock market

年/月 Year/month	成交金额（亿元） Turnover of stock trading (RMB100 million yuan)		A股筹资（亿元） A-shares capital raised (RMB100 million yuan)					B股筹资（亿美元） B-shares capital rasied (USD100 million)	H股筹资（亿美元） H-shares capital rasied (USD100 million)	
	上海证券交易所A股 A-shares on the Shanghai stock exchange	深圳证券交易所A股 A-shares on the Shenzhen stock exchange	首次发行金额 Initial public offering	公开增发 Additional offering	定向增发（现金） Placement (Cash)	配股 Allotment	权证行权 Exercise warrant		首次发行金额 Initial public offering	再筹资金额 Refinancing
2011 1	20 198	14 365	454.1	35.1	141.7	99.7	0.0	0.0	0.0	0.0
2	21 593	15 851	242.9	1.3	19.4	6.8	0.0	0.0	0.0	0.0
3	36 920	26 190	342.6	25.3	208.7	6.1	0.0	0.0	0.0	0.0
4	27 271	18 486	259.7	6.9	270.0	113.7	0.0	0.0	0.0	7.7
5	20 431	13 530	222.9	0.0	128.4	0.0	0.0	0.0	22.5	0.0
6	18 480	12 797	204.8	0.0	111.4	3.3	0.0	0.0	8.5	24.9
7	22 994	19 063	113.6	14.6	145.3	175.6	0.0	0.0	0.0	12.8
8	19 128	17 744	260.7	21.5	240.5	0.0	29.5	0.0	0.0	0.0
9	12 099	10 155	182.2	0.0	53.5	0.0	0.0	0.0	0.0	0.0
10	11 151	9 475	212.4	0.0	31.6	0.0	0.0	0.0	18.3	0.0
11	16 285	16 198	163.0	27.4	68.5	9.0	0.0	0.0	0.0	0.0
12	10 260	9 675	166.5	0.0	245.6	7.7	0.0	0.0	18.6	0.0
2012 1	9 052	7 531	63.6	0.0	17.2	0.0	0.0	0.0	0.0	0.0
2	17 706	15 867	73.6	84.8	48.7	22.1	0.0	0.0	0.0	3.2
3	20 278	18 239	214.3	19.9	375.4	73.0	0.0	0.0	0.0	14.4
4	14 682	12 079	112.2	0.0	98.8	0.0	0.0	0.0	18.5	0.0
5	19 408	15 645	135.2	0.0	60.3	6.2	0.0	0.0	0.0	0.0
6	12 137	11 823	127.2	0.0	214.6	0.0	0.0	0.0	3.5	0.0
7	12 167	12 723	135.0	0.0	181.5	0.0	0.0	0.0	10.9	0.0
8	11 447	12 510	72.9	0.0	432.9	0.0	0.0	0.0	0.0	42.4
9	11 555	11 606	68.5	0.0	122.8	6.3	0.0	0.0	0.0	0.0
10	9 216	8 986	31.6	0.0	56.5	0.0	0.0	0.0	5.3	0.0
11	9 193	8 276	0.4	0.0	101.1	5.7	0.0	0.0	0.0	13.4
12	17 208	14 383	0.0	0.0	157.6	7.7	0.0	0.0	44.3	3.8
2013 1	22 552	20 394	0.0	10.3	452.1	18.5	0.0	0.0	0.0	0.0
2	16 243	13 875	0.0	0.0	165.0	193.5	0.0	0.0	0.0	31.3
3	20 389	18 176	0.0	0.0	159.6	48.4	0.0	0.0	0.0	5.3
4	12 848	12 799	0.0	0.0	238.4	35.7	0.0	0.0	0.0	0.0
5	20 915	23 965	0.0	7.8	262.4	0.0	0.0	0.0	28.9	0.0
6	13 290	15 115	0.0	16.4	83.6	26.4	0.0	0.0	0.0	2.1
7	18 206	23 224	0.0	7.0	112.9	7.8	0.0	0.0	0.0	0.0
8	20 669	24 394	0.0	7.0	114.7	14.5	0.0	0.0	0.0	0.0
9	25 377	21 378	0.0	0.0	112.9	275.3	0.0	0.0	0.0	1.6

月末加权平均市盈率
Weighted average price-earnings ratio at month-end

年/月 Year/Month	上海证券交易所A股 A-shares on the Shanghai stock exchange	上海证券交易所B股 B-shares on the Shanghai stock exchange	深圳证券交易所A股 A-shares on the Shenzhen stock exchange	深圳证券交易所B股 B-shares on the Shenzhen stock exchange
2011.10	15.0	14.4	28.0	10.4
2011.11	14.2	13.1	26.8	9.7
2011.12	13.4	12.3	23.5	9.6
2012.01	14.0	12.7	23.1	10.0
2012.02	14.9	13.8	25.7	11.3
2012.03	13.9	13.2	22.6	9.6
2012.04	14.7	14.2	23.1	10.3
2012.05	12.7	11.9	23.9	9.9
2012.06	11.9	11.8	22.9	9.6
2012.07	11.3	10.7	21.3	8.7
2012.08	11.0	11.3	21.0	8.8
2012.09	11.3	11.6	21.5	8.8
2012.10	11.2	11.6	21.3	9.1
2012.11	10.7	11.5	18.9	9.4
2012.12	12.3	13.2	22.2	12.2
2013.01	13.0	14.9	23.6	15.1
2013.02	12.9	14.9	24.4	13.8
2013.03	12.2	14.2	24.1	13.8
2013.04	11.9	13.7	24.1	13.9
2013.05	11.8	12.3	27.5	14.9
2013.06	10.2	11.2	23.5	13.1
2013.07	10.3	11.1	24.9	13.0
2013.08	10.8	11.3	26.3	13.6
2013.09	11.2	11.7	27.8	13.8

股票成交金额
Turnover of stock trading

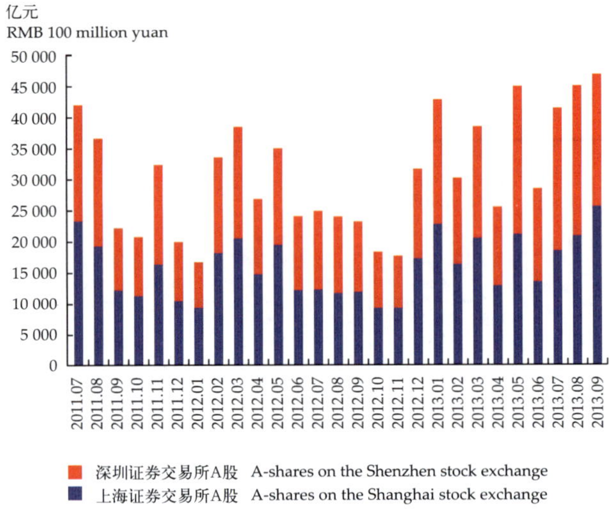

月末加权平均市盈率
Weighted average price-earnings ratio at month-end

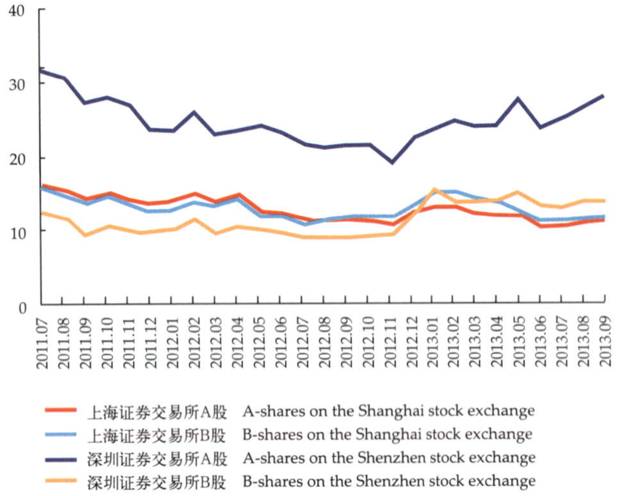

月末收盘指数
Closing index at month-end

4.票据市场
(4) Commercial paper market

票据市场交易额与期末余额
Transactions and outstanding balance of commercial paper market

单位：亿元
Unit: RMB 100 million yuan

年/月 Year/Month	商业汇票 Drafts	贴现 Discount bills	再贴现 Rediscount bills
发生额 Transactions during the period			
2011.10	10 824	15 600	103
2011.11	13 486	21 141	134
2011.12	14 653	31 902	174
2012.01	10 946	12 481	109
2012.02	12 211	17 143	144
2012.03	17 060	27 288	254
2012.04	13 645	22 632	163
2012.05	26 553	29 828	198
2012.06	7 388	31 360	215
2012.07	13 270	22 458	175
2012.08	13 532	27 826	249
2012.09	16 877	33 654	233
2012.10	12 454	25 941	151
2012.11	17 084	31 292	164
2012.12	17 855	34 508	276
2013.01	22 362	31 346	217
2013.02	11 454	22 159	179
2013.03	20 506	41 691	241
2013.04	16 417	35 659	272
2013.05	18 754	55 447	261
2013.06	17 444	37 239	319
2013.07	10 751	44 562	281
2013.08	16 395	31 899	242
2013.09	17 857	46 205	34
期末余额 Outstanding balance at the end of the period			
2011.10	64 150	13 425	504
2011.11	65 704	14 600	438
2011.12	66 565	15 120	445
2012.01	68 130	15 194	437
2012.02	70 826	16 304	454
2012.03	72 242	17 700	602
2012.04	74 868	20 107	611
2012.05	77 369	22 427	655
2012.06	81 153	22 766	702
2012.07	82 534	24 279	723
2012.08	82 936	25 599	760
2012.09	84 076	23 437	782
2012.10	82 626	22 705	785
2012.11	82 608	22 336	761
2012.12	83 452	20 426	760
2013.01	84 588	20 155	761
2013.02	87 129	20 336	746
2013.03	92 425	21 520	813
2013.04	94 127	23 207	865
2013.05	94 428	24 045	935
2013.06	91 557	23 283	1 034
2013.07	88 653	22 245	1 028
2013.08	95 874	22 118	1 047
2013.09	89 381	20 594	1 016

商业汇票交易情况
Draft transactions

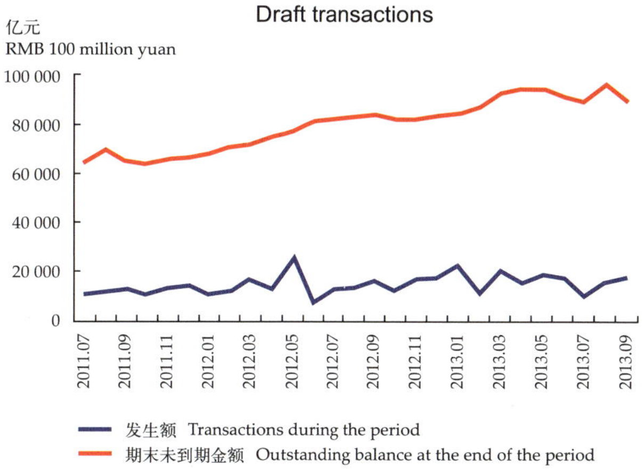

贴现情况
Discount bills

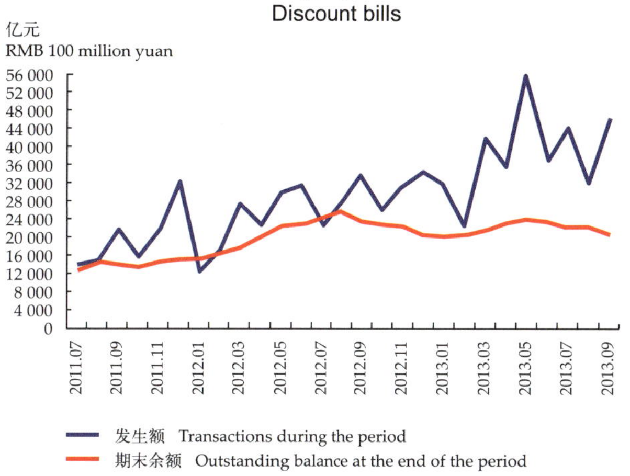

再贴现情况
Rediscount bills

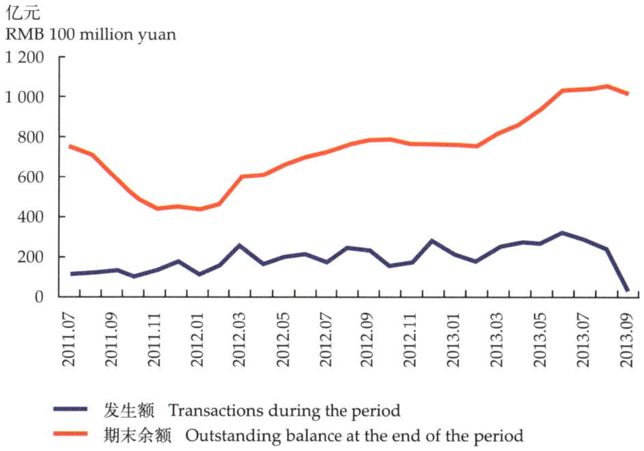

5.外汇市场
(5) Foreign exchange market

世界主要货币兑人民币月平均汇率
Monthly average exchange rate of the RMB against major foreign currencies

年/月 Year/Month	人民币/美元 RMB/USD	人民币/欧元 RMB/EUR	人民币/100日元 RMB/100JPY	人民币/港元 RMB/HKD	卢布/人民币 RUB/RMB
2011.10	6.3566	8.7809	8.2999	0.8174	4.8668
2011.11	6.3408	8.6018	8.1736	0.8148	4.8599
2011.12	6.3218	8.3347	8.1261	0.8136	4.9686
2012.01	6.3168	8.1178	8.2213	0.8135	4.9912
2012.02	6.3000	8.3312	8.0409	0.8124	4.7300
2012.03	6.3081	8.3369	7.6487	0.8127	4.6483
2012.04	6.2966	8.2703	7.7408	0.8112	4.6838
2012.05	6.3062	8.0715	7.9047	0.8122	4.8841
2012.06	6.3178	7.9210	7.9733	0.8142	5.1825
2012.07	6.3235	7.7785	8.0038	0.8153	5.1289
2012.08	6.3404	7.8565	8.0567	0.8175	5.0339
2012.09	6.3395	8.1497	8.1083	0.8175	4.9639
2012.10	6.3144	8.1938	7.9681	0.8146	4.9520
2012.11	6.2953	8.0789	7.7618	0.8122	5.0152
2012.12	6.2900	8.2463	7.4973	0.8112	4.9137
2013.01	6.2787	8.3466	7.0278	0.8098	4.8467
2013.02	6.2842	8.3911	6.7348	0.8103	4.8375
2013.03	6.2743	8.1326	6.6062	0.8086	4.9375
2013.04	6.2471	8.1325	6.3673	0.8047	5.0441
2013.05	6.1970	8.0402	6.1261	0.7984	5.0870
2013.06	6.1718	8.1382	6.3292	0.7953	5.2555
2013.07	6.1725	8.0758	6.1831	0.7958	5.3346
2013.08	6.1708	8.2204	6.2977	0.7957	5.3765
2013.09	6.1588	8.2087	6.1972	0.7942	5.3252

世界主要货币兑人民币期末汇率
Exchange rate of the RMB against major foreign currencies at the end of the period

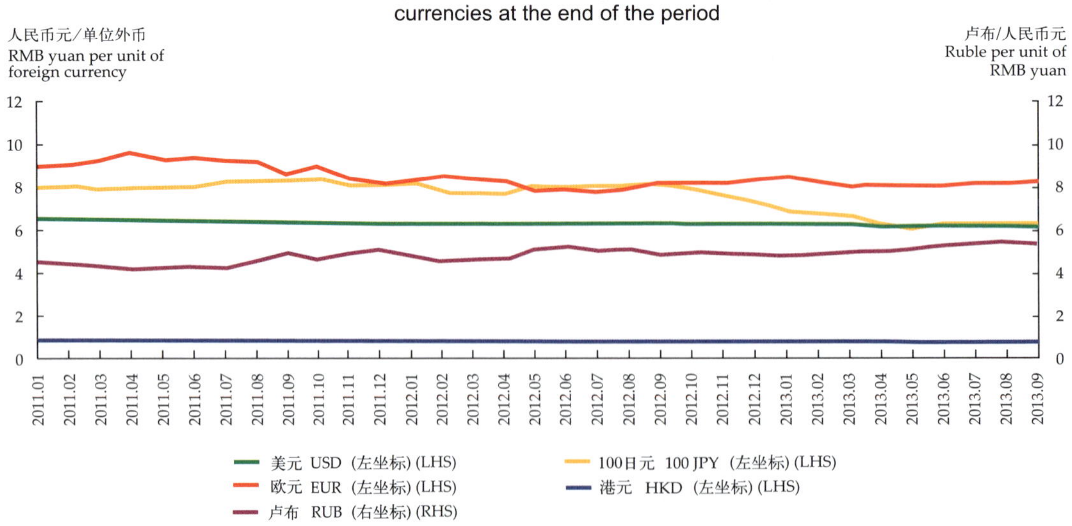

人民币/美元中间价
Central parity of the RMB against the USD

2005年7月21日至2013年9月30日
From July 21, 2005 to September 30, 2013

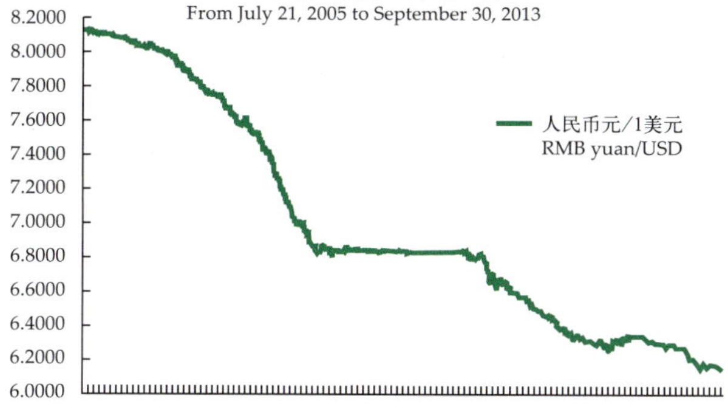

人民币/日元中间价
Central parity of the RMB against the JPY

2005年7月21日至2013年9月30日
From July 21, 2005 to September 30, 2013

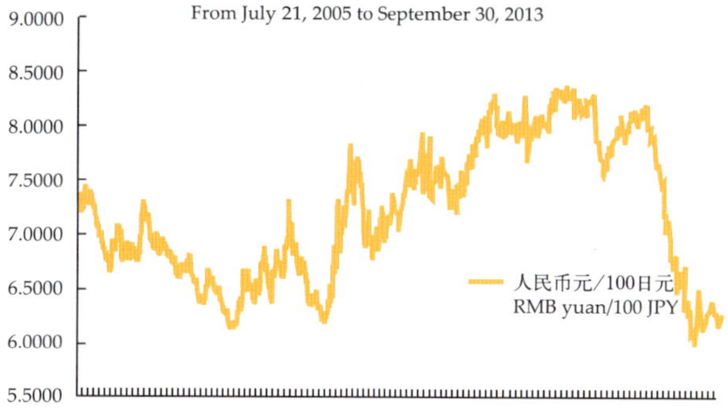

人民币/欧元中间价
Central parity of the RMB against the EUR

2005年7月21日至2013年9月30日
From July 21, 2005 to September 30, 2013

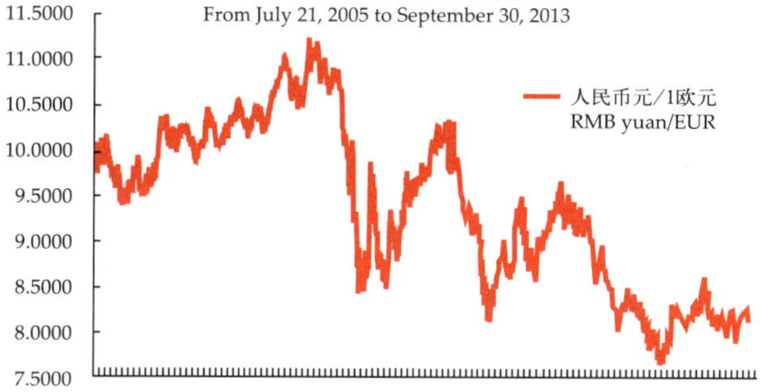

人民币/港元中间价
Central parity of the RMB against the HKD

2005年7月21日至2013年9月30日
From July 21, 2005 to September 30, 2013

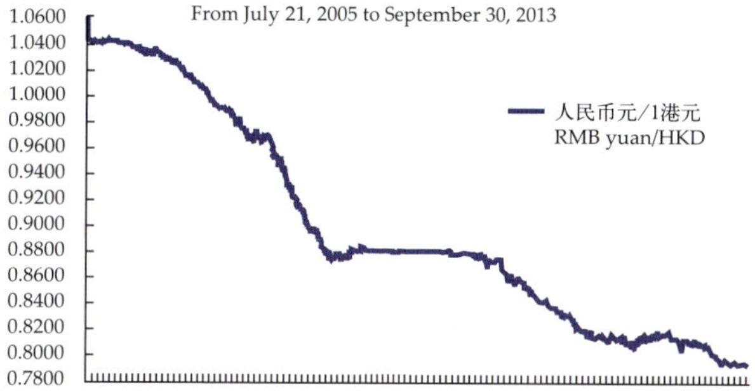

卢布/人民币中间价
Central parity of the RUB against the RMB

2010年11月22日至2013年9月30日
From November 22, 2010 to September 30, 2013

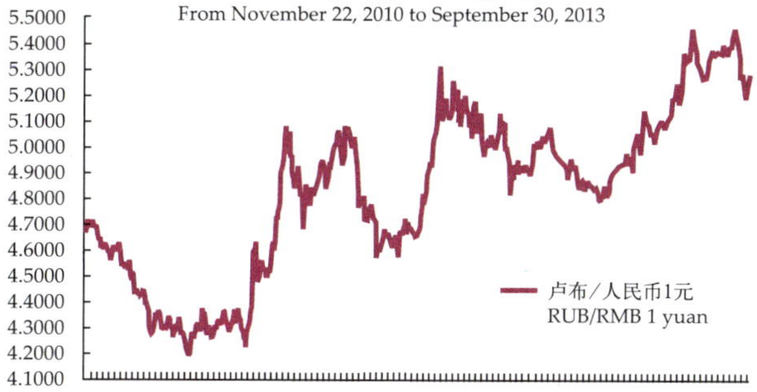

2013年1月4日以来人民币汇率中间价
Central parity of RMB against major foreign currencies
Since January 4, 2013

日期 Date	人民币/美元 RMB/USD	人民币/欧元 RMB/EUR	人民币/100日元 RMB/100JPY	人民币/港元 RMB/HKD	卢布/人民币 RUB/RMB
2013.01.04	6.2897	8.1983	7.1769	0.81145	4.8498
2013.01.07	6.2872	8.2017	7.1235	0.81114	4.8662
2013.01.08	6.2804	8.2377	7.1702	0.81025	4.8672
2013.01.09	6.2814	8.2088	7.1985	0.81036	4.8606
2013.01.10	6.2793	8.1995	7.1150	0.81004	4.8570
2013.01.11	6.2712	8.3187	7.0425	0.80904	4.8364
2013.01.14	6.2695	8.3773	6.9928	0.80871	4.8624
2013.01.15	6.2691	8.3893	6.9876	0.80864	4.8499
2013.01.16	6.2745	8.3467	7.0592	0.80934	4.8655
2013.01.17	6.2767	8.3496	7.1280	0.80964	4.8637
2013.01.18	6.2752	8.3903	6.9657	0.80944	4.8454
2013.01.21	6.2790	8.3536	6.9672	0.80991	4.8590
2013.01.22	6.2796	8.3550	6.9853	0.80991	4.8522
2013.01.23	6.2762	8.3571	7.0680	0.80948	4.8488
2013.01.24	6.2783	8.3527	7.0698	0.80978	4.8401
2013.01.25	6.2805	8.3951	6.9214	0.81005	4.8237
2013.01.28	6.2818	8.4553	6.8796	0.81007	4.8296
2013.01.29	6.2851	8.4528	6.9197	0.81020	4.8373
2013.01.30	6.2806	8.4722	6.9055	0.80952	4.8004
2013.01.31	6.2795	8.5197	6.8802	0.80941	4.8179
2013.02.01	6.2819	8.5509	6.8282	0.81011	4.8121
2013.02.04	6.2860	8.5772	6.7630	0.81043	4.7889
2013.02.05	6.2850	8.4813	6.7941	0.81048	4.8132
2013.02.06	6.2881	8.5421	6.7038	0.81094	4.7987
2013.02.07	6.2898	8.4985	6.7120	0.81120	4.8074
2013.02.08	6.2793	8.4108	6.7024	0.80962	4.8383
2013.02.18	6.2816	8.3797	6.6791	0.81005	4.8247
2013.02.19	6.2821	8.3831	6.6836	0.81011	4.8198
2013.02.20	6.2804	8.4248	6.6927	0.80991	4.8095
2013.02.21	6.2846	8.3488	6.6888	0.81041	4.8353
2013.02.22	6.2871	8.2924	6.7275	0.81065	4.8716
2013.02.25	6.2892	8.2939	6.6714	0.81080	4.8637
2013.02.26	6.2856	8.2231	6.7760	0.81036	4.8878
2013.02.27	6.2842	8.2053	6.8104	0.80996	4.9021
2013.02.28	6.2779	8.2551	6.7884	0.80934	4.8887
2013.03.01	6.2798	8.2049	6.7509	0.80972	4.9070
2013.03.04	6.2822	8.1728	6.6989	0.81009	4.9159
2013.03.05	6.2797	8.1806	6.7096	0.80968	4.9246
2013.03.06	6.2745	8.1917	6.7163	0.80900	4.9092
2013.03.07	6.2785	8.1479	6.6642	0.80948	4.9310
2013.03.08	6.2719	8.2165	6.6029	0.80857	4.9150
2013.03.11	6.2769	8.1540	6.5175	0.80923	4.9386
2013.03.12	6.2746	8.1761	6.4838	0.80890	4.9281
2013.03.13	6.2726	8.1723	6.5283	0.80863	4.9239
2013.03.14	6.2752	8.1361	6.5259	0.80884	4.9429
2013.03.15	6.2723	8.1571	6.5117	0.80852	4.9343
2013.03.18	6.2741	8.0989	6.6002	0.80845	4.9322
2013.03.19	6.2758	8.1312	6.5582	0.80859	4.9436
2013.03.20	6.2716	8.0725	6.5962	0.80805	4.9708
2013.03.21	6.2731	8.1139	6.5298	0.80815	4.9541
2013.03.22	6.2711	8.0963	6.5888	0.80783	4.9638
2013.03.25	6.2692	8.1703	6.5955	0.80760	4.9399
2013.03.26	6.2715	8.0655	6.6539	0.80799	4.9651
2013.03.27	6.2727	8.0698	6.6163	0.80841	4.9558
2013.03.28	6.2742	8.0184	6.6334	0.80824	4.9022
2013.03.29	6.2689	8.0383	6.6486	0.80757	4.9904
2013.04.01	6.2674	8.0166	6.6336	0.80734	4.9884
2013.04.02	6.2586	8.0529	6.7192	0.80622	4.9894
2013.04.03	6.2609	8.0218	6.6802	0.80659	5.0376
2013.04.08	6.2650	8.1379	6.3449	0.80688	5.0639
2013.04.09	6.2639	8.1800	6.2949	0.80683	5.0138
2013.04.10	6.2548	8.1816	6.3023	0.80574	4.9908
2013.04.11	6.2578	8.1667	6.2647	0.80621	4.9736
2013.04.12	6.2506	8.1948	6.2615	0.80533	4.9714
2013.04.15	6.2454	8.1837	6.3303	0.80462	5.0037
2013.04.16	6.2408	8.1414	6.4372	0.80399	5.0707
2013.04.17	6.2342	8.2145	6.3557	0.80316	5.0466
2013.04.18	6.2416	8.1356	6.3574	0.80402	5.1436
2013.04.19	6.2395	8.1444	6.3355	0.80367	5.0945
2013.04.22	6.2415	8.1530	6.2437	0.80390	5.1017
2013.04.23	6.2360	8.1439	6.2782	0.80320	5.0923
2013.04.24	6.2384	8.1109	6.2513	0.80347	5.1007
2013.04.25	6.2300	8.1143	6.2536	0.80240	5.0786
2013.04.26	6.2208	8.0917	6.2675	0.80119	5.0329
2013.05.02	6.2082	8.1784	6.3807	0.80005	5.0638
2013.05.03	6.2152	8.1233	6.3337	0.80095	5.0638
2013.05.06	6.2114	8.1556	6.2685	0.80055	5.0393
2013.05.07	6.2083	8.1183	6.2543	0.80005	5.0139
2013.05.08	6.1980	8.1054	6.2634	0.79859	5.0341
2013.05.09	6.1925	8.1496	6.2507	0.79806	5.0518
2013.05.10	6.2016	8.0767	6.1408	0.79918	5.0656
2013.05.13	6.2072	8.0473	6.0793	0.79982	5.0955
2013.05.14	6.2035	8.0745	6.0944	0.79930	5.0916
2013.05.15	6.2070	8.0315	6.0632	0.79970	5.0896
2013.05.16	6.2096	8.0017	6.0640	0.80002	5.1020
2013.05.17	6.1997	7.9871	6.0534	0.79855	5.1022
2013.05.20	6.1998	7.9528	6.0212	0.79861	5.1044
2013.05.21	6.1911	7.9726	6.0363	0.79754	5.0788
2013.05.22	6.1904	8.0042	6.0243	0.79763	5.0657
2013.05.23	6.1947	7.9484	5.9797	0.79811	5.0977
2013.05.24	6.1867	7.9907	6.0378	0.79694	5.1073
2013.05.27	6.1811	7.9866	6.1169	0.79619	5.0960
2013.05.28	6.1818	7.9693	6.0765	0.79627	5.1094
2013.05.29	6.1856	7.9516	6.0365	0.79667	5.1295
2013.05.30	6.1820	7.9973	6.0982	0.79626	5.1449
2013.05.31	6.1796	8.0622	6.0997	0.79599	5.1662
2013.06.03	6.1806	8.0363	6.1434	0.79614	5.1862
2013.06.04	6.1735	8.0728	6.1935	0.79529	5.1759
2013.06.05	6.1757	8.0707	6.1494	0.79572	5.1999
2013.06.06	6.1737	8.0752	6.2099	0.79555	5.2372
2013.06.07	6.1620	8.1588	6.3246	0.79381	5.2341
2013.06.13	6.1612	8.2304	6.4521	0.79347	5.2487
2013.06.14	6.1607	8.2319	6.4781	0.79345	5.2036
2013.06.17	6.1598	8.2166	6.5060	0.79371	5.1655
2013.06.18	6.1651	8.2390	6.4927	0.79454	5.1763
2013.06.19	6.1677	8.2626	6.4470	0.79493	5.2087
2013.06.20	6.1698	8.2015	6.4005	0.79530	5.2633
2013.06.21	6.1766	8.1639	6.3380	0.79645	5.3637
2013.06.24	6.1807	8.1010	6.2741	0.79671	5.3356
2013.06.25	6.1767	8.1060	6.3147	0.79614	5.3304
2013.06.26	6.1779	8.0829	6.2924	0.79639	5.3331
2013.06.27	6.1797	8.0457	6.3188	0.79652	5.3515
2013.06.28	6.1787	8.0536	6.2607	0.79655	5.3294

2013年1月4日以来人民币汇率中间价

Central parity of RMB against major foreign currencies
Since January 4, 2013

续表

日期 Date	人民币/美元 RMB/USD	人民币/欧元 RMB/EUR	人民币/100日元 RMB/100JPY	人民币/港元 RMB/HKD	卢布/人民币 RUB/RMB
2013.07.01	6.1805	8.0424	6.2131	0.79676	5.3333
2013.07.02	6.1773	8.0691	6.1921	0.79645	5.3748
2013.07.03	6.1803	8.0152	6.1297	0.79704	5.3925
2013.07.04	6.1755	8.0315	6.1740	0.79644	5.3940
2013.07.05	6.1790	7.9706	6.1540	0.79689	5.4711
2013.07.08	6.1807	7.9271	6.0880	0.79705	5.4363
2013.07.09	6.1730	7.9308	6.1031	0.79595	5.4054
2013.07.10	6.1652	7.8751	6.0980	0.79484	5.3733
2013.07.11	6.1599	8.0704	6.1836	0.79416	5.3500
2013.07.12	6.1631	8.0727	6.2191	0.79458	5.3013
2013.07.15	6.1663	8.0529	6.2035	0.79484	5.3116
2013.07.16	6.1692	8.0594	6.1625	0.79518	5.3012
2013.07.17	6.1652	8.1020	6.2052	0.79470	5.2838
2013.07.18	6.1720	8.0974	6.1865	0.79562	5.2621
2013.07.19	6.1751	8.0835	6.1223	0.79598	5.2849
2013.07.22	6.1721	8.1256	6.1652	0.79562	5.2601
2013.07.23	6.1702	8.1382	6.1976	0.79530	5.2589
2013.07.24	6.1695	8.1558	6.1904	0.79529	5.2575
2013.07.25	6.1759	8.1494	6.1461	0.79611	5.2835
2013.07.26	6.1720	8.1921	6.2114	0.79562	5.3137
2013.07.29	6.1705	8.1991	6.2854	0.79550	5.3390
2013.07.30	6.1770	8.1904	6.2849	0.79632	5.3435
2013.07.31	6.1788	8.1925	6.2956	0.79672	5.3641
2013.08.01	6.1778	8.2205	6.3011	0.79659	5.3675
2013.08.02	6.1817	8.1632	6.2032	0.79701	5.3820
2013.08.05	6.1767	8.1968	6.2265	0.79637	5.3472
2013.08.06	6.1753	8.1931	6.2841	0.79610	5.3593
2013.08.07	6.1726	8.2105	6.3272	0.79580	5.3832
2013.08.08	6.1703	8.2303	6.3717	0.79547	5.3761
2013.08.09	6.1668	8.2496	6.3607	0.79509	5.3513
2013.08.12	6.1665	8.2215	6.4030	0.79512	5.3621
2013.08.13	6.1705	8.2021	6.3269	0.79562	5.3840
2013.08.14	6.1720	8.1850	6.2727	0.79579	5.3927
2013.08.15	6.1696	8.1834	6.2917	0.79549	5.3935
2013.08.16	6.1666	8.2352	6.3281	0.79526	5.3556
2013.08.19	6.1690	8.2242	6.3007	0.79565	5.3685
2013.08.20	6.1697	8.2295	6.3050	0.79560	5.3754
2013.08.21	6.1675	8.2789	6.3160	0.79532	5.3724
2013.08.22	6.1698	8.2290	6.2945	0.79558	5.4014
2013.08.23	6.1710	8.2349	6.2407	0.79569	5.3489
2013.08.26	6.1680	8.2580	6.2344	0.79534	5.3835
2013.08.27	6.1688	8.2548	6.2668	0.79540	5.3467
2013.08.28	6.1667	8.2538	6.3344	0.79504	5.4041
2013.08.29	6.1690	8.2245	6.2962	0.79545	5.4117
2013.08.30	6.1709	8.1693	6.2645	0.79569	5.4161
2013.09.02	6.1702	8.1407	6.2520	0.79568	5.3820
2013.09.03	6.1718	8.1403	6.1832	0.79592	5.4361
2013.09.04	6.1729	8.1294	6.1874	0.79593	5.4594
2013.09.05	6.1696	8.1442	6.1765	0.79553	5.4329
2013.09.06	6.1728	8.0996	6.1604	0.79588	5.4496
2013.09.09	6.1642	8.1253	6.1713	0.79479	5.4321
2013.09.10	6.1612	8.1657	6.1669	0.79455	5.4096
2013.09.11	6.1601	8.1760	6.1346	0.79437	5.3779
2013.09.12	6.1575	8.2009	6.1649	0.79408	5.3478
2013.09.13	6.1578	8.1865	6.1726	0.79413	5.2607
2013.09.16	6.1554	8.2270	6.2167	0.79381	5.2944
2013.09.17	6.1571	8.2071	6.1991	0.79402	5.2699
2013.09.18	6.1557	8.2176	6.1991	0.79384	5.2563
2013.09.23	6.1475	8.3194	6.1921	0.79285	5.1992
2013.09.24	6.1485	8.2959	6.2160	0.79303	5.1891
2013.09.25	6.1497	8.2864	6.2224	0.79317	5.2444
2013.09.26	6.1477	8.3120	6.2419	0.79286	5.2371
2013.09.27	6.1495	8.2935	6.2107	0.79305	5.2195
2013.09.30	6.1480	8.2983	6.2793	0.79287	5.2805

九、中央银行公开市场业务
9. Central Bank Open Market Operations

中央银行公开市场业务交易
Central bank open market operations

日期 Date		操作工具 Mode of transaction	招标方式 Mode of bidding	期限品种(天) Maturity (Day)	招标数量(亿元) Bidding amount (RMB 100 million yuan)	操作量/买入面额(亿元) Transaction volume/ Purchasing face value (RMB 100 million yuan)	发行价格(元)/买入金额(亿元) Issue price (RMB yuan)/ purchasing amount (RMB 100 million yuan)	中标利率/参考收益率(%) Interest rate of successful bidding/ reference yield (%)
2013.01.05	周六 Saturday	逆回购 Repurchase	利率招标 Interest rate bidding	5天 5-day	900	900	—	3.30
2013.01.08	周二 Tuesday	逆回购 Repurchase	利率招标 Interest rate bidding	7天 7-day	200	200	—	3.35
2013.01.08	周二 Tuesday	逆回购 Repurchase	利率招标 Interest rate bidding	28天 28-day	180	180	—	3.60
2013.01.10	周四 Thursday	逆回购 Repurchase	利率招标 Interest rate bidding	7天 7-day	150	150	—	3.35
2013.01.10	周四 Thursday	逆回购 Repurchase	利率招标 Interest rate bidding	14天 14-day	400	400	—	3.45
2013.01.15	周二 Tuesday	逆回购 Repurchase	利率招标 Interest rate bidding	14天 14-day	100	100	—	3.45
2013.01.17	周四 Thursday	逆回购 Repurchase	利率招标 Interest rate bidding	14天 14-day	100	100	—	3.45
2013.01.22	周二 Tuesday	逆回购 Repurchase	利率招标 Interest rate bidding	7天 7-day	430	430	—	3.35
2013.01.24	周四 Thursday	逆回购 Repurchase	利率招标 Interest rate bidding	7天 7-day	580	580	—	3.35
2013.01.29	周二 Tuesday	逆回购 Repurchase	利率招标 Interest rate bidding	7天 7-day	800	800	—	3.35
2013.01.31	周四 Thursday	逆回购 Repurchase	利率招标 Interest rate bidding	7天 7-day	1 000	1 000	—	3.35
2013.02.05	周二 Tuesday	逆回购 Repurchase	利率招标 Interest rate bidding	14天 14-day	4 500	4 500	—	3.45
2013.02.07	周四 Thursday	逆回购 Repurchase	利率招标 Interest rate bidding	14天 14-day	4 100	4 100	—	3.45
2013.02.19	周二 Tuesday	正回购 Reverse repurchase	利率招标 Interest rate bidding	28天 28-day	300	300	—	2.75
2013.02.21	周四 Thursday	正回购 Reverse repurchase	利率招标 Interest rate bidding	28天 28-day	100	100	—	2.75
2013.02.21	周四 Thursday	正回购 Reverse repurchase	利率招标 Interest rate bidding	91天 91-day	100	100	—	3.05

中央银行公开市场业务交易
Central bank open market operations

续表

日期 Date		操作工具 Mode of transaction	招标方式 Mode of bidding	期限品种(天) Maturity (Day)	招标数量(亿元) Bidding amount (RMB 100 million yuan)	操作量／买入面额(亿元) Transaction volume/ Purchasing face value (RMB 100 million yuan)	发行价格(元)/买入金额(亿元) Issue price (RMB yuan)/ purchasing amount (RMB 100 million yuan)	中标利率／参考收益率(%) Interest rate of successful bidding/ reference yield (%)
2013.02.26	周二 Tuesday	正回购 Reverse repurchase	利率招标 Interest rate bidding	28天 28-day	50	50	—	2.75
2013.03.07	周四 Thursday	正回购 Reverse repurchase	利率招标 Interest rate bidding	28天 28-day	50	50	—	2.75
2013.03.12	周二 Tuesday	正回购 Reverse repurchase	利率招标 Interest rate bidding	28天 28-day	260	260	—	2.75
2013.03.14	周四 Thursday	正回购 Reverse repurchase	利率招标 Interest rate bidding	28天 28-day	180	180	—	2.75
2013.03.19	周二 Tuesday	正回购 Reverse repurchase	利率招标 Interest rate bidding	28天 28-day	390	390	—	2.75
2013.03.21	周四 Thursday	正回购 Reverse repurchase	利率招标 Interest rate bidding	28天 28-day	480	480	—	2.75
2013.03.26	周二 Tuesday	正回购 Reverse repurchase	利率招标 Interest rate bidding	28天 28-day	320	320	—	2.75
2013.03.28	周四 Thursday	正回购 Reverse repurchase	利率招标 Interest rate bidding	28天 28-day	300	300	—	2.75
2013.04.02	周二 Tuesday	正回购 Reverse repurchase	利率招标 Interest rate bidding	28天 28-day	300	300	—	2.75
2013.04.09	周二 Tuesday	正回购 Reverse repurchase	利率招标 Interest rate bidding	28天 28-day	300	300	—	2.75
2013.04.11	周四 Thursday	正回购 Reverse repurchase	利率招标 Interest rate bidding	28天 28-day	460	460	—	2.75
2013.04.16	周二 Tuesday	正回购 Reverse repurchase	利率招标 Interest rate bidding	28天 28-day	580	580	—	2.75
2013.04.18	周四 Thursday	正回购 Reverse repurchase	利率招标 Interest rate bidding	28天 28-day	430	430	—	2.75
2013.04.23	周二 Tuesday	正回购 Reverse repurchase	利率招标 Interest rate bidding	28天 28-day	100	100	—	2.75
2013.04.25	周四 Thursday	正回购 Reverse repurchase	利率招标 Interest rate bidding	28天 28-day	180	180	—	2.75
2013.05.02	周四 Thursday	正回购 Reverse repurchase	利率招标 Interest rate bidding	28天 28-day	300	300	—	2.75
2013.05.07	周二 Tuesday	正回购 Reverse repurchase	利率招标 Interest rate bidding	28天 28-day	550	550	—	2.75
2013.05.09	周四 Thursday	中央银行票据 Central bank bills	价格招标 Price bidding	91天 91-day	100	100	99.28	2.9089
2013.05.09	周四 Thursday	正回购 Reverse repurchase	利率招标 Interest rate bidding	28天 28-day	370	370	—	2.75

中央银行公开市场业务交易
Central bank open market operations

续表

日期 Date		操作工具 Mode of transaction	招标方式 Mode of bidding	期限品种(天) Maturity (Day)	招标数量(亿元) Bidding amount (RMB 100 million yuan)	操作量／买入面额(亿元) Transaction volume/ Purchasing face value (RMB 100 million yuan)	发行价格(元)/买入金额(亿元) Issue price (RMB yuan)/ purchasing amount (RMB 100 million yuan)	中标利率/参考收益率(%) Interest rate of successful bidding/ reference yield (%)
2013.05.14	周二 Tuesday	中央银行票据 Central bank bills	价格招标 Price bidding	91天 91-day	270	270	99.28	2.9089
2013.05.14	周二 Tuesday	正回购 Reverse repurchase	利率招标 Interest rate bidding	28天 28-day	520	520	—	2.75
2013.05.16	周四 Thursday	中央银行票据 Central bank bills	价格招标 Price bidding	91天 91-day	170	170	99.28	2.9089
2013.05.16	周四 Thursday	正回购 Reverse repurchase	利率招标 Interest rate bidding	28天 28-day	400	400	—	2.75
2013.05.21	周二 Tuesday	中央银行票据 Central bank bills	价格招标 Price bidding	91天 91-day	100	100	99.28	2.9089
2013.05.21	周二 Tuesday	正回购 Reverse repurchase	利率招标 Interest rate bidding	28天 28-day	90	90	—	2.75
2013.05.23	周四 Thursday	中央银行票据 Central bank bills	价格招标 Price bidding	91天 91-day	60	60	99.28	2.9089
2013.05.23	周四 Thursday	正回购 Reverse repurchase	利率招标 Interest rate bidding	28天 28-day	50	50	—	2.75
2013.05.28	周二 Tuesday	中央银行票据 Central bank bills	价格招标 Price bidding	91天 91-day	70	70	99.28	2.9089
2013.05.28	周二 Tuesday	正回购 Reverse repurchase	利率招标 Interest rate bidding	28天 28-day	120	120	—	2.75
2013.05.30	周四 Thursday	中央银行票据 Central bank bills	价格招标 Price bidding	91天 91-day	150	150	99.28	2.9089
2013.05.30	周四 Thursday	正回购 Reverse repurchase	利率招标 Interest rate bidding	28天 28-day	130	130	—	2.75
2013.06.04	周二 Tuesday	中央银行票据 Central bank bills	价格招标 Price bidding	91天 91-day	70	70	99.28	2.9089
2013.06.04	周二 Tuesday	正回购 Reverse repurchase	利率招标 Interest rate bidding	28天 28-day	140	140	—	2.75
2013.06.06	周四 Thursday	中央银行票据 Central bank bills	价格招标 Price bidding	91天 91-day	110	110	99.28	2.9089
2013.06.06	周四 Thursday	正回购 Reverse repurchase	利率招标 Interest rate bidding	28天 28-day	100	100	—	2.75
2013.06.18	周二 Tuesday	中央银行票据 Central bank bills	价格招标 Price bidding	91天 91-day	20	20	99.28	2.9089
2013.06.20	周四 Thursday	中央银行票据 Central bank bills	价格招标 Price bidding	91天 91-day	20	20	99.28	2.9089

中央银行公开市场业务交易
Central bank open market operations

续表

日期 Date		操作工具 Mode of transaction	招标方式 Mode of bidding	期限品种(天) Maturity (Day)	招标数量(亿元) Bidding amount (RMB 100 million yuan)	操作量/买入面额(亿元) Transaction volume/ Purchasing face value (RMB 100 million yuan)	发行价格(元)/买入金额(亿元) Issue price (RMB yuan)/ purchasing amount (RMB 100 million yuan)	中标利率/参考收益率(%) Interest rate of successful bidding/ reference yield (%)
2013.07.30	周二 Tuesday	逆回购 Repurchase	利率招标 Interest rate bidding	7天 7-day	170	170	—	4.40
2013.08.01	周四 Thursday	逆回购 Repurchase	利率招标 Interest rate bidding	14天 14-day	340	340	—	4.50
2013.08.06	周二 Tuesday	逆回购 Repurchase	利率招标 Interest rate bidding	7天 7-day	120	120	—	4.00
2013.08.08	周四 Thursday	逆回购 Repurchase	利率招标 Interest rate bidding	14天 14-day	150	150	—	4.10
2013.08.13	周二 Tuesday	逆回购 Repurchase	利率招标 Interest rate bidding	7天 7-day	110	110	—	3.90
2013.08.15	周四 Thursday	逆回购 Repurchase	利率招标 Interest rate bidding	14天 14-day	280	280	—	4.10
2013.08.20	周二 Tuesday	逆回购 Repurchase	利率招标 Interest rate bidding	7天 7-day	360	360	—	3.90
2013.08.22	周四 Thursday	逆回购 Repurchase	利率招标 Interest rate bidding	14天 14-day	460	460	—	4.10
2013.08.27	周二 Tuesday	逆回购 Repurchase	利率招标 Interest rate bidding	7天 7-day	290	290	—	3.90
2013.08.29	周四 Thursday	逆回购 Repurchase	利率招标 Interest rate bidding	14天 14-day	260	260	—	4.10
2013.09.03	周二 Tuesday	逆回购 Repurchase	利率招标 Interest rate bidding	7天 7-day	100	100	—	3.90
2013.09.05	周四 Thursday	逆回购 Repurchase	利率招标 Interest rate bidding	14天 14-day	100	100	—	4.10
2013.09.10	周二 Tuesday	逆回购 Repurchase	利率招标 Interest rate bidding	7天 7-day	100	100	—	3.90
2013.09.12	周四 Thursday	逆回购 Repurchase	利率招标 Interest rate bidding	14天 14-day	100	100	—	4.10
2013.09.17	周二 Tuesday	逆回购 Repurchase	利率招标 Interest rate bidding	7天 7-day	80	80	—	3.90
2013.09.24	周二 Tuesday	逆回购 Repurchase	利率招标 Interest rate bidding	6天 6-day	880	880	—	3.90
2013.09.26	周四 Thursday	逆回购 Repurchase	利率招标 Interest rate bidding	14天 14-day	800	800	—	4.10

附录四 世界主要经济体经济和金融指标
Appendix 4 Economic and Financial Indicators of Major Economies

一、经济增长率
1. Economic Growth Rate

世界经济增长率
World economic growth rate

单位：% Unit: %

		2010	2011	2012	2013年6月预计 Projection in June, 2013		2013年10月预计 Projection in June, 2013	
					2013	2014	2013	2014
国际货币基金组织 IMF	按购买力平价方法计算的实际GDP增长率 Real GDP growth rate based on PPP	5.1	3.9	3.2	3.1	3.8	2.9	3.6
	按市场汇率法计算的实际GDP增长率 Real GDP growth rate based on market exchange rate	4.1	2.9	2.6	2.4	3.2	2.3	3.0
世界银行 World Bank	按2005年不变价及市场汇率法计算的实际GDP增长率 Real GDP growth rate based on 2005 constant price and market exchange rate	4.1	2.8	2.3	2.2	6.0		

数据来源：国际货币基金组织《世界经济展望》（2013年10月），世界银行《全球经济展望》（2013年6月）。
Source: *World Economic Outlook*, IMF, October, 2013; *Global Economic Prospects Forecast*, The World Bank, June, 2013.

世界经济增长率
World economic growth rate

单位：% Unit: %

年 Year	国际货币基金组织按购买力平价方法计算的实际GDP增长率 Real GDP growth rate based on PPP (IMF)	国际货币基金组织按市场汇率法计算的实际GDP增长率 Real GDP growth rate based on market exchange rate (IMF)
1985	3.6	3.6
1986	3.5	3.3
1987	3.7	3.5
1988	4.5	4.5
1989	3.7	3.7
1990	2.9	2.8
1991	1.5	1.0
1992	2.0	1.2
1993	2.0	1.2
1994	3.4	3.0
1995	3.3	2.9
1996	3.7	3.2
1997	4.0	3.5
1998	2.5	2.1
1999	3.5	3.1
2000	4.7	4.1
2001	2.2	1.5
2002	2.8	1.9
2003	3.6	2.6
2004	4.9	4.0
2005	4.4	3.4
2006	5.1	3.9
2007	5.2	3.7
2008	3.0	1.8
2009	-0.7	-2.3
2010	5.1	4.1
2011	3.9	2.9
2012	3.2	2.6
2013*	2.9	2.3
2014*	3.6	3.0

注：＊为预测数。
Note: * Projection.

世界经济增长
World economic growth

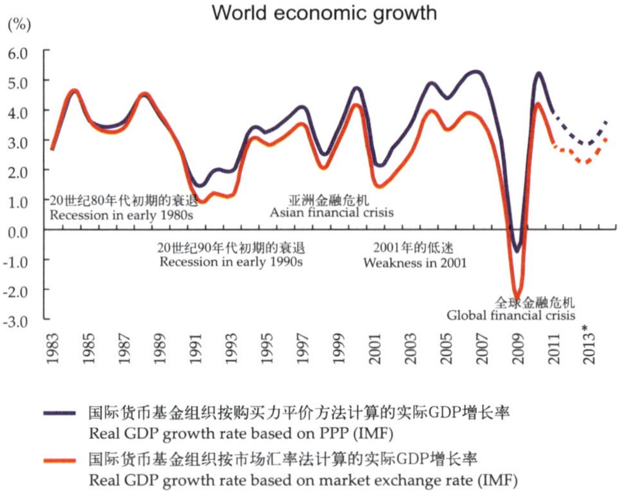

注：＊为预测数。
Note: * Projection.

GDP年度增长率
Annual growth rate of GDP

单位：% Unit: %

年 Year	美国 U.S.	日本 Japan	欧元区 Euro Area	英国 U.K.
2001	0.8	0.2	1.9	2.4
2002	1.6	0.3	0.9	2.1
2003	2.5	1.4	0.8	2.8
2004	3.6	2.7	2.1	3.3
2005	2.9	1.9	1.6	1.8
2006	2.8	2.4	2.8	2.8
2007	2.1	2.3	2.7	2.6
2008	0.0	-1.2	0.5	-0.1
2009	-3.5	-6.3	-4.3	-4.9
2010	2.4	4.5	2.0	1.8
2011	1.8	-0.6	1.5	1.1
2012	2.8	2.0	-0.6	0.2
2013*	1.6	2.0	-0.4	1.4
2014*	2.6	1.2	1.0	1.9

注：＊为预测数。
Note: *Projection.

GDP季度同比增长率
Year-on-year growth rate of GDP

单位：% Unit: %

年/季 Year/Quarter	美国 U.S.	日本 Japan	欧元区 Euro Area	英国 U.K.
2009Q4	3.9	-0.5	-2.0	-2.5
2010Q1	1.6	4.9	0.8	0.5
2010Q2	3.9	4.4	2.0	2.0
2010Q3	2.8	6.0	2.0	2.4
2010Q4	2.8	3.3	1.9	1.8
2011Q1	-1.3	0.0	2.4	1.7
2011Q2	3.2	-1.5	1.7	0.8
2011Q3	1.4	-0.6	1.3	1.0
2011Q4	4.9	-0.2	0.7	1.1
2012Q1	3.7	3.4	0.0	0.6
2012Q2	1.2	3.8	-0.4	0.0
2012Q3	2.8	0.3	-0.6	0.0
2012Q4	0.1	0.3	-0.9	-0.2
2013Q1	1.1	0.3	-1.0	0.2
2013Q2	2.5	1.1	-0.6	1.3
2013Q3	3.6	2.7	-0.4	1.5

GDP年度增长率
Annual growth rate of GDP

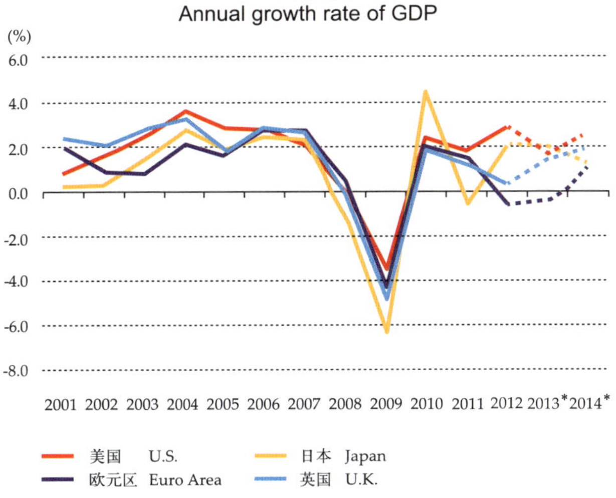

注：＊为预测数。
Note: ＊Projection.
数据来源：国际货币基金组织《世界经济展望》(2013年10月)。
Source: *World Economic Outlook*, IMF, October, 2013.

GDP季度同比增长率
Year-on-year growth rate of GDP

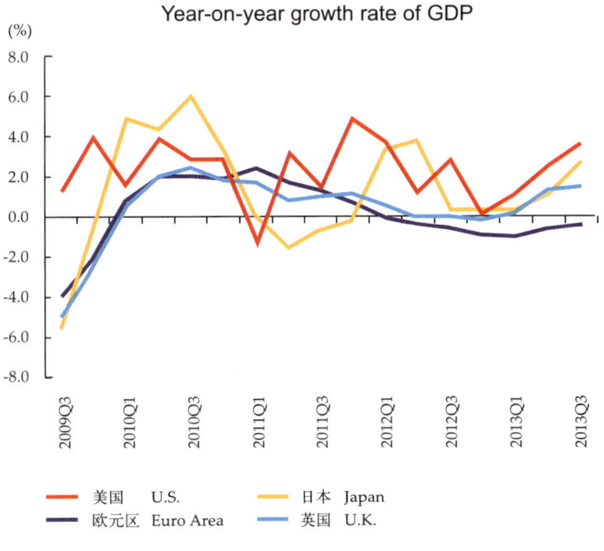

注：美国GDP增长率为环比折年率季节调整后的数据，折年率方法为 $[(GDP_1/GDP_0)^4-1]\times100$。
Note: The U.S. GDP growth rate is an annualized rate after a seasonal adjustment. It can be written as $[(GDP_1/GDP_0)^4-1]\times100$.
数据来源：各经济体官方统计网站。
Source: Official Statistical Websites of the Economies.

二、消费价格指数
2. CPI

消费价格当月同比指数
Monthly CPI (YOY)

单位：% Unit: %

年/月 Year/Month	美国 U.S.	日本 Japan	欧元区 Euro Area	英国 U.K.
2012.07	1.4	-0.4	2.4	2.6
2012.08	1.7	-0.4	2.6	2.5
2012.09	2.0	-0.3	2.6	2.2
2012.10	2.2	-0.4	2.5	2.7
2012.11	1.8	-0.2	2.2	2.7
2012.12	1.8	-0.1	2.2	2.7
2013.01	1.6	-0.3	2.0	2.7
2013.02	2.0	-0.7	1.8	2.8
2013.03	1.5	-0.9	1.7	2.8
2013.04	1.1	-0.7	1.2	2.4
2013.05	1.4	-0.3	1.4	2.7
2013.06	1.8	0.2	1.6	2.9
2013.07	2.0	0.7	1.6	2.8
2013.08	1.5	0.9	1.3	2.7
2013.09	1.2	1.1	1.1	2.7

数据来源：各经济体官方统计网站。
Source: Official Statistical Websites of the Economies.

三、失业率
3. Unemployment Rate

失业率（季节调整后）
Unemployment rate
(after seasonal adjustment)

单位：% Unit: %

年/月 Year/Month	美国 U.S.	日本 Japan	欧元区 Euro Area	英国 U.K.
2012.07	8.3	4.3	11.4	7.8
2012.08	8.1	4.2	11.5	7.8
2012.09	7.8	4.3	11.6	7.8
2012.10	7.9	4.2	11.7	7.8
2012.11	7.8	4.2	11.8	7.8
2012.12	7.8	4.3	11.9	7.8
2013.01	7.9	4.2	12.0	7.8
2013.02	7.7	4.3	12.0	7.8
2013.03	7.6	4.1	12.0	7.8
2013.04	7.5	4.1	12.1	7.8
2013.05	7.6	4.1	12.1	7.8
2013.06	7.6	3.9	12.1	7.8
2013.07	7.4	3.8	12.1	7.6
2013.08	7.3	4.1	12.2	7.6
2013.09	7.2	4.0	12.2	7.6

数据来源：各经济体官方统计网站。
Source: Official Statistical Websites of the Economies.

消费价格当月同比指数
Monthly CPI (YOY)

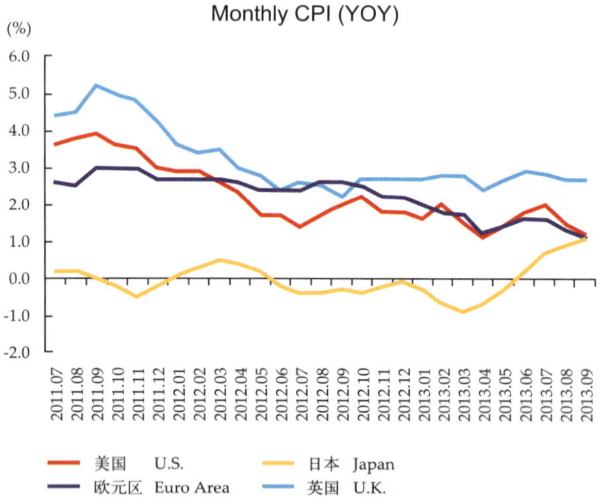

数据来源：各经济体官方统计网站。
Source: Official Statistical Websites of the Economies.

失业率（季节调整后）
Unemployment rate
(after seasonal adjustment)

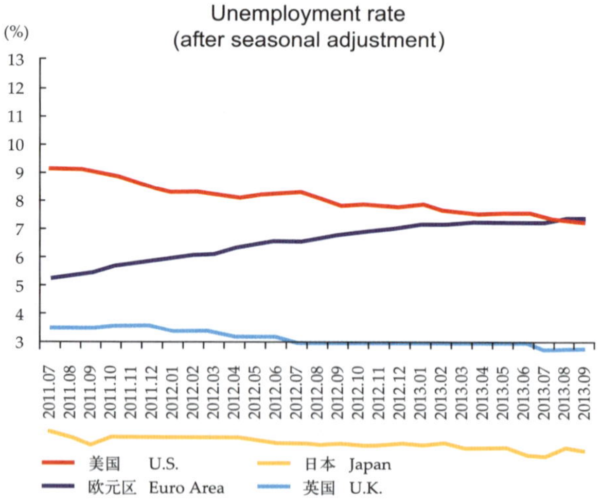

数据来源：各经济体官方统计网站。
Source: Official Statistical Websites of the Economies.

四、国际收支①
4. BOP[1]

经常项目差额
Current account balance

单位：10亿美元
Unit: USD billion

年/季 Year/Quarter	美国 U.S.	日本 Japan	欧元区 Euro Area	英国 U.K.
2008Q3	-194.84	39.60	-51.36	-15.07
2008Q4	-152.17	19.07	-32.55	-11.29
2009Q1	-78.00	27.88	-34.73	-7.08
2009Q2	-90.05	34.42	-17.21	-16.78
2009Q3	-110.96	45.10	14.11	-9.73
2009Q4	-102.62	39.62	23.63	-3.46
2010Q1	-91.10	57.54	-18.49	-16.98
2010Q2	-118.56	41.52	-6.77	-15.28
2010Q3	-135.10	58.51	8.41	-22.99
2010Q4	-104.72	46.36	22.43	-19.98
2011Q1	-95.36	48.45	-24.33	-7.70
2011Q2	-124.15	18.81	-13.29	-1.50
2011Q3	-123.58	39.84	7.17	-18.05
2011Q4	-114.64	11.96	40.61	-5.51
2012Q1	-100.43	25.92	-7.00	-18.11
2012Q2	-118.34	14.19	33.55	-26.78
2012Q3	-122.48	20.62	54.40	-29.13
2012Q4	-99.18	0.13	80.29	-20.54
2013Q1	-82.06	17.15	32.47	-37.30
2013Q2	-104.57		69.01	-18.74

资本项目差额
Capital account balance

单位：10亿美元
Unit: USD billion

年/季 Year/Quarter	美国 U.S.	日本 Japan	欧元区 Euro Area	英国 U.K.
2008Q3	6.04	-1.10	2.20	1.12
2008Q4	-0.01	-2.11	2.73	1.17
2009Q1	-0.02	-1.04	3.24	1.05
2009Q2	-0.03	-0.76	3.40	1.43
2009Q3	-0.04	-1.98	2.21	1.25
2009Q4	-0.06	-1.21	1.90	1.41
2010Q1	0.00	-1.34	3.24	1.74
2010Q2	0.00	-0.75	1.53	1.28
2010Q3	-0.15	-1.91	1.53	1.12
2010Q4	-0.01	-0.96	0.44	1.60
2011Q1	-0.03	-2.04	2.82	0.91
2011Q2	-0.83	-0.06	1.34	1.49
2011Q3	-0.30	-0.10	2.69	1.62
2011Q4	-0.06	2.69	8.25	1.16
2012Q1	0.00	0.76	-8.20	1.46
2012Q2	-0.24	0.28	1.56	1.53
2012Q3	-0.47	-1.51	4.69	1.58
2012Q4	7.67	-0.54	8.12	1.41
2013Q1	-0.04	-2.49	2.35	1.53
2013Q2	0.00		6.94	2.23

经常项目差额
Current account balance

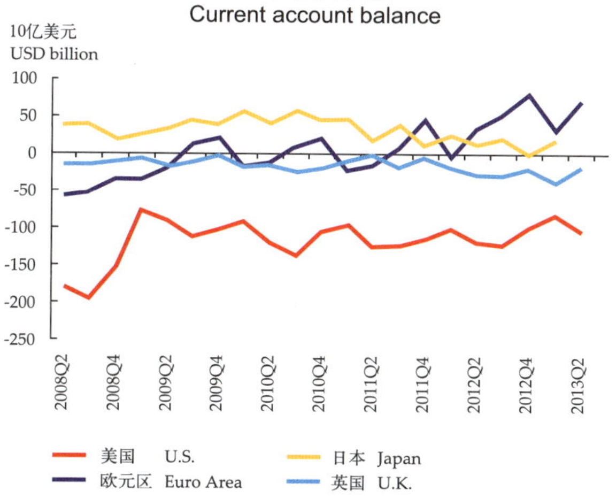

数据来源：国际货币基金组织《国际金融统计》(2013年12月)。
Source: *International Finance Statistics*, IMF, December, 2013.

资本项目差额
Capital account balance

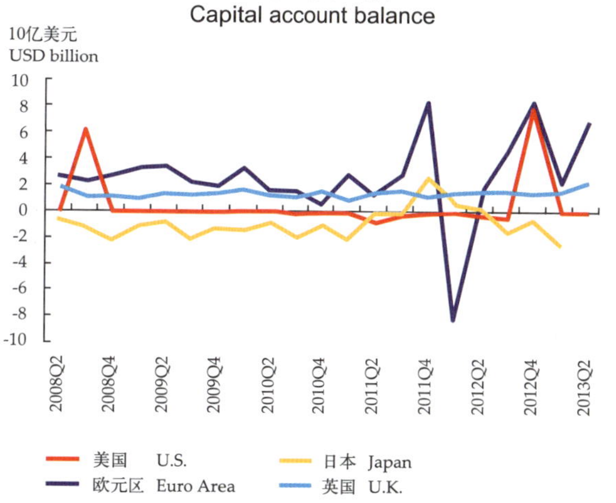

数据来源：国际货币基金组织《国际金融统计》(2013年12月)。
Source: *International Finance Statistics*, IMF, December, 2013.

①国际货币基金组织《国际金融统计》自2012年8月起，将国际收支统计规则由BPM5调整至BPM6。数据从2005年起调整。根据BMP6，金融账户由“贷方和借方”改为“金融资产净获得和负债净产生”，金融账户的总差额为净贷款/净借款。净贷款表示，考虑了金融资产的取得和处置以及负债的发生和偿还后，一个经济体向世界其他地方提供资金。

1. The IMF's International Financial Statistics (IFS) is publishing balance of payments data on BPM6 presentational basis instead of BPM5 since the August 2012.The data series stars in 2005. In BPM6, the headings of the financial account have been changed from "credit and debits" to "net acquisition of financial assets" and "net incurrence of liabilities". The overall balance on the financial account is called net lending/net borrowing. Net lending means the economy supplies funds to the rest of the world, taking into account acquisition and disposal of financial assets and incurrence and repayment of liabilities.

金融项目差额
Financial account balance

单位：10亿美元
Unit: USD billion

年/季 Year/Quarter	美国 U.S.	日本 Japan	欧元区 Euro Area	英国 U.K.
2008Q3	-172.34	28.34	-53.23	-16.74
2008Q4	-215.10	40.88	-36.59	-25.59
2009Q1	-7.27	63.40	-45.42	6.83
2009Q2	-15.84	22.78	-16.12	-30.80
2009Q3	-81.20	30.91	-40.41	-44.43
2009Q4	-178.88	30.86	24.25	-2.72
2010Q1	-72.59	76.09	-16.90	-13.78
2010Q2	-24.26	32.40	-1.95	-3.70
2010Q3	-230.58	57.98	9.92	-21.76
2010Q4	-112.44	29.13	-2.45	-34.42
2011Q1	-203.55	57.32	4.17	0.29
2011Q2	-139.16	6.74	11.74	-13.95
2011Q3	-167.97	4.65	28.70	-0.78
2011Q4	-56.91	-87.51	50.27	-5.71
2012Q1	-257.96	39.81	-15.35	-3.37
2012Q2	-13.01	37.92	17.27	-41.18
2012Q3	-23.72	28.90	52.57	-16.16
2012Q4	-149.13	-4.44	129.33	-36.60
2013Q1	-33.55	-4.35	39.85	-21.61
2013Q2	-65.31		76.63	-4.50

金融项目差额
Financial account balance

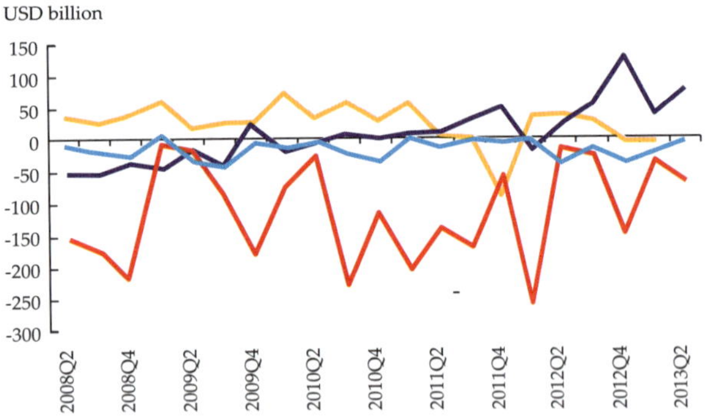

美国 U.S.　日本 Japan
欧元区 Euro Area　英国 U.K.

数据来源：国际货币基金组织《国际金融统计》(2013年12月)。
Source: *International Finance Statistics*, IMF, December, 2013.

五、利率

5. Interest Rates

1. 中央银行目标利率

(1) Central bank base rates

中央银行目标利率
Central bank base rates

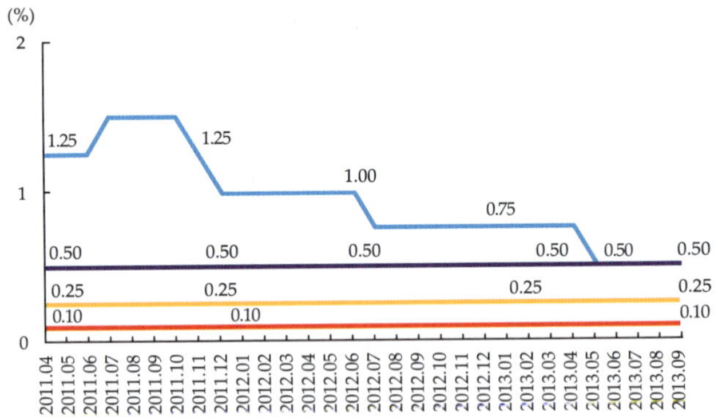

美国联邦基金目标利率
Target for the federal funds rate
日本同业拆借市场隔夜利率
The weighted average of the uncollateralized overnight call rate
欧元区主要再融资利率
The minimum bid rate on the main refinancing operations
英格兰银行官方利率
Official bank rate

数据来源：各经济体中央银行网站。
Source: Central Bank Websites of the Economies.

2.短期利率
(2) Short-term interest rates

3个月期银行间市场拆借利率（年率，月平均）
3-month inter-bank rate (annualized, monthly average)

单位：%　Unit: %

年/月 Year/Month	美元 USD	日元 JPY	欧元 EUR	英镑 GBP
2012.07	0.45	0.20	0.50	0.86
2012.08	0.43	0.19	0.33	0.70
2012.09	0.39	0.19	0.25	0.64
2012.10	0.33	0.19	0.21	0.54
2012.11	0.31	0.19	0.19	0.50
2012.12	0.31	0.18	0.19	0.50
2013.01	0.30	0.17	0.20	0.49
2013.02	0.29	0.16	0.22	0.49
2013.03	0.28	0.16	0.21	0.49
2013.04	0.28	0.16	0.21	0.49
2013.05	0.27	0.16	0.20	0.49
2013.06	0.27	0.15	0.21	0.49
2013.07	0.27	0.16	0.22	0.48
2013.08	0.26	0.15	0.23	0.49
2013.09	0.25	0.15	0.22	0.49

3.长期利率
(3) Long-term interest rates

10年期国债收益率（年率，月平均）
10-year government bond yield (annualized, monthly average)

单位：%　Unit: %

年/月 Year/Month	美元 USD	日元 JPY	欧元 EUR	英镑 GBP
2012.07	1.53	0.84	3.25	1.69
2012.08	1.68	0.77	3.01	1.72
2012.09	1.72	0.81	2.43	1.76
2012.10	1.75	0.77	2.31	1.81
2012.11	1.65	0.78	2.25	1.82
2012.12	1.72	0.73	2.10	1.89
2013.01	1.91	0.82	2.40	2.13
2013.02	1.98	0.80	2.86	2.24
2013.03	1.96	0.64	3.03	2.04
2013.04	1.76	0.55	2.86	1.83
2013.05	1.93	0.60	2.69	2.01
2013.06	2.30	0.86	3.07	2.38
2013.07	2.58	0.88	3.10	2.55
2013.08	2.74	0.80	3.10	2.80
2013.09	2.81	0.77	3.41	2.94

3个月期银行间市场拆借利率（年率，月平均）
3-month inter-bank rate (annualized, monthly average)

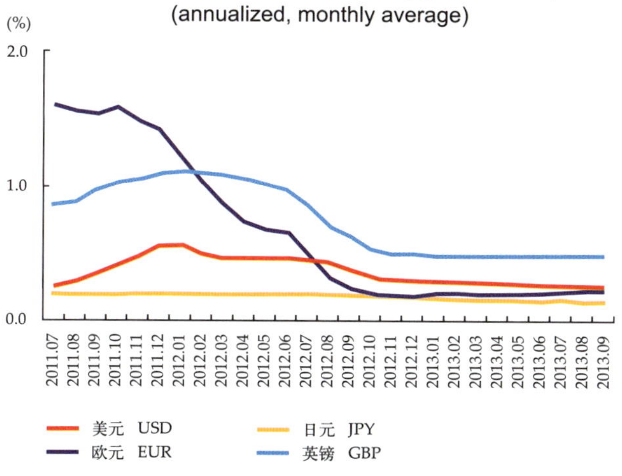

数据来源：《欧洲中央银行统计月报》及CEIC。
Source: *Monthly Bulletin of ECB*, CEIC.

10年期国债收益率(年率，月平均)
10-year government bond yield (annualized, monthly average)

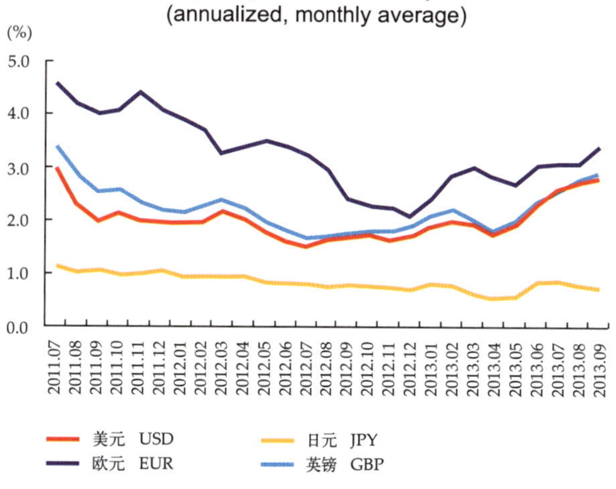

数据来源：CEIC。
Source: CEIC.

六、汇率
6. Exchange Rates

汇率（月平均）
Exchange rates (monthly average)

年/月 Year/Month	美元/欧元 USD/EUR	美元/英镑 USD/GBP	日元/美元 JPY/USD
2012.07	1.2284	1.5589	78.98
2012.08	1.2400	1.5713	78.66
2012.09	1.2857	1.6119	78.17
2012.10	1.2974	1.6083	78.97
2012.11	1.2828	1.5966	80.79
2012.12	1.3119	1.6144	83.58
2013.01	1.3288	1.5967	89.16
2013.02	1.3359	1.5482	93.17
2013.03	1.2964	1.5074	94.79
2013.04	1.3026	1.5296	97.70
2013.05	1.2982	1.5307	101.08
2013.06	1.3189	1.5503	97.33
2013.07	1.3080	1.5191	99.75
2013.08	1.3310	1.5493	97.87
2013.09	1.3348	1.5870	99.28

实际有效汇率（月平均，2005年=100）
Real effective exchange rates (monthly average, year 2005=100)

年/月 Year/Month	美元 USD	欧元 EUR	日元 JPY	英镑 GBP
2012.07	91.0	88.6	105.4	90.7
2012.08	90.3	88.5	104.7	90.5
2012.09	88.9	90.7	104.1	90.6
2012.10	88.9	91.4	102.6	90.4
2012.11	89.4	90.7	100.1	90.5
2012.12	88.7	92.7	96.2	90.2
2013.01	89.0	93.5	89.9	89.1
2013.02	90.0	94.5	85.8	86.3
2013.03	90.9	93.2	85.1	86.1
2013.04	90.4	93.3	82.5	87.3
2013.05	90.8	93.5	79.7	87.8
2013.06	91.2	95.1	82.9	88.0
2013.07	91.8	95.1	81.2	87.0
2013.08	91.2	96.1	82.4	87.9
2013.09	91.0	95.8	80.9	90.1

汇率(月平均)
Exchange rates (monthly average)

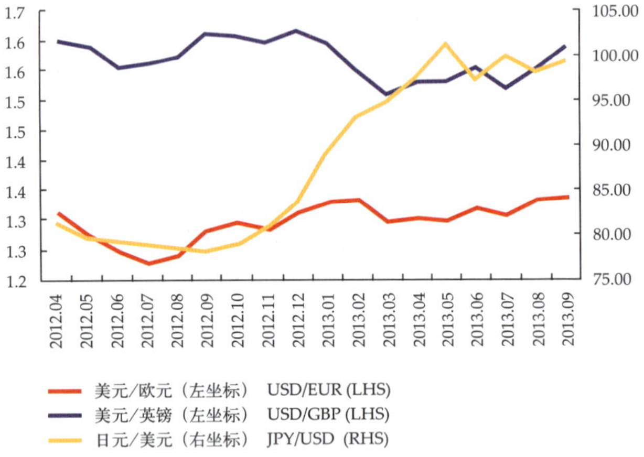

数据来源：国际货币基金组织《国际金融统计》(2013年12月)。
Source: *International Finance Statistics*, IMF, December, 2013.

实际有效汇率(月平均，2005年=100)
Real effective exchange rates (monthly average, year 2005=100)

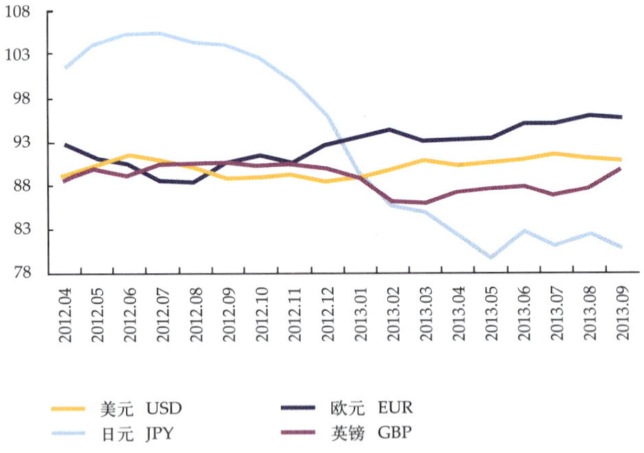

数据来源：国际货币基金组织《国际金融统计》(2013年12月)。
Source: *International Finance Statistics*, IMF, December, 2013.

七、股票市场指数
7. Stock Market Indices

主要股票市场指数（期末）
Major stock market indices (end-period)

年/月 Year/Month	美国道琼斯30种股票平均价格指数 Dow Jones 30	纳斯达克综合指数 NASDAQ	日本日经225种股票平均价格指数 Nikkei 225	道琼斯欧元区STOXX50股票指数 Dow Jones EURO STOXX 50
2012.07	13 009	2 940	8 695	2 326
2012.08	13 091	3 067	8 840	2 441
2012.09	13 437	3 116	8 870	2 454
2012.10	13 096	2 977	8 928	2 504
2012.11	13 026	3 010	9 446	2 575
2012.12	13 104	3 020	10 395	2 636
2013.01	13 861	3 142	11 139	2 703
2013.02	14 054	3 160	11 559	2 634
2013.03	14 579	3 268	12 398	2 624
2013.04	14 840	3 329	13 861	2 712
2013.05	15 116	3 456	13 775	2 770
2013.06	14 910	3 403	13 677	2 603
2013.07	15 500	3 626	13 668	2 768
2013.08	14 810	3 590	13 389	2 721
2013.09	15 130	3 771	14 456	2 893

主要股票市场指数（期末）
Major stock market indices (end-period)

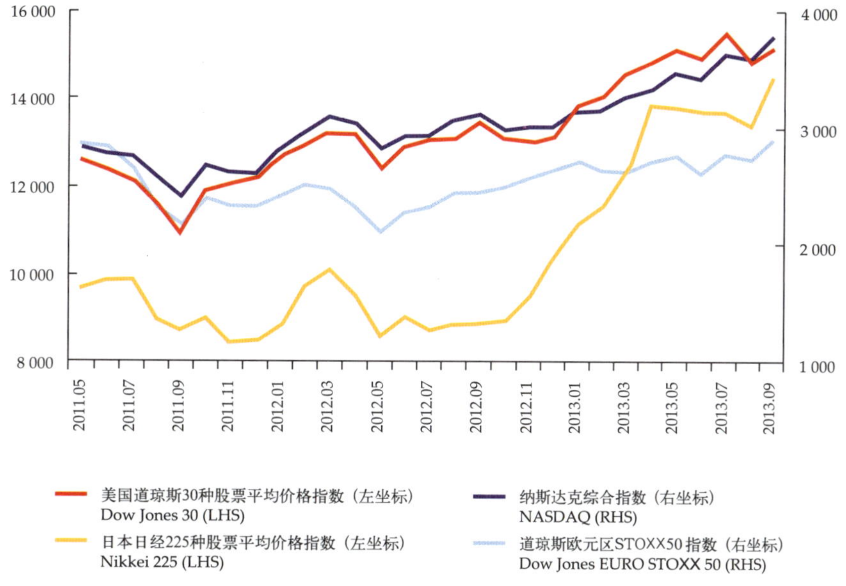